« Le Code de la propriété intellectuelle et artistique n'autorisant, aux termes des alinéas 2 et 3 de l'article L.122-5, d'une part, que les « copies ou reproductions strictement réservées à l'usage privé du copiste et non destinées à une utilisation collective » et, d'autre part, que les analyses et les courtes citations dans un but d'exemple et d'illustration, « toute représentation ou reproduction intégrale, ou partielle, faite sans le consentement de l'auteur ou de ses ayants droit ou ayants cause, est illicite » (alinéa 1er de l'article L. 122-4). Cette représentation ou reproduction, par quelque procédé que ce soit, constituerait donc une contrefaçon sanctionnée par les articles 425 et suivants du Code pénal. »

Denis Charles DELORAINE

Les prophéties de Nostradamus
- Quatrains décodés -

GUERRE EN EUROPE

DESTRUCTION DE PARIS ET GENEVE

Du même auteur :

Le livre de l'Apocalypse, Editions Saint-Honoré * 05/2018

Découverte de l'invisible secret de l'Univers, Editions Saint-Honoré 02/2019

La septième porte, Editions Saint-Honoré 04/2019

* Les Editions Saint-Honoré sont en redressement judiciaire et il y a fort à parier que sous peu ces ouvrages ne seront plus disponibles.

Dépôt légal : Avril 2023
ISBN : 9798389734357
Livre auto-édité
Denis Charles DELORAINE
57 Moselle
Illustration de Couverture : Thierry Ferez
Illustrations de l'ouvrage : source internet

Prologue

De tous les hommes illustres que compte le XVIe Siècle, Michel de NOSTREDAME est très certainement celui qui a fait couler le plus d'encre. L'essentiel de sa vision prophétique porte sur le XXIe Siècle et de nombreux quatrains demeurés obscurs, doivent maintenant être révélés. Les temps sont venus semble-t-il de lever le voile sur le message énigmatique qu'il nous a transmis.

L'objectif de toute sa vie, son unique objectif, consistait à coder des informations secrètes qu'il détenait en langage CLAIR, afin de les transmettre au XXIe Siècle pour qu'elles soient décodées. C'est ainsi qu'il a dévoilé en 1555 une série d'évènements qui nous concernent, des évènements d'une extrême gravité, raison pour laquelle il a voulu nous alerter afin que nous prenions acte de son message et que nous agissions en conséquence.

A ce titre, il est très certainement le Plus Grand Lanceur d'Alerte de tous les temps, mais les 467 Années qui viennent de s'écouler ont un peu émoussé son message, d'autant que de mauvaises interprétations involontaires ont partiellement discrédité Michel de NOSTREDAME.

L'ouvrage qui vous est présenté aujourd'hui apporte une lumière différente sur ses Quatrains, levant le voile sur de très nombreuses et très importantes révélations.

Nous vivons une période trouble, où tout peut arriver, où tout va très vite, et Michel de NOSTREDAME a souhaité éclairer notre chemin. Nous sommes aveugles et nul ne peut présager de ce que sera l'avenir tellement les choses évoluent vite.

Nous venons il y a peu d'entrer dans le XXIème siècle, et NOSTRADAMUS est très clair sur l'ordre dans lequel les choses importantes vont arriver. Il a souhaité que nous en prenions connaissance afin que nous ayons une vue d'ensemble avant de pénétrer les secrets cachés à l'ombre de ses quatrains.

Pour l'heure, L'EUROPE observe la GUERRE en UKRAINE, sans que les Nations faisant partie de L'OTAN soient concernées, mais cela sera-t-il le cas longtemps ?

Pour de multiples raisons, issues de la Ve République, le peuple ronge son frein depuis des décennies, mais va connaître une inflation record et une crise financière qui va précipiter de nombreuses, très nombreuses familles dans la misère, les poussant à la révolte, voire à la révolution.

Une révolution n'est JAMAIS la solution, car elle met en place des régimes d'exception qui sont pires que le mal que l'on voulait combattre. Ce climat délétère mènera à la GUERRE.

Pour la suite des évènements, le contenu de cet ouvrage vous apportera certainement les réponses que vous êtes en droit d'attendre, maintenant que le voile est levé sur les Prophéties de NOSTRADAMUS.

Commençons par le début

Dans le Quatrain III – 26, Michel de NOSTREDAME, né le 14 décembre 1503 à St Rémy de Provence, parle du climat social et économique en Europe avant que ne se déclenchent des évènements graves consécutifs à une incurie financière portée par les Banques Centrales.

L'émission Monétaire sans fin de la FED et des
BANQUES CENTRALES
PUBLIÉ PAR EGON VON GREYERZ | 4 MAI 2020

« 6 Banques centrales et le système de Ponzi vont mettre le monde en
Faillite !… C'est comme mettre des criminels à la tête du système judiciaire !! »

L'impression d'argent sans valeur conduit à des actifs sans valeur

Les banquiers ne gèrent pas seulement la planche à billets, ils contrôlent également le coût de la monnaie via les taux d'intérêt. En manipulant les taux, ils mettent de côté les lois naturelles de l'offre et de la demande. **Ils peuvent imprimer des quantités illimitées de monnaie et fixer son prix à 0%. Cela crée une bulle de la dette impossible à rembourser et une bulle d'actifs si énorme que pas un seul actif ne vaut une fraction de sa valorisation.**

À présent, les banques centrales paniquent et créent des milliers de milliards de dollars, d'euros, etc. Si l'on ajoute à cela les prêts bancaires et la dette publique, on atteint des dizaines de milliers de milliards.

Le bilan des six plus grandes banques mentionnées ci-dessus a augmenté de 3 000 milliards $, passant de 21 000 milliards $ à la fin février 2020 à 24 000 milliards $ aujourd'hui.

Ce n'est que le début. Rappelons-nous que ce n'est pas le coronavirus qui a activé la planche à billets. Tout a commencé fin juillet 2019, lorsque la BCE a averti que quelque chose n'allait pas du tout, en déclarant : « **nous ferons tout ce qui est nécessaire.** » Quelques semaines plus tard, la Fed a lancé des opérations *Repos* de plusieurs centaines de milliards $. C'est à ce moment-là que les gros problèmes ont commencé pour le système financier.

5 000 Milliards $ créés avec une valeur intrinsèque de Zéro

Fin septembre 2019, le bilan de la Fed était de 3 800 milliards $. Il s'élève aujourd'hui à 6 600 milliards $, soit une augmentation de 2 800 milliards $, dont la majeure partie depuis mars 2020. Au cours de la même période (septembre 2019-avril 2020), la dette américaine a augmenté de 2 000 milliards $, passant de 22 700 milliards $ à 24 700 milliards $.

À eux deux, la Fed et le gouvernement américain ont créé près de 5 000 milliards $ depuis fin septembre 2019. La majorité de cette augmentation a eu lieu en avril 2020.

N'oubliez pas : il ne s'agit pas d'argent réel, mais d'argent fabriqué à partir de rien.

Cela n'a nécessité aucun travail, aucun service en retour et aucune production de biens. Cet argent a donc une valeur intrinsèque de ZÉRO. Ce n'est qu'une écriture numérique, un 5 suivi de 12 zéros. Par conséquent, les bénéficiaires de ces fonds reçoivent de l'argent factice et sans valeur.

Soit la Fed imprime à vau-l'eau, soit le système financier s'effondre

Jusqu'où pensent-elles pouvoir aller avec leur système de Ponzi avant que le monde ne découvre le bluff ?

Bien sûr, la Fed n'est pas stupide. Ils ont conscience des conséquences de leurs actions. Ils savent qu'ils jouent un jeu dangereux qui peut échouer à tout moment. Ils savent également que le dollar a chuté de 98% en termes réels depuis 1971, c'est-à-dire par rapport à l'or. En introduisant le pétrodollar et en contrôlant le système financier mondial, les États-Unis ont réussi à maintenir une valeur artificiellement élevée de leur monnaie pendant des décennies. Mais cette situation touche à sa fin. La combinaison de l'effondrement des prix du pétrole et de l'abandon du dollar par des pays comme la Chine et la Russie provoque la baisse du billet vert. De plus, l'impression illimitée de la Fed s'accélérera bientôt avec le défaut des entreprises et des institutions financières, ce qui déclenchera un krach.

Les banques centrales sont en train de créer le contexte idéal pour le prochain effondrement !

QUATRAIN III – 26

Que dit le quatrain concerné

Des Roys et princes dresseront simulachres

Augures, creux eslevez aruspices

Corne victime dorée, et d'azur, d'acres

Interprétez seront des exstipices

TRADUCTION

Les dirigeants, chefs d'état et de gouvernement fabriqueront des simulacres de l'or et de l'argent en faisant tourner la planche à billets, mettant sur les marchés des sommes énormes de fausse monnaie. Le discours des hommes politiques et des économistes seront déconnectés de la réalité et n'auront qu'un objectif, cacher la réalité du système économique et financier qui repose sur du vent.

La société de consommation ou corne d'abondance en sera victime et cette période dorée cèdera la place à la violence.

Les Prophéties seront expliquées

Nostradamus veut par ce quatrain nous alerter sur la relation qu'il y a entre une émission monétaire non contrôlée et l'inflation qui en découle, qui engendre une dégradation considérable du climat économique et financier.

Il précise également dans ce quatrain que ses prophéties doivent être expliquées, alors que depuis le 4 mai 1555, quasiment tout a été dit sur la traduction des 353 quatrains de la première édition et des 942 quatrains publiés deux ans après sa mort le 2 juillet 1566 à Salon de Provence, ce qui est surprenant.

Michel de NOSTREDAME, *premier lanceur d'alerte des temps modernes*, voyant ses prophéties mises à mal par des interprétations datées qui ont eu pour effet de remettre en cause sa crédibilité, les évènements n'ayant trouvé aucune correspondance avec ses écrits aux dates indiquées, semble vouloir extirper de l'oubli un travail considérable *pour l'adresser aux* dirigeants des peuples libres du XXIème Siècle, et leur apporter avec humilité les éclaircissements nécessaires à leur bonne interprétation dans le temps, mais aussi et surtout alerter les populations concernées par ces évènements.

Aujourd'hui, il est important de lever le voile sur des éléments importants qui n'ont jamais été compris afin d'éclairer son message de la manière la plus efficace possible. Nous aurons ainsi la possibilité d'exploiter ces informations essentielles qui traitent des évènements auxquels nous allons être confrontés au fur et à mesure de leur accomplissement maintenant que la RUSSIE est entrée en UKRAINE le 24 février 2022, ouvrant ainsi la boite de pandore qui va mener à la Troisième Guerre Mondiale.

Nostradamus savait qu'au XXIème siècle ses prophéties seraient expliquées, il le mentionne d'ailleurs très clairement dans le quatrain III – 26 –Il savait également qu'une seule personne aurait la capacité d'ouvrir son message pour le publier avant que les évènements en Ukraine n'impactent directement les Pays membres de l'OTAN, déclenchant ainsi la troisième Guerre Mondiale.

Michel de NOSTREDAME, médecin, (1503 – 1566) prédit dans ses prophéties un futur d'angoisses et de calamités pour l'humanité, car l'homme s'est détourné de DIEU, instrumentalisant ainsi la peur afin de signifier que la violence est contradictoire à la volonté divine, il cherche par la puissance inquiétante d'un langage en énigmes insolubles, à faire comprendre que l'esprit humain a oublié le lien qui le lie à DIEU, et qu'il va devenir nécessaire voire indispensable de le retrouver.

NOSTRAMUS détenait des ouvrages en clair, où figurait l'histoire du Monde de son époque jusqu'à la fin des temps, en l'an 3000, le tout dans un langage clair, où figuraient les Nations, les Villes, les personnages, et les dates, éléments qu'il ne pouvait absolument pas transmettre aux générations futures sans prendre le risque de froisser les gouvernants et surtout l'inquisition qui sévissait à son époque, aussi a-t-il été dans l'obligation de codifier ces informations utilisant pour cela les centuries et les quatrains, qui nous sont fort heureusement parvenus.

Dans l'obligation d'occulter sa compréhension des affaires divines, il masque son discours en précisant toutefois dans le quatrain II de la Troisième Centurie, que les enseignements donnés par le Saint Esprit auront toute puissance sur le corps et l'âme, tant sur terre qu'au ciel, rattachant ainsi de manière indéfectible, son travail à la volonté divine.

QUATRAIN VII – 26

La grande poche viendra plaindre pleurer,

D'avoir esleu : trompez seront en l'aage

Guière avec eux ne voudra demeurer

Deceu sera par ceux de son langage

TRADUCTION

Les peuples se plaindront de la disparition de leur richesse perdue et pleureront d'avoir élu les hommes politiques responsables de la dégradation généralisée de leur niveau de vie. Très peu de gens voudront encore les suivre.

Ils seront déçus par un système politique qu'ils rejetteront en masse et ne voudront plus écouter leurs discours -

Il semble et ce n'est pas une surprise que le monde politique ne soit plus en capacité de répondre aux besoins de la société mettant ainsi fin à la cinquième république à bout de souffle dont le principe électoral défaillant porte aux responsabilités des personnes corrompues et irresponsables dont la seule motivation est leur enrichissement personnel après qu'ils aient servis des intérêts privés auxquels ils sont affiliés. L'impéritie et l'incurie des hommes politiques sera la règle

Le conflit qui se prépare ne sonnera pas la fin de ce Monde, mais la fin d'un Monde, une société éloignée des valeurs fondamentales, un monde idolâtre, dont les seuls Maîtres sont le pouvoir et l'argent, et ce monde doit disparaître et disparaîtra, car telle est la volonté de Dieu. Les âmes impies disparaîtront avec lui et elles le savent et le sentent, d'où une agressivité croissante et une accélération du plan des Mondialistes au travers du Grand Reset promulgué par KLAUS SCHWAB au moyen du WORLD ECONOMIC FORUM qui veut une société déconnectée de DIEU et soumise au Nouvel Ordre Mondial qu'ils veulent instaurer, un monde où vous n'aurez plus rien et où ils auront tout.

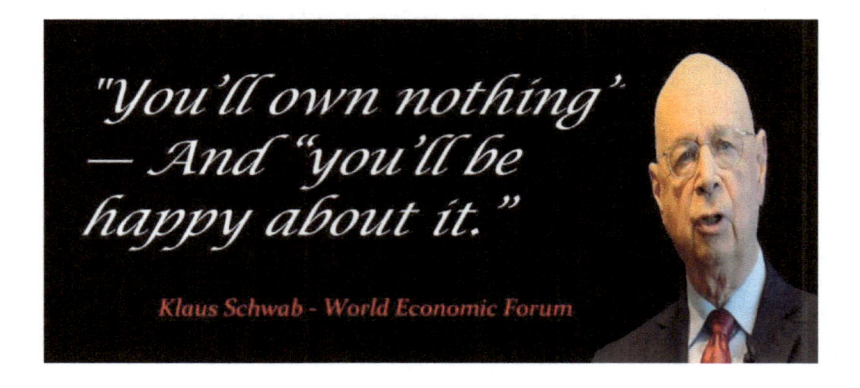

"You'll own nothing" — And "you'll be happy about it."

Klaus Schwab - World Economic Forum

Ce sont ces gens qui vont mettre le feu aux poudres, l'incendie a déjà été préparé en Ukraine, incendie qui va enflammer l'EUROPE

Toutefois, les choses ne devraient pas se réaliser comme ils le souhaitent, ce qui en soi est une excellente nouvelle.

Malheureusement, ils vont faire de gros dégâts, car l'immobilisme des justes leur a permis depuis des décennies de préparer ce qui va être le plus grand conflit de tous les temps, conflit qu'ils structurent et organisent afin d'être les Maîtres du Monde pour s'enrichir encore plus, toujours plus et disparaître ensuite du paysage, car aujourd'hui, ils sont exposés à la lumière, ce qui leur fait prendre des risques énormes.

Les justes se réveillent grâce aux médias sociaux et sortent lentement de leur torpeur pour prendre conscience qu'ils sont manipulés depuis la nuit des temps, situation qui ne peut durer sans compromettre l'existence de cette caste maléfique qui veut continuer à diriger les affaires du Monde à leur seul profit, car dans l'ombre, dirige et ordonne un Cartel financier mafieux composé de six banques centrales et une société d'investissement financier, la société BLACKROCK.

Cette société gère plus de **Dix mille milliards de dollars d'actifs**, qui proviennent majoritairement de gros investisseurs, mais aussi de milliers de petits épargnants.

L'argent GOUVERNE le MONDE, et personne n'en possède davantage que l'investisseur financier BLACKROCK.

Lorsque l'on brasse autant d'argent, on peut influencer des entreprises, des politiciens, et même des Etats, d'où la présence de LARRY FINCK, patron de BLACKROCK en conseil des ministres à la droite du Président de la France, Emmanuel MACRON.

Aucune société au Monde ne gère autant d'argent, les OPM, **l'argent des autres**, c'est celui que les opérateurs financiers ainsi que les banques préfèrent utiliser.

Cette multinationale domine les marchés et risque de mettre en danger l'ensemble du système financier si elle se trouvait en difficultés. Cette société brasse bien plus d'argent que la plupart des banques, mais elle est nettement moins contrôlée puisque qu'elle n'est pas considérée d'importance systémique alors qu'elle l'est par le mécanisme des ETF. Des géants comme BLACKROCK peuvent tout emporter dans leur chute, alors que des millions de personnes font confiance à ce Monstre de Wall Street et pensent sécuriser leur retraite grâce à des ETF.

Le cannibalisme opéré par BLACKROCK consiste à transférer constamment l'argent de leurs pensions entre différents fonds médiocres. Ce principe visant à diminuer de manière globale le niveau des pensions dans le seul but d'accroître ses bénéfices. Ce préjudice s'élève à des millions de dollars aux Etats-Unis.

BLACKROCK n'a qu'un seul objectif, rendre les Riches encore plus Riches, et trouve sa principale source de revenus dans l'information, au moyen de son propre programme d'analyse surnommé ALADDIN, une intelligence artificielle qui prend de nombreuses décisions toute seule, sans intervention humaine. Les serveurs informatiques se cachent au nord de SAN FRANCISCO et explorent le monde numérique de tout ce qui pourrait être utile à l'industrie financière

ALADDIN est une plateforme de gestion des risques et la clé de tout qui supervise pas moins de 18 000 milliards de dollars par jour, autant que le PIB des ETATS-UNIS sur une année, mais ce n'est pas un problème systémique selon LARRY FINCK.

L'utilisation de ce programme pose la question de l'influence qu'il confère à BLACKROCK sur notre société.

RHEINMETALL en est le meilleur exemple, cette société est l'un des plus grand fabricant de matériel militaire d'Europe et vend des armes dans le Monde Entier, pour autant BLACKROCK n'hésite à aucun moment à soutenir et financer cette activité en tant qu'actionnaire, dans un domaine où les marges financières sont les plus intéressantes, bafouant l'intérêt général dont ils se targuent de faire la promotion.

Les déclarations de LARRY FINCK n'ont rien à voir avec la réalité, BLACKROCK privilégie les investissements les plus rentables et non les plus éthiques.

Les requins ont l'habitude de nager en eau trouble, ce n'est pas un secret, mais lorsque cette société privée conseille la FED - la Banque Centrale des ETATS UNIS, dont tous les acteurs sont privés, sans aucun appel d'offre, vantant les qualités d'ALADDIN dans l'analyse du secteur financier après la crise de 2008, elle permet au loup d'entrer dans la Bergerie et permet au groupe de tester la résistance des banques américaines.

C'est alors que l'EUROPE fait appel aux services de BLACKROCK en 2014 au moment où la BCE – Banque Centrale Européenne – est chargée du contrôle bancaire Européen.

Le WORLD ECONOMIC FORUM qui se réunit à DAVOS n'est certainement pas très éloigné de cette décision, qui vise à centraliser les pouvoirs entre les mains du NOUVEL ORDRE MONDIAL qu'ils veulent instaurer, en rattachant les acteurs du Groupe de BILDELBERG aux instances Américaines afin d'assurer la cohérence des décisions sur un plan Mondial.

Les employés de la BCE collaborent donc avec BLACKROCK leur offrant ainsi l'accès aux informations les plus sensibles de la plus haute **autorité publique**

Européenne, alors que de l'autre côté de l'Atlantique, **la FED est privée**.

BLACKROCK devient ainsi la cheville ouvrière des banques centrales Américaines pour en compléter l'action sur le sol Européen en favorisant le transfert des biens publics vers le secteur privé avec l'accord de la Communauté Européenne dirigée par URSULA VAN DER LEYEN, mise en place par le Cartel financier américain à cet effet.

BLACKROCK ne manquera pas d'utiliser toutes ces informations pour spéculer à Wall Street, bien qu'ils s'en défendent, mais les promesses n'engagent que ceux qui y croient, car l'humain excelle dans l'art de contourner les contrôles, et surtout dans l'art d'utiliser l'information à son avantage. Le Loup ne va-t-il pas manger les moutons ? La réponse est d'autant plus facile que le loup a été placé à cet endroit pour atteindre cet objectif.

Le premier pays à en avoir subi les conséquences est la GRECE, où le pillage a été organisé par BLACKROCK sur la base de bonnes informations prises au bon endroit, au cœur du système. Les géants de la FINANCE veulent se partager le monde entre eux. Le Président Emmanuel MACRON, est un interlocuteur privilégié de LARRY FINK et n'hésitera pas à tout mettre en œuvre pour faciliter l'action de BLACKROCK en France.

Larry Fink (au centre), patron de BlackRock, le premier gestionnaire d'actifs au monde et Emmanuel Macron, à l'Elysée le 10 juillet 2019 – Michel Euler / AFP

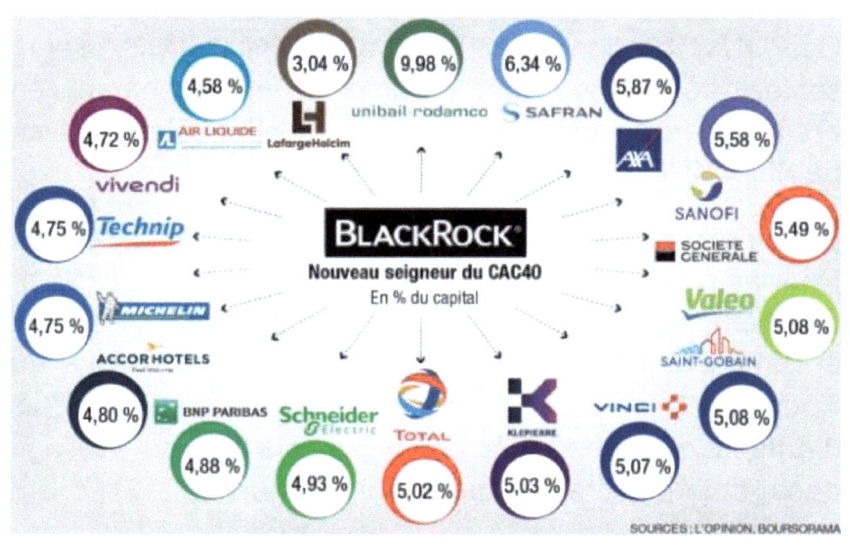

Observez dans la ronde des anneaux présentée ci-dessus, à quel point la mention

Nouveau Seigneur du CAC 40

Est comparable à la réalisation du film de Peter Jackson fondé sur le roman de J.R. TOLKIEN.

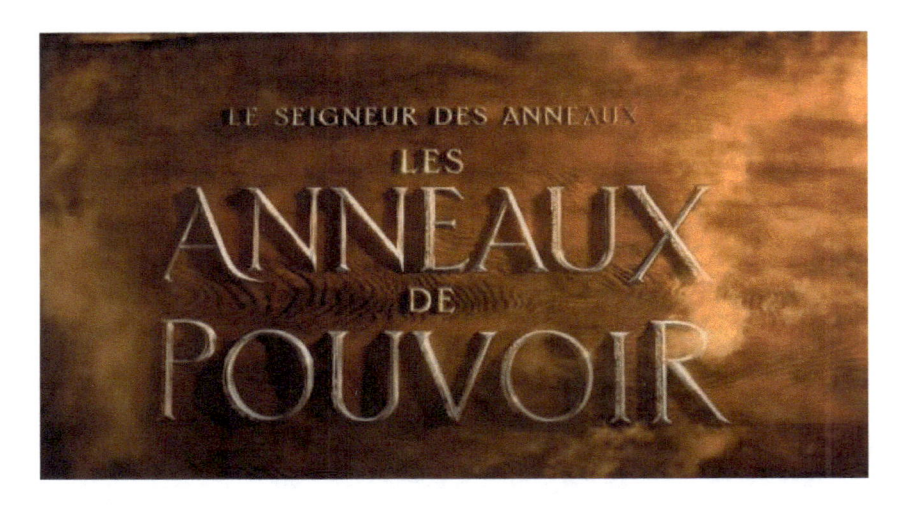

C'est bien de POUVOIR dont il s'agit, sans nul doute

Ce POUVOIR, dont le siège est aux ETATS UNIS, exerce son activité dans le Monde entier, et les investissements en France ne représentent qu'une très faible partie de l'activité de BLACKROCK

La trilogie du Seigneur des Anneaux situe le centre du Pouvoir à l'EST, mais il ne s'agit que en fait que d'une diversion, car effectivement, de l'Est vient le conflit qui envahit la terre du Milieu, l'EUROPE, mais le centre du Pouvoir est en réalité à L'OUEST, aux Etats-Unis d'Amérique, le pouvoir Economique, mais ce pouvoir agit dans l'ombre et tire les ficelles en coulisse.

Certes, le conflit en UKRAINE a été déclenché par la RUSSIE, mais le Président BIDEN n'a jamais rien fait d'autre que de jeter de l'huile sur le feu en permanence, alimentant ainsi l'incendie prémédité et organisé par l'Etat Profond depuis longue date, alors que des accords verbaux existaient entre la RUSSIE et les ETATS UNIS afin d'éviter cette situation, en voici la meilleure preuve

Roland Dumas : l'Occident avait promis que l'OTAN ne s'étendrait pas aux portes de la Russie

Tribune libre

mardi 15 février 2022

Roland Dumas dénonce « la promesse non-tenue » de l'OTAN

Dans le cadre de son enquête très complète sur l'expansion de l'OTAN, pour le site les-crises.fr, Olivier Berruyer s'est entretenu avec Roland Dumas, ancien ministre français des Affaires étrangères (1984-1986 et 1988-1993).

Olivier Berruyer : Vous avez été ministre des Affaires étrangères entre 1984 et 1986 et entre 1988 et 1993, donc au moment de la chute du Mur et des différentes négociations qui ont eu lieu par la suite. Actuellement, il y a des débats assez passionnés à propos des promesses orales qui auraient été faites à l'URSS, pendant les négociations de réunification de l'Allemagne, de ne pas étendre l'OTAN au-delà de l'Allemagne pour qu'elle accepte que l'Allemagne réunifiée soit bien dans l'OTAN.

Les Russes ont tendance à dire que ces promesses ont été faites de façon extrêmement claire. Les Américains ne démentent pas forcément, mais disent qu'il n'y a rien d'écrit dans les traités et donc que ce n'était pas une obligation.

D'après vos souvenirs, vous qui avez fait partie des discussions du 2+4 (Les deux Allemagnes et les quatre grands vainqueurs : Etats-Unis, Russie, France et Royaume Uni), qu'en a-t-il été ? Qu'a-t-il été promis à Chevardnadze, à Gorbatchev, à ce moment-là ? Quelle promesse, vous-même, peut-être, avez-vous faite ?

Roland Dumas : Il faut réfléchir un peu à la chronologie, sinon ce n'est pas logique, cela arriverait comme un cheveu sur la soupe. En réalité, nous avons fait le constat, Gorbatchev, moi et le président Mitterrand à l'époque, qu'il n'y avait pas eu, pour mettre fin à la guerre avec l'Allemagne, de traité de paix et qu'il fallait donc régler cette situation bancale. C'est la raison pour laquelle nous avons imaginé, avec Hans Dietrich Genscher, le ministre allemand des Affaires étrangères, qu'il y ait des discussions sur chaque manque, puisqu'il n'y avait pas eu de traité de paix. C'est ainsi que nous avons organisé une série de rencontres dans les différentes capitales, pour négocier tout ce qui ne l'avait pas été. Nous avons eu des réunions à Londres, des réunions à Paris, et puis la dernière, qui devait consacrer l'accord global, à Moscou, en présence de Gorbatchev.

A chaque fois, une partie de ce qui manquait avait été négociée et acceptée. Par exemple, on a organisé des discussions autour du réarmement, et c'est là que va prendre place le point particulier que vous venez de signaler sur les forces de l'OTAN. On avait organisé des discussions sur bien d'autres sujets. Par exemple, l'Allemagne n'avait pas été restaurée complètement dans sa souveraineté. Il y avait eu un arrêt des hostilités, mais il n'y avait pas été mis fin par un traité en bonne et due forme. Et enfin, une dernière réunion avait été organisée pour restituer à l'Allemagne sa plénitude dans le droit international. C'était la réunion de Moscou, qui s'est tenue tout à la fin, une réunion complète, générale, avec tous les grands chefs de la diplomatie à l'époque,

Tout cela s'est mis en place, et tout de suite après, les discussions ont commencé. Cela a commencé assez sérieusement à Moscou, le jour de la signature, lorsque nous sommes intervenus les uns après les autres. C'est là que va prendre place la fameuse initiative dont nous avons parlé très brièvement, à savoir ce qu'on allait faire des troupes de l'OTAN. Et l'on a répondu d'une façon dont je me souviens formellement. Je ne suis pas le seul, il y a en a encore quelques-uns maintenant. Et on a signé.

La controverse a commencé tout de suite après. Mais elle n'a pas pris place tout de suite sur ces sujets, elle a pris place dans les discussions sur le transfert des troupes, et surtout sur le réarmement de ces dispositions.

Je me souviens très, très bien que dans les mois qui ont suivi, il y a eu une déclaration très révoltée de Poutine, quand les troupes de l'OTAN ont décidé de réarmer les provinces baltes. A ce moment-là, tout le monde était intervenu en disant que c'était un scandale de réarmer quelque chose qui devait être désarmé.

Puis les complications sont venues, notamment sur le transfert des armes dans d'anciennes régions de l'OTAN. Parce qu'il ne faut pas perdre de vue parce que la perspective, avec Gorbatchev, c'était le désarmement, c'est-à-dire que l'on désarmait petit à petit. On a commencé par les armements conventionnels, ensuite les armements atomiques, mais par petites tranches, les armes de moyenne portée, etc., et cela présumait le désarmement plus vaste.

Mais la première querelle a consisté en une brouille sur les armements conventionnels. La discussion a eu lieu toute la matinée. On a commencé à 8 ou 9 heures, on avait attendu l'arrivée du secrétaire d'Etat américain qui était en retard.

(Il y a une consigne dans la diplomatie américaine, c'est que les diplomates américains ne doivent pas prendre part à une discussion sérieuse le jour de leur arrivée sur le lieu où elle a lieu, on attend 24 heures.) On a donc attendu 24 heures pour que M. Baker soit prêt.

La discussion a démarré de la façon suivante : c'est la diplomatie russe, par Gorbatchev, mais aussi le ministre des Affaires étrangères Chevardnadze, qui a demandé la parole et qui a dit : « *Nous voulons savoir, nous, délégation russe, ce que vont devenir les armements de l'OTAN dans le cadre du désarmement. Et nous exigeons – je me rappelle très bien, il était formel – que les troupes alliées observent deux obligations. La première – c'était très sentimental – est celle relative à l'entretien, dans tous les pays soviétiques, des monuments à la gloire de l'Armée russe. La deuxième, qu'il y ait un engagement des troupes du Pacte de Varsovie et de l'OTAN qu'il n'y ait pas de déplacement des troupes de l'OTAN dans les régions du pacte soviétique qui vont être désarmées.* »

C'est ce qui a provoqué la première réaction, le premier discours de Poutine a été là-dessous, quand il est arrivé et qu'il y a eu la décision de réarmer toutes ces régions.

Le discours de Poutine était très clair : « *Si vous réarmez, nous allons entamer une nouvelle période qui sera préparatoire à la guerre froide.* » C'était très clair. Donc, voilà le schéma.

Que s'est-t-il passé exactement ? La discussion s'est ouverte, comme je vous l'ai dit. On a attendu que soit prêt le secrétaire d'Etat américain, qui a pris la parole le premier, je crois, et puis tous les autres sont intervenus. Gorbatchev est intervenu, Chevardnadze est intervenu, je suis intervenu, et j'ai repris l'idée que les troupes ne pouvaient pas se déplacer dans les anciennes régions démilitarisées.

26

Si l'on veut bien y réfléchir, parce que l'argument qui va être utilisé, c'est que « *vous n'avez pas demandé que ce soit inscrit dans le traité* ». Ce qui est assez vrai, j'ai vérifié. Mais le propos a été tenu. J'ai demandé que l'on recherche dans les archives de l'OTAN, cela n'a pas été mentionné. C'est-à-dire que des gens aussi précautionneux que les Américains, et les gens de l'Alliance atlantique – nous – n'avons pas demandé que ce soit inscrit.

C'est possible, mais par rapport au caractère de la discussion générale, c'est-à-dire une tentative de désarmement pour mettre fin au risque de guerre (parce que c'était cela qui comptait) et de préparer une autre période, dans le contexte de l'époque, qui était le désarmement, c'est logique. Cette discussion a donc eu lieu. D'abord parce que les Russes l'ont demandée, et parce que nous l'avons soutenue, moi le premier, et les Américains aussi. Et les Allemands, évidemment.

SPIEGEL Politik »Absurde Vorstellung«

Von Uwe Klußmann, Matthias Schepp und Klaus Wiegrefe
22.11.2009, 13 00 Uhr • aus DER SPIEGEL 48/2009

Le président russe Medvedev accuse l'Occident d'avoir manqué à sa parole. L'expansion vers l'Est de l'OTAN a violé les promesses faites en 1990 lors négociations sur l'unité allemande. Des documents d'archives occidentales étayent les soupçons russes. [...]

Un différend historique fait rage sur la question de ce qui a été réellement promis à Moscou en 1990, avec des conséquences considérables pour les relations futures de la Russie avec l'Occident. Mais quelle est la vérité ? [...] James Baker, le collègue américain de Chevardnadze depuis 1990, a nié toute collusion pendant des années ; l'ambassadeur américain à Moscou de l'époque, Jack Matlock, affirme cependant que Moscou a reçu une 'confirmation claire'. [...]

DER SPIEGEL s'est entretenu avec de nombreuses personnes impliquées et, en particulier, a consulté des documents britanniques et allemands. Après cela, ==il ne fait aucun doute que l'Occident a tout fait pour donner aux Soviétiques l'impression que des pays comme la Pologne, la Hongrie ou la CS étaient exclus de l'adhésion à l'OTAN.==

Genscher s'est entretenu avec Chevardnadze le 10 février 1990 entre 16 heures et 18 h 30, et la note allemande, tenue secrète jusqu'à récemment, declare :

« BM (ministre fédéral) : Nous sommes conscients que l'adhésion d'une Allemagne unie à l'OTAN soulève des questions compliquées. Mais chose est certaine pour nous : l'OTAN ne s'étendra pas vers l'Est." Et comme la conversation portait essentiellement sur la RDA, Genscher a expressément ajouté : ==En ce qui concerne la non-expansion de l'OTAN, cela vaut de manière générale.=="
Chevardnadze a répondu qu'il croyait « chaque mot du BM ». [...]

Mais il n'y a pas un mot dans les nombreux accords au sujet de l'élargissement de l'OTAN en Europe de l'Est. La partie occidentale soutient donc qu Moscou ne peut élever aucune revendication. Après tout, rien n'a été signé.

Genscher, à qui j'avais demandé, avant qu'il meure, s'il se souvenait de cette discussion, m'a dit : « *Parfaitement. Je me souviens parfaitement que c'est toi qui as soulevé le premier le problème, après les Russes. Je me souviens très bien, et je suis prêt à le dire.* » Je crois qu'il l'a dit, une fois ou deux, dans les écrits qu'il a laissés.

C'est pour cela que j'ai fait ce préambule un peu long, pour que l'on comprenne bien pourquoi cette question a été soulevée. Elle a été soulevée parce que c'était une conclusion sur le problème général du désarmement et du retour à la paix. Ce n'était pas une fantaisie. On était dans une période heureuse de désarmement et chacun posait ses problèmes.

Ce n'est pas par hasard que le Russe – c'est lui qui était directement intéressé – a soulevé le problème des monuments à la gloire de l'Armée soviétique, alors qu'ils allaient retirer leurs troupes, et qu'ils ont demandé que ces monuments soient entretenus convenablement.

Si l'on veut bien se rappeler ce détail, et je le dis volontairement car la mémoire a toujours quelque chose de défaillant, mais dans ce phénomène de mémoire, il ne faut pas perdre de vue que très souvent, un détail existe, qui est vérifié et qui amène une discussion sur d'autres choses et rafraîchit ces mémoires.

> H. Kohl. I also recall with satisfaction our meetings and talks in Bonn, and I connect today's conversation with them. Last summer, we indeed had a very thorough and serious conversation. I would like to go off those conversations and speak with you just as sincerely and openly.
>
> [....]
>
> We believe that NATO should not expand its scope. We have to find a reasonable resolution. I correctly understand the security interests of the Soviet Union, and I realize that you, Mr. General Secretary, and the Soviet leadership will have to clearly explain what is happening to the Soviet people.
>
> DE VIDÉOS — CONVERSATION ENTRE GORBATCHEV ET H. KOHL
> 10/02/1990

Kohl parlant à Gorbatchev, le 10 février 1990.

Deuxième élément important : toutes les délégations (française, allemande, anglaise, etc.), quand elles sont rentrées dans leur capitale, ont toutes fait un compte-rendu. Même si ce n'est pas dans le traité, comme le prétendent les membres de l'OTAN – admettons-le – tous ont fait un compte-rendu, qui existe. Si je vous dis qu'il existe, c'est que j'ai fait les vérifications. La plupart des grandes délégations, les Anglais, les Allemands, la France, etc. ont fait un compte-rendu, disant que la discussion sur les armes et le désarmement est intervenue au cours du temps et qu'elle a été résolue de cette façon. Il suffit de se reporter aux travaux relatés par chaque délégation quand elle revient dans son pays. Vous avez, notamment en Amérique, une très bonne déclaration du secrétaire d'Etat qui confirme ce que je vous dis.

Voilà le détail des choses telles qu'elles se sont passées.

Et à ce moment de la signature du traité de Moscou, où vous vous rappelez avoir vous-même donné cette garantie que l'OTAN ne s'étendrait pas, y a-t-il eu de grosses négociations sur ce point ou a-t-il été accepté assez rapidement ?

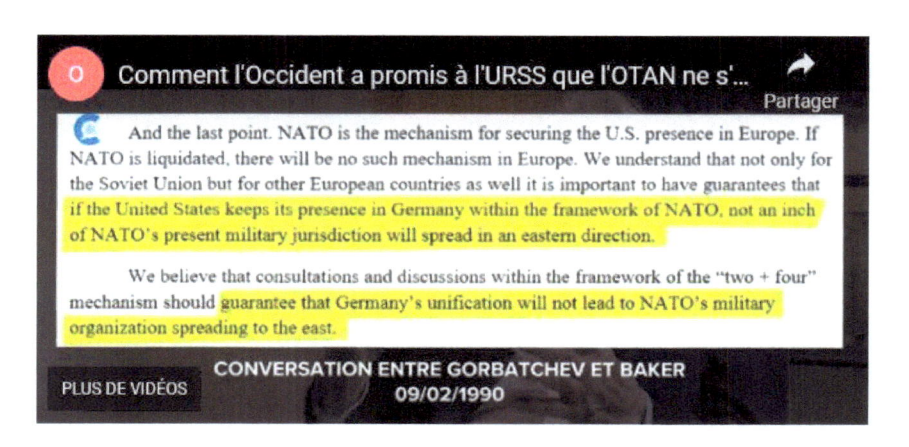

> Comment l'Occident a promis à l'URSS que l'OTAN ne s'...
>
> And the last point. NATO is the mechanism for securing the U.S. presence in Europe. If NATO is liquidated, there will be no such mechanism in Europe. We understand that not only for the Soviet Union but for other European countries as well it is important to have guarantees that **if the United States keeps its presence in Germany within the framework of NATO, not an inch of NATO's present military jurisdiction will spread in an eastern direction.**
>
> We believe that consultations and discussions within the framework of the "two + four" mechanism should **guarantee that Germany's unification will not lead to NATO's military organization spreading to the east.**
>
> CONVERSATION ENTRE GORBATCHEV ET BAKER
> 09/02/1990

Ça a été accepté. Tout le monde a crié à l'évidence. Si on en parle aujourd'hui dans l'atmosphère de crise actuelle, c'est anachronique, mais à l'époque, c'était un climat autre, tout le monde applaudissait à la paix, était heureux de la victoire. Et cela allait dans le sens que les délégations souhaitaient. C'était quand même la fin de la guerre. C'est pour cela que j'ai fait ce long préambule, parce que c'est l'explication de ce qui va suivre.

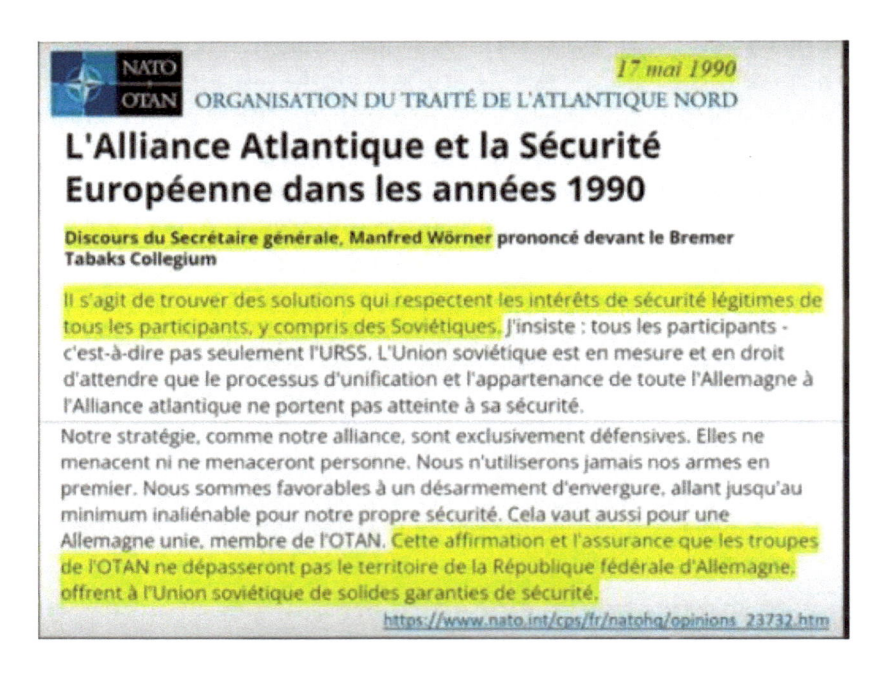

> **NATO / OTAN** — ORGANISATION DU TRAITÉ DE L'ATLANTIQUE NORD — *17 mai 1990*
>
> **L'Alliance Atlantique et la Sécurité Européenne dans les années 1990**
>
> Discours du Secrétaire générale, **Manfred Wörner** prononcé devant le Bremer Tabaks Collegium
>
> ==Il s'agit de trouver des solutions qui respectent les intérêts de sécurité légitimes de tous les participants, y compris des Soviétiques.== J'insiste : tous les participants - c'est-à-dire pas seulement l'URSS. L'Union soviétique est en mesure et en droit d'attendre que le processus d'unification et l'appartenance de toute l'Allemagne à l'Alliance atlantique ne portent pas atteinte à sa sécurité.
>
> Notre stratégie, comme notre alliance, sont exclusivement défensives. Elles ne menacent ni ne menaceront personne. Nous n'utiliserons jamais nos armes en premier. Nous sommes favorables à un désarmement d'envergure, allant jusqu'au minimum inaliénable pour notre propre sécurité. Cela vaut aussi pour une Allemagne unie, membre de l'OTAN. ==Cette affirmation et l'assurance que les troupes de l'OTAN ne dépasseront pas le territoire de la République fédérale d'Allemagne, offrent à l'Union soviétique de solides garanties de sécurité.==
>
> https://www.nato.int/cps/fr/natohq/opinions_23732.htm

Discours de Manfred Wörner, le 17 mai 1990.

Je regrette que les mémoires soient courtes dans certains esprits, parce qu'elles sont très longues dans d'autres esprits très clairs, qui n'ont pas démérité. Il serait bon qu'il y ait de nouveau une réunion au niveau technique, peut-être des chefs, des ministres des Affaires étrangères, pour qu'on rassemble ce qui est arrivé, ceux qui l'ont reconnu (je ne suis pas le seul à le dire) et les délégations internes. Beaucoup de gens sont morts, malheureusement, c'est toujours triste la mort, mais avec les comptes-rendus qui ont été faits dans les pays, on trouvera la trace que la discussion a eu lieu. Et je le répète, c'est appuyé sur des considérations générales : on voulait mettre fin à la guerre froide, et surtout éviter son retour. Tout le reste consacre un retour à la guerre froide plutôt qu'un pas vers la paix.

Par le traité de Moscou, vous avez signé le traité qui a mis fin à la Seconde Guerre mondiale et à la guerre

froide, à un moment où les gens criaient à la fin de l'Histoire et à une vision de paix perpétuelle. On voit qu'actuellement est en train de se recréer une atmosphère de deuxième guerre froide. Comment, en trente ans, a-t-on basculé, d'après vous, d'une vision de paix à cette vision, de nouveau, de tension et de guerre froide ?

Je crois qu'il n'y a pas de fatalité dans l'histoire diplomatique. Il y a des prises de position, et des prises de position contraires, mais il n'y a pas de fatalité. Si cette situation s'est produite, c'est parce qu'il y a eu, à ce moment-là, un état d'esprit tel qu'il voulait qu'elle se reproduise plus tard.

Ce n'est pas par hasard que, bien qu'on l'ait dit, cela n'ait pas été noté dans les archives de l'OTAN. Je veux bien l'admettre, mais je fais observer que c'est contraire à l'état d'esprit de l'époque. C'était dans les années 1950-60, c'était un climat de détente, et surtout les accords de désarmement avaient été décidés par toutes les grandes puissances qui parlaient de désarmer. On a parlé de désarmement, on en a même fixé le détail. D'abord les armements conventionnels, ensuite les armements atomiques à courte portée, et puis les autres à plus longue portée. Cela avait été décidé et cela ne doit pas surprendre dans le climat qui était celui de l'après-guerre. Car je le répète, il n'y avait pas eu de traité de paix avec les puissances nazies.
S'il n'y a pas de fatalité, pourquoi se retrouve-t-on aujourd'hui dans ce qui est plutôt un climat de confrontation ?

Je ne veux faire de procès à personne. C'est, à mon avis, assez clair. Si l'on regarde bien, ceux qui ont mis fin à la négociation, quels sont-ils ? Ce sont les Américains qui ont rompu en disant : maintenant ça ne nous va plus, et qui ont notamment refusé de poursuivre les négociations sur les armes atomiques à courte portée, d'un seul coup. On n'en parle plus depuis quelques années déjà, les délégations ne se réunissent plus. Après, il y a tout le reste, les armements conventionnels et atomiques.

On a vu que les Américains, il y a assez peu de temps, avec le président Trump, parlaient même de développer des armes nucléaires tactiques pour être utilisées sur le champ de bataille, quelque chose qui met fin à une théorie, depuis 70 ans, de non-utilisation des armes nucléaires. Vous qui avez participé à cette atmosphère de désarmement, comment voyez-vous cette modification de l'état d'esprit américain ?

Je pense que ce sont les forces américaines de surarmement, qui existent vraiment en Amérique, ce n'est pas un secret de révéler cela, qui ont amené l'abandon des négociations. Ce qui a entraîné ensuite des démarches de surarmement, de reprise des armements, au lieu de continuer le désarmement pour la paix. C'est aussi simple que cela. Vous savez, il n'y a pas de mystère dans les négociations diplomatiques. Il y a des écrits, il y a des déclarations. Il faut bien les analyser, c'est très intéressant, et on s'aperçoit très vite que tout est dit.

Savez-vous comment a démarré l'histoire du désarmement et la discussion sur l'OTAN ?

C'est au cours d'une réunion banale, de routine, à Bruxelles, de l'OTAN. Bush était là, je me souviens très bien. Mitterrand était là et j'étais à côté de lui. A la fin de la réunion, c'étaient les problèmes habituels, c'est-à-dire : quels sont les armements ? Que pourrons-nous faire ? etc., la routine. Et à un moment, Bush père dit : « *Je voudrais demander à mes collègues de bien vouloir m'autoriser à faire une déclaration sur l'avenir de l'OTAN.* » Je me souviens très bien, Mitterrand était en train de faire du courrier personnel, je l'ai tapé du coude et je lui ai dit : « *Ecoute, et puis on va voir.* » Tout le discours de Bush, qui n'était pas un va-t'en-guerre, qui était plutôt quelqu'un qui réfléchissait un peu, et qui discutait en tout cas, c'était : « *L'Alliance atlantique aujourd'hui a réussi, on a mis fin au nazisme, on a mis fin aux différents conflits, le moment n'est-il pas venu – c'était le thème du discours, je ne déforme pas du tout l'esprit – de demander de transformer l'OTAN pour réfléchir à ce que pourrait être une défense pour l'ensemble des dangers du monde ? »*

Ça n'avait pas l'air de manger de pain mais ça voulait dire quelque chose de très lourd. Je me souviens, j'ai pris la parole – et on se souvient toujours de ce qu'on a dit.

Mitterrand, qui avait repris le fil du discours, est intervenu après, en disant : *« Mais, voyons voir, je ne comprends pas. »* Notre vision était la même. L'OTAN, c'était le traité de l'Atlantique Nord, donc avec une compétence géographique bien limitée. *« Si vous voulez en changer, il faut faire une nouvelle réunion, une grande conférence, et on en rediscutera. Mais nous ne voulons pas vous donner notre assentiment aujourd'hui, comme ça, à la sauvette. Vous allez nous faire aujourd'hui… »*, je rappelle l'expression qui a été reprise très amplement par tout le monde : *« Vous voulez refaire la Sainte Alliance. »* Cette alliance qui avait été faite contre Napoléon, vous vous en souvenez.

Si vous voulez modifier le Traité, faisons une conférence de la paix, si vous voulez, nous y sommes disposés. Mais aujourd'hui, dans l'état actuel des choses, c'est quelque chose qui n'a pas été discuté, ce serait trop apparaître comme la résurgence de la guerre froide. Nous n'allons pas, par respect pour le président des Etats-Unis, voter contre, nous allons nous abstenir.

Nous avons donc fait inscrire au procès-verbal que la France s'abstenait, compte tenu de la proposition du président Bush, *« qui ne correspond pas du tout à ce qu'était le traité que nous avons signé ensemble. Et nous proposons qu'il y ait une autre conférence »*.

C'était botter en touche comme on dit vulgairement au football, mais c'était quand même l'état d'esprit de la discussion qui avait lieu. On a un traité, c'est vrai, il a servi à quelque chose mais n'en faisons pas n'importe quoi. Si vous voulez faire un traité mondial, réunissons-nous et faisons une discussion pour ça. Ce qui, évidemment, restait à déclencher. Et j'ajouterai qu'à la suite de cela, il n'y a pas eu de réunion. L'OTAN reste l'OTAN. Le Pacte de Varsovie a été dissous, ce qui était prévu dès le début de la paix. Mais l'OTAN n'est pas dissoute et on le réarme, au contraire.

Donc, la chose est en l'état. La discussion des armements, d'abord, a coupé court. Je rappelle quand même que c'est à l'initiative des Anglo-saxons que cet ajournement a eu lieu. Cela entraînait évidemment l'ajournement des autres.

Et puis, il n'y a pas eu de conférence de nouveau traité. Mais les choses ont été dites, notamment par la délégation de la France. C'est cela qui gêne un peu nos alliés américains, c'est qu'on a une position logique. **Nous étions dans une conférence pour le désarmement, on la transforme en surarmement**. Alors nous disons : non, vous ne pouvez pas simplement bricoler quelque chose aujourd'hui, mais si vous voulez, réunissons-nous pour faire un nouveau traité. Ce qui n'a pas eu lieu.

Au milieu des années 90, George Kennan, qui était très âgé à l'époque, avait, dans une interview, pris très fortement position contre la proposition d'étendre l'OTAN à l'est (puisque c'était le moment où l'OTAN s'étendait), en disant, voyez : l'OTAN, il faudrait le dissoudre. C'était un instrument de la guerre froide, or il n'y a plus la guerre froide. Si au contraire on l'étend, ça risque de générer des tensions à terme, et la guerre un jour. Quel regard aviez-vous à ce moment-là sur le devenir de l'OTAN ?

Ça allait plutôt dans le sens que nous souhaitions. Ça allait même plus loin, puisque nous ne voulions pas voter positivement sur la proposition du président des Etats-Unis, pour ne pas être désobligeants – c'était notre allié – mais on était prêts à discuter d'un nouveau traité. Cette discussion n'a jamais eu lieu parce que la discussion s'est envenimée.

Finalement, au moment de la signature du Traité de Moscou – enfin, dans les négociations ce jour-là – la France a clairement dit qu'elle s'engageait à ce que l'OTAN ne s'étende pas à l'Est. C'était bien une proposition française ?

C'était une discussion générale avec toutes les délégations. Tout le monde intervenait successivement, je suis intervenu de la même façon et Mitterrand ensuite, pour mettre les choses au point très clairement.

C'était Chevardnadze qui avait demandé ça. On n'avait pas de raison de lui refuser. Il ne voulait pas que nous envoyions nos avions là où ils ne devaient pas être, si on faisait la paix. Et d'autre part, il n'y avait pas de raison pour qu'on refuse aux pays en question d'entretenir les monuments à la gloire de l'Armée russe. Ils avaient quand même aidé pendant la guerre, il ne faudrait pas l'oublier complètement…

Donc, la position de la France a bien été, oui, on est contre l'extension de l'OTAN et il n'y aura pas d'extension de l'OTAN dans le futur.

> There's one other point I raised with him, and here again his response was interesting. I told him that the FRG's leadership was strongly in favor of a unified Germany remaining in NATO and not being neutral. I explained that we agreed with this, and thought the Soviets should not reject such an outcome. In this regard, I mentioned that it was unrealistic to assume that a big, economically significant country like Germany could be neutral. And then I put the following question to him. Would you prefer to see a unified Germany outside of NATO, independent and with no US forces or would you prefer a unified Germany to be tied to NATO, with assurances that NATO's jurisdiction would not shift one inch eastward from its present position?
> He answered that the Soviet leadership was giving real thought to all such options, and would be discussing them soon „in a kind of seminar". He then added: „Certainly any extension of the zone of NATO would be unacceptable." (By implication, NATO in its current zone might be acceptable.)
>
> BAKER À H. KOHL, RELATANT SA RENCONTRE AVEC GORBATCHEV, 10/02/1990

Baker à Helmut Kohl, relatant sa rencontre avec Gorbatchev, le 10 février 1990.

Oui, absolument. Et je n'ai pas été le seul, je crois que l'Américain a donné son point de vue, qui était tout à fait conforme à cela. Je me souviens très bien de la scène, ça se passait dans un grand ensemble.

Toutes les délégations étaient là, dans la grande salle, chacun prenait la parole à son tour. et Baker était sur ma droite. Il avait repris ses esprits, il s'était reposé et il est intervenu après moi en disant, « même si M. Dumas ne l'avait pas demandé, moi je l'aurais demandé ».

Conclusion : [Diapo avec citation de l'interview de George Kennan 1998]

C'est le début d'une nouvelle guerre froide. Je pense que les Russes vont progressivement réagir assez négativement [à l'expansion de l'OTAN] et que cela affectera leurs politiques. Je pense que c'est une erreur tragique. [...] Nous avons signé pour protéger toute une série de pays, alors que nous n'avons ni les ressources ni l'intention de le faire sérieusement. [...] Bien sûr, il y aura une mauvaise réaction de la part de la Russie, et ensuite [les partisans de l'expansion de l'OTAN] diront qu'ils vous avaient toujours dit que les Russes étaient comme ça – mais c'est tout simplement faux.

BLACKROCK n'est pas la seule méga-corporation, société d'investissement privée qui domine tous les aspects de notre vie : ces quatre sociétés, STATE STREET, BERKSHIRE HATHAWAY, VANGUARD, et BLACKROCK, sont les quatre plus grandes sociétés d'investissement de la planète. Elles sont derrière la prise de contrôle mondial dans tous les domaines, toutefois

BLACKROCK a deux particularités que les autres n'ont pas.

La détention d'ALADDIN, la plus puissante plateforme technologique de pointe pour la gestion des investissements institutionnels, notamment les gestionnaires d'actifs, les fonds de pension, les assureurs et les trésoriers d'entreprise.

BLACKROCK a pénétré le système bancaire Américain dans son intégralité, avec l'aval et à la demande des banques centrales qui sont toutes privées ne l'oublions pas, ainsi que le système bancaire Européen avec l'aval de la Commission Européenne, URSULA VAN DER LEYEN suivant à la lettre les instructions qu'elle reçoit du Cartel Américain qui l'a mise en place à BRUXELLES

Il est évident qu'avec le concours d'ALADDIN, l'information devient essentielle pour acquérir le SAVOIR, et agir ensuite dans l'intérêt des dirigeants du CARTEL FINANCIER qui a mandaté BLACKROCK pour surveiller toutes les transactions financières de la planète.

Aujourd'hui, l'information vaut de L'OR, et l'œil présent dans tous les canaux informatiques fait qu'ils SAURON (T)

Ces deux différences énormes en font le LEADER des sociétés d'investissement, avec pour conséquence la prise de Contrôle de l'intégralité du système économique.

Nulle personne en ce Monde ne possède le pouvoir de modifier cet état de fait, car la puissance économique qui est à l'œuvre est un véritable rouleau compresseur qui n'a qu'un objectif, rendre les riches encore plus riches, et rendre les pauvres encore plus pauvres, utilisant pour cela la totalité des renseignements captés par ALADDIN à leur avantage au moyen de l'intelligence artificielle.

Regardez d'ailleurs ce que pense Michel de Nostredame sur les évènements en France, consécutifs à cette incurie financière.

QUATRAIN V – 96 –

Sur le milieu du grand monde la rose,

Pour nouveaux faicts sang public espandu :

A dire vray, on aura bouche close :

Lors au besoing tard viendra l'attendu

TRADUCTION

Lorsqu'une politique Socialiste –La Rose – sera appliquée par les membres du Gouvernement Français, le sang public sera répandu par de nouvelles dispositions visant à mettre un terme à la liberté d'expression - **A dire vray, on aura bouche close-** .

Dès lors, le peuple gémira et attendra longtemps avant que ne vienne l'attendue délivrance - Il se confirme une nouvelle fois que le climat va devenir révolutionnaire en France, l'Assemblée nationale se rendant complice de dispositions discriminatoires aux libertés par la mise en place d'un contrôle social validant toutes sortes de techniques de contrôle.

La doctrine socialiste a toujours été largement inspirée par sa sœur jumelle, le Communisme, est ce n'est pas un hasard si le modèle retenu pour le contrôle de la société s'inspire largement des pratiques qui s'appliquent déjà en Chine.

Certes la reconnaissance faciale n'est pas encore d'actualité, mais cela ne va plus tarder. L'Assemblée nationale devait se voir proposer un texte allant dans ce sens dans les prochains mois ou les prochaines semaines car l'agenda mondialiste s'accélère brutalement au vu des troubles en France sur la réforme des retraites, et l'utilisation massive du 49.3.

L'explosion sociale dont l'épicentre est PARIS arrive au moment où une réforme impopulaire sur les retraites est présentée au Parlement, contre le vouloir du Peuple, provoquant une décision arbitraire d'instauration d'une loi promulguée à l'aide du 49.3, qu'Elisabeth Borne, la première ministre nommée par Emmanuel MACRON le 16 mai 2022 a déjà utilisé ONZE FOIS depuis sa nomination.

Le motif de la révolte n'est absolument pas dû au fait que les Français devront travailler deux années de plus, car en vérité le mal est beaucoup plus profond et la réforme des retraites n'est qu'un Déclencheur, dont la mèche vient d'être allumée par un Président mué en pyromane aux ordres du Cartel financier qui le manipule.

Le système arrive au bout de ce que les Français peuvent supporter sans réagir, écrasés qu'ils sont depuis quarante années de pouvoir où tour à tour socialistes et républicains ont détruit la France qui s'est appauvrie considérablement au moment du passage à l'Euro pour être ensuite étranglée par une gestion calamiteuse du COVID et une l'inflation continue qui épuise toutes leurs ressources pendant que des spéculateurs s'enrichissent d'une manière honteuse aux yeux de tous, ce qui ne peut mener qu'au CHAOS et à la REVOLUTION d'un peuple qui ne peut plus reculer

Ce ne sera pas la seule mesure visant au contrôle généralisé de la société, car d'autres mesures sont en préparation, telles que la Puce RFID, la suppression de l'argent liquide, qui a déjà commencée, par la suppression des grosses coupures, la diminution des plafonds de transaction, où il est **hallucinant** de constater qu'un citoyen français en 2023, ne peut verser plus de mille euros dans une transaction en espèces, alors qu'un citoyen étranger, allemand par exemple, peut lui, payer quinze mille euros en espèces pour la même transaction, mesure que peu de Français connaissent.

La disparition progressive des distributeurs automatiques d'argent est constatée dans de très nombreuses régions, confirmant si besoin était la volonté de nos dirigeants de basculer la gestion monétaire dans le cadre d'un contrôle total et absolu, mettant ainsi un terme comme ils se plaisent à le dire à l'argent sale, alors que nous savons depuis des décennies que l'argent sale est géré **par le système bancaire** dans des **Paradis fiscaux**.

Publié le 22 septembre 2020

GOUVERNANCE D'ENTREPRISE

2 000 MILLIARDS DE DOLLARS D'ARGENT SALE BLANCHI PAR LES GRANDES BANQUES MONDIALES

Des grandes banques mondiales auraient participé au blanchiment de centaines de millions de dollars pendant plus de deux décennies. Les transactions frauduleuses ont parfois continué même après des alertes sur le sujet. Au final, ces flux auraient irrigué des "artères vitales à l'économie mondiale", selon les enquêteurs.

L'International Consortium of Investigative Journalists (ICIF) a mené une grande enquête sur du blanchiment d'argent sale par des grandes banques. @ICIJ

C'est une nouvelle enquête choc du Consortium international des journalistes d'investigation (ICIJ), déjà à l'origine des Panama Papers.

Cette fois-ci, ce sont les grandes banques mondiales qui sont visées alors qu'elles auraient fait transiter des centaines de millions de dollars d'argent sale. "*Les profits des guerres meurtrières contre la drogue, des fortunes détournées des pays en développement et des économies durement gagnées volées dans le cadre d'une pyramide de Ponzi (montage financier frauduleux, ndr) ont tous pu entrer et sortir de ces institutions financières, malgré les avertissements des propres employés des banques*", détaille l'investigation.

Celle-ci a été menée par 108 médias internationaux, de 88 pays. L'enquête est fondée sur des milliers de "rapports d'activité suspecte" (SAR en anglais) adressés aux services de la police financière du Trésor américain, FinCen, par des banques du monde entier. "*Ces documents, compilés par les banques, partagés avec le gouvernement, mais gardés hors de la vue du public, exposent le gouffre béant des garanties bancaires, et la facilité avec laquelle les criminels les ont exploitées*", explique le média américain Buzzfeed News, en préambule de son enquête.

Informations "bien connues"

L'enquête chiffre à 2000 milliards de dollars le montant de transactions qui ont circulé entre 1999 et 2017. Cinq grandes banques sont particulièrement visées :

JPMorgan Chase, HSBC, Standard Chartered, Deutsche Bank, et Bank of New York Mellon.

Elles sont accusées d'avoir continué à faire transiter des capitaux de criminels présumés, et ce même après avoir été poursuivies ou condamnées pour faute financière.

"*Les réseaux par lesquels l'argent sale transite dans le monde sont devenus des artères vitales à l'économie mondiale*", révèle même l'étude. Dans un communiqué, la Deutsche Bank assure que les révélations du Consortium étaient des informations "bien connues" de ses régulateurs. La banque allemande affirme avoir "*consacré d'importantes ressources au renforcement de ses contrôles*". Elle ajoute "*être extrêmement attentive au respect de (ses) responsabilités et de (ses) obligations*".

L'investigation pointe aussi l'impuissance des autorités américaines dans la régulation de ces transactions.

Des banques suisses se trouvent également dans la base de données établie par l'ICIJ. On y retrouve Crédit Suisse, UBS, la banque Vontobel, Raiffeisen, Pictet, Julius Bäer, la banque Sarasin et la banque cantonale de Zurich. De nombreuses banques étrangères domiciliées en Suisse sont également mentionnées.

Ludovic Dupin avec AFP

Comme par hasard, le CREDIT SUISSE fait aujourd'hui la UNE dans les quotidiens et les médias, et vient d'être absorbé par UBS, qui fait également partie de la liste des banques présentent dans la base de données établie par L'ICIJ.

UBS reprend Crédit Suisse : les grands axes du rachat historique

UBS reprend Crédit Suisse pour 3 milliards de francs suisses en actions. Crédit Suisse et UBS, qui vient de racheter sa rivale, pourront obtenir une aide sous forme de liquidités allant jusqu'à 100 milliards de francs suisses, a annoncé dimanche la banque centrale suisse.

"Dans cette situation d'incertitude exceptionnelle, la reprise de Crédit suisse par UBS a permis de trouver une solution afin de garantir la stabilité financière et de protéger l'économie suisse", a insisté la banque nationale suisse dans un communiqué.

Le rachat de Crédit Suisse par sa rivale UBS, va donner naissance à un géant bancaire sans précédent dans l'histoire de la Suisse et vise à rétablir la "confiance" des marchés. Voici les grands axes de cette transaction à 3 milliards de francs suisses, qui a été conclue à l'issue d'intenses négociations avec le gouvernement fédéral.

Préserver le système financier

Deuxième banque du pays, Crédit Suisse est dans la tourmente depuis deux ans et fait partie des 30 établissements financiers au niveau mondial considérées comme trop grosses pour faire faillite ("too big to fail", en anglais).

"Son destin n'est donc pas uniquement décisif pour la Suisse, pour nos entreprises, pour les clients privés, pour ses propres employés mais également pour la stabilité de l'ensemble du système financier", a déclaré le Président de la Confédération Alain Berset dimanche en annonçant l'accord.

A ses côtés, la ministre des Finances, Karin Keller-Sutter, a déclaré que la faillite de Crédit Suisse aurait pu provoquer *"des dommages économiques irréparables"*. *"Pour cette raison, la Suisse doit assumer ses responsabilités au-delà de ses propres frontières."*

Un mastodonte de la gestion de fortune

L'union des deux plus grandes banques de suisses va faire émerger un géant à la tête de plus de 5.000 milliards de dollars d'actifs investis. Les activités de gestion de fortune d'UBS, déjà numéro un mondial du secteur, vont s'en trouver encore renforcées avec quelque 3.400 milliards de dollars d'actifs sous gestion.

UBS estime que cette fusion devrait lui permettre de réaliser des économies annuelles de plus de 8 milliards de dollars d'ici 2027.

100 milliards CHF de liquidités

Pour faciliter ce rachat, la Confédération helvétique accorde une garantie de 9 milliards de francs à UBS, l'objectif étant de réduire les risques que ce rachat lui fait courir.

La banque centrale va par ailleurs allouer des aides importantes aux deux banques sous la forme de liquidités allant jusqu'à 100 milliards de francs suisses.

UBS et Crédit Suisse auraient fusionné sous pression américaine

Les banques UBS et Crédit Suisse ont-elles fusionné sous la pression des Etats-Unis ? C'est ce que suggère le « Financial Times ». Des parlementaires suisses demandent désormais des éclaircissements.

Le président de la Banque nationale suisse Thomas Jordan (à g.), la ministre des Finances Karin Keller-Sutter et le président de la Confédération Alain Berset ont informé dimanche sur la fusion des banques.

Dans la crise qui balaie Crédit Suisse, le « Financial Times » britannique était toujours bien informé de ce qui se disait derrière les portes closes. Souvent, le journal économique était le premier à savoir ce qui devenait public par la suite.

Rien d'étonnant, donc, à ce qu'une enquête du même média fasse parler d'elle dans le monde politique suisse: selon cette dernière, **la fusion de Credit Suisse et de l'UBS était déjà scellée bien avant le dimanche où la reprise a été communiquée.**

Le président de Crédit Suisse Axel Lehmann aurait été cité dès mercredi dernier par la ministre des Finances Karin Keller-Sutter, la Banque nationale suisse (BNS) dirigée par Thomas Jordan et l'autorité de surveillance des marchés financiers (Finma). A cette occasion, **il aurait reçu un message clair : « Vous allez fusionner avec l'UBS. Ce n'est pas une option »**, peut-on lire dans le « Financial Times ».

« Séisme politique majeur »

Cette déclaration a une force politique explosive, car la BNS et la Finma ont fait savoir mercredi soir que les problèmes aux Etats-Unis «ne présentaient pas de risque de contagion directe pour le marché financier suisse » et que Crédit Suisse remplissait toutes les exigences financières nécessaires. Le public a-t-il donc été mené en bateau?

Les politiciens suisses sont en tout cas indignés. Le président des Verts libéraux, Jürg Grossen, a déclaré à la SRF : «Si ce qui est écrit est vrai, cela pourrait être un séisme politique majeur.»
Selon lui, la bourse a réagi positivement à cette annonce. « Cette communication a eu une grande influence sur l'évolution du marché. **Droit d'urgence ou pas, on peut questionner le droit de tromper ainsi le marché et la population »** ajoute-t-il.

Il demande qu'une commission d'enquête parlementaire (CEP) fasse la lumière sur cette question. « Nous ne voulons pas faire de nouvelles suppositions, mais savoir concrètement qui savait quoi et à quel moment », déclare la coprésidente du PS Mattea Meyer. « Et qui a exercé quelle influence sur la Suisse ! »

Quel était le rôle des États-Unis ?

Karin Keller-Sutter aurait été soumise à une forte pression internationale. Un conseiller de l'UBS a ainsi raconté au « Financial Times » que ce sont surtout les Etats-Unis et la France qui auraient « fait vivre un enfer à la Suisse ». La ministre américaine des Finances, **Janet Yellen**, a eu notamment plusieurs entretiens avec Karin Keller-Sutter ce week-end.

Les Etats-Unis auraient-ils mis le pistolet sur la tempe de la Suisse et décrété un mariage forcé entre Crédit Suisse et UBS? «Je crains qu'il y ait eu cette pression, même si je ne peux pas le prouver», répond le conseiller national UDC Lars Guggisberg. Si cela s'avérait véridique, «ce serait scandaleux».

«Nous ne sommes plus les seuls à décider»
Son collègue de parti au conseil national Roland Rino Büchel ne comprend d'ailleurs pas que la Suisse ait cédé à la pression de l'étranger : «Nous sommes tellement liés et imbriqués que nous pensons ne plus pouvoir décider seuls.»

« Le fait que l'on ait parlé anglais lors de la conférence de presse de dimanche montre de manière exemplaire que l'affaire n'est plus considérée comme suisse », déclare le conseiller UDC.
Il est donc favorable à ce que le travail de la Finma soit examiné à la loupe. Il est cependant plus critique à l'égard de l'établissement d'une CEP « Je peux comprendre les demandes d'une CEP plus poussée, mais je crains qu'elle ne soit incitée. » En d'autres termes : que les parlementaires ne puissent pas faire la lumière sur cette affaire.

Au moins cet article a l'avantage de montrer aux YEUX DU MONDE, qui tire les ficelles en coulisse, la FED AMERICAINE, dont une nouvelle fois il est très important de préciser que TOUS les ACTIONNAIRES sont PRIVES

QUATRAIN VIII – 14 –

Le grand crédit, d'or, d'argent l'abondance

Aveuglera par libide l'honneur :

Cogneu sera l'adultère l'offense

Qui parviendra à son grand déshonneur

Les Banques Centrales injectent de l'argent en abondance dans l'économie pour une société qui vit à crédit, car lorsque les revenus ne suffisent plus à couvrir toutes les charges, le recours au prêt est parfois la seule solution pour y parvenir. Le crédit à la consommation est un moyen de financement très recherché par les consommateurs et la demande ne cesse d'augmenter. En contrepartie, l'Or et l'Argent qui s'accumulent entre les mains d'une minorité aveugle, augmente de manière exponentielle la corruption, d'une manière continue et très rapide. Cette immoralité deviendra la règle et ceux qui en font une manière de vivre finiront inévitablement par être rattrapés par les affaires.

QUATRAIN III – 5 –

Près loin defaut de deux grands luminaires,

Qui surviendra entre l'Avril et Mars ;

Ô quelle cherté ! Mais deux grands débonnaires

Par terre et mer secourront toutes pars

La flambée des prix énergétiques sera-t-elle que les matières premières ne cesseront d'augmenter, Essence, - électricité, gaz – (deux grands luminaires, l'ENERGIE) aucun secteur ne sera épargné, et la situation risque d'être tendue entre les mois d'Avril à Mars, où ces produits seront tellement chers, qu'ils finiront par créer le chaos.

Apparemment, selon le propos de Michel de NOSTREDAME, deux NATIONS viendront au secours de l'Europe en approvisionnant par terre et par Mer ces matières premières indispensables à l'économie et à la stabilité sociale, ce qui devrait mettre un terme à la spéculation.

Les résultats financiers des grands groupes énergétiques prouvent à quel point ils sont les uniques bénéficiaires de cette flambée soudaine des prix du gaz, de l'électricité et des carburants, la Guerre en UKRAINE n'étant qu'un prétexte à l'enrichissement accru des grands groupes énergétiques.

Il semble d'ailleurs que l'UKRAINE, Pays actuellement en GUERRE ne soit pas épargnée par la CORRUPTION.

Il y a deux conflits en Ukraine : celui dans le Donbass et celui contre la corruption. Les deux détruisent l'Ukraine.

QUATRAIN I – 3 –

Quand la lictière du tourbillon versée,

Et seront faces de leurs manteaux couverts

La République par gens nouveaux vexée

Lors blancs et rouges jugeront à l'envers

Lorsque tous les signes avant-coureurs de la Révolution seront réunis, un tourbillon emportera tout, mettant la République et le peuple face à face. Le gouvernement de la république Française sera vexé de devoir céder sa place à de nouvelles personnes, ce qui devrait mettre un terme à la Vème République. L'autorité Judiciaire au travers des magistrats, jugera d'une manière totalement inverse les dossiers politico-financiers, ce qui laisse supposer que le dossier de la corruption des dirigeants politiques sera ouvert.

Les signes précurseurs d'une révolution en France

Dans chaque période de notre temps, il y a toujours eu des signes précurseurs à l'approche d'une révolution en France, voyons ce qu'en dit Marie-Julie Jahenny.

Un veilleur est un homme de confiance, à qui l'on demande de ne pas s'endormir et d'assurer la garde sans défaillance des biens qu'on lui confie. Malheur au gardien endormi qui laisse entrer les voleurs, les vandales de toutes sortes, destructeurs des biens matériels et spirituels !

C'est la consigne que donne le Ciel à chacune de Ses visites à La Fraudais, pendant près d'un siècle. Si nous ne savons " ni le jour ni l'heure ", nous pouvons connaître les signes précurseurs, préparatoires des épreuves qui attendent le monde, ils se font de plus en plus précis, pour ceux qui veulent bien ne pas " **faire l'autruche**. "

1°) Les révolutions sont comme les éruptions volcaniques. Elles sont précédées de signes d'alerte. Les événements spectaculaires sont " **le réveil de l'époque assoupie.** " 9 mai 1882

Époque endormie, anesthésiée, par la recherche effrénée du confort et des plaisirs, oublieuse du sens de la vie, de ses devoirs envers Dieu et envers elle-même, époque rêvant à un avenir utopique, qui se révèle être un terrible cauchemar.

Qui ne sent le besoin d'un brutal " **son de cloche** " poux échapper au coma définitif ! Si les hommes dorment, *les démons révolutionnaires, eux, travaillent jour et nuit !* Leur œuvre est souterraine et continue, avec des moments forts.

Le principe de l'action subversive est l'installation d'un désordre total, alliant guerres extérieures et guerre civile.

Le grand art du mal est de provoquer les luttes fratricides, en utilisant la tromperie, l'imposture, le mensonge et l'hypocrisie.

Le grand art est de faire croire à tous les hommes qu'ils sont dans le bien, alors qu'ils font le mal.

Le grand art du mal est de garder les formes du bien, mais en inversant totalement les fins. Ainsi on peut amener les croyants à servir l'Homme, alors qu'ils devraient être au service de Dieu.

La Révolution est une inversion des fins, qui met en bas ce qui est en haut et en haut ce qui est en bas. La Restauration est une remise dans le bon sens :

Dieu premier servi.

Elle sera l'œuvre exclusive de Dieu. "**La France, je la sauverai Seul !** " Il ne peut y avoir de Restauration sans purification. La purification des châtiments est du ressort exclusif de la Puissance, de la Sagesse, de la Juste Bonté de Dieu. Nous ne devons pas nous mêler de nous faire justice nous-mêmes. **Ce serait aggraver le désordre**.

Ces grands principes ressortent avec beaucoup de force dans les prophéties de la Fraudais, qui insistent sur l'importance de la vigilance, sur le discernement des esprits.

"**Il y a des loups déguisés en agneaux, de fausses apparitions, de faux sauveurs, de faux prophètes, de faux miracles.** " Veillez et priez pour obtenir la lumière et la force, car le démon avance masqué, sous les prétextes les plus agréables à l'homme.

2°) Un des signes précurseurs et préparateurs de la révolution est le chômage et ses désastreuses conséquences, incitant à la violence et au terrorisme.

"**Tous les ouvriers, dont l'emploi fournissait chaque jour une occupation qui les empêchait de se livrer au mal. Les desseins de ceux qui dirigent la France ont résolu d'enlever à l'ouvrier tout travail, tout emploi.**

(Les délocalisations en sont un exemple)

" Mes enfants, il ne va plus y avoir de repos. Nuit et jour, les coureurs (Les agitateurs) se livrent au mal : l'incendie, l'affreux assassinat. Ils vont user de la poudre violente qui réduit en lambeaux les murs les plus solides bâtis sur la terre. " 23 novembre 1882

Beaucoup de " **coureurs** " appellent les ouvriers à la révolte, à cause du manque de travail qui est leur pain de chaque jour. (Ceci entraîne une insécurité croissante) Les petites villes, comme les grandes, seront bientôt perdues par des groupes d'ouvriers qui n'ont ni asile ni refuge. Ils s'étendront partout, surtout que l'heure où ils pourront se rassasier (le pillage) ne tardera pas à sonner.

3°) L'insécurité dans les villes est encore accentuée par **l'ouverture inconsidérée des frontières**, la dissolution de l'identité religieuse et nationale, la pullulation de faux sauveurs, " **impies coureurs** ", de sectes sataniques faisant du porte à porte pour inciter les bons chrétiens au reniement, " **prédicateurs infernaux** ", faux prophètes, faux christs.

"**L'axe du commerce, la confiance** ", étant brisé par la corruption et les scandales financiers, l'économie va à la faillite.

4°) La déchristianisation planifiée et massive, le rejet de la doctrine morale Catholique, l'influence grandissante de l'Islam " **La France deviendra Mahomet, niant la divinité du Christ.** ", du spiritisme et des cultes lucifériens seront autant de signes de cette " **gangrène** " spirituelle. Cette désintégration ne se sera pas faite spontanément, mais sera orchestrée par des sociétés secrètes et des groupes d'influence dans tous les milieux, sous le masque de l'amour de l'Homme.

Ils seront acharnés à la dissolution de la civilisation chrétienne, par la corruption, " **les mauvais livres** ", l'imposture ou la peur, élaborant des lois contraires à la Loi divine " **les lois impies** ", séduisant ceux-là mêmes qui auraient dû la défendre, les aveuglant au point de les amener à persécuter ceux qu'ils devraient aimer. Toutes ces attaques visent à effacer de l'esprit des hommes la mémoire du Dieu Créateur et du Christ Sauveur.

Voilà les symptômes de la grande démence qui suit toutes les décapitations. À la Fraudais, le diagnostic avait été fait depuis longtemps, et les remèdes prescrits.

La France n'a pas veillé et tenu compte de ces avertissements. Toute folie non contrôlée devient vite meurtrière. Il semble bien que " la grande boucherie " soit au rendez-vous du XXIème siècle !

5°) Ces bouleversements humains surviennent sur fond de désordres de la nature ; la famine, les calamités provoquent et entretiennent les révoltes. Certaines sont d'origine humaine par pollution et destruction des équilibres naturels. Des bouleversements d'ordre cosmique (***chute d'astéroïde,*** changements de climats, raz de marée) peuvent être la cause de grandes calamités.

Les prophéties montrent bien l'intrication de tous ces désordres. Il ne faut pas y voir comme un agenda bien programmé, mais un réseau de causes produisant un réseau d'effets. Mais la Miséricorde divine nous permet de distinguer des grandes phases dans ces bouleversements qui sont désespérants pour les aveugles, et au contraire porteurs d'espérance pour ceux qui y voient la Volonté de Dieu, qui permet le Mal pour le triomphe d'un plus grand bien, et ont confiance en Ses promesses.

Les grandes crises à venir

"La France est à la veille de son malheur et de son bonheur : le malheur pour les pêcheurs, le bonheur pour les justes. Avant que la Paix refleurisse sur la terre, il faut qu'une grande pénitence fléchisse la colère divine. C'est le Seigneur Lui-même qui exerce Sa Justice. Il n'appartient qu'a Lui de châtier, mais en châtiant, Il purifiera la terre et son peuple. Il

n'épargnera rien. Il cultivera la terre pour y semer une nouvelle semence. "

Saint Michel, le 25 mai 1877

Sur un fond général de confusion et de désordre, se détachent des " **époques** ", qui sont comme les degrés d'une progression. C'est d'abord comme un orage qui gronde, puis éclate pour se terminer sur un " **grand coup** " qui ramène la paix.

" **La première époque, dit le Seigneur, c'est l'étendue des maux sur la Fille aînée de l'Église, la France. La seconde, c'est l'Église envahie, et le commencement de la lutte terrible dans la Ville Éternelle.**

Cette lutte, dans la Ville Éternelle, languira cinq mois, sans que les conséquences tristes jusqu'à la mort, ne s'aggravent "

4 mai 1882

Le grand réveil de l'époque assoupie ne va pas tarder à lancer son premier éclat, le commencement d'une marche victorieuse qui mettra à mort le peuple de celle qui n'a plus d'espoir de se relever, sinon le jour où celui qui est appelé son Sauveur, mettra le pied sur le Trône assigné par le Ciel.

La grande révolution universelle, le commencement en sortira d'abord en France : c'est elle qui, la première, marchera à l'abîme et aussi à la résurrection.

Première crise en France. Il y a quelque temps, le Seigneur a marqué trois mois de fatals et terribles châtiments. Il abrégera beaucoup. Le prochain commencement de la mortelle crise révolutionnaire durera quatre semaines, mais l'étendue en sera immense. Le nombre de ceux appelés " **meurtriers du peuple** " sera d'une immensité inconcevable.

Lors de cette heure terrible, les étrangers, dont le désir est rempli d'une violence qui ne se possède pas, seront

maîtres en France. Dès la nouvelle du fatal événement, leurs oreilles ne seront pas sourdes !

"Pendant cette lutte première, en toute l'étendue de la France, il y aura liberté pour tout. Il n'y aura plus de captifs retenus pour crimes. " 9 mai 1882

" Les cris de désespoir et d'alarme monteront jusqu'au Ciel. Les mois du Sacré-Cœur (juin) et de Mon Sang (juillet), ce sera le signal des châtiments, guerre civile. "

" Quand le gouvernement verra ces bouleversements, il fera comme l'oiseau, il s'envolera et passera dans un autre pays et la France se verra libre dans sa révolution. C'est à ce moment qu'il faudra fuir Paris. "

27 avril 1877

Les militaires seront éloignés de France, (dans l'Est et les terres arabes) et les forces de l'ordre seront réduites.

C'est pendant cette période troublée, que seront promulguées des lois infâmes, visant entre autres à établir une mainmise du pouvoir sur la religion, asservissant le clergé au pouvoir révolutionnaire, persécutant toute opposition, coupant tout lien hiérarchique avec Rome.

Des révolutionnaires instaureront la mise en place d'un pouvoir totalitaire avec son régime de justice expéditive des opposants, de surveillance, de dénonciations, etc. ceci sur fond de disette du fait des récoltes insuffisantes et des calamités. (Tremblements de terre, épidémies sur les hommes et les animaux).

Ces quelques phrases confirment l'ensemble des prophéties de Michel de NOSTREDAME et l'actualité s'imbrique jour après jour dans ce schéma apocalyptique qui pousse les peuples à la guerre.

Parmi les quatrains de Michel de NOSTREDAME, un grand nombre contiennent le mot – RAZES – qui de tous temps a été mal interprété. Ce mot doit être placé dans son contexte, afin qu'il puisse être décodé et donne un sens à l'ensemble des quatrains où il est présent.

Ce mot, a été tiré du terme Razzia, ou Rasés, l'action qui consiste à s'emparer des biens d'autrui, le fait de tout emporter, par pillage. Ce mot est présent pour qualifier des actes répréhensibles commis par des agitateurs, des émeutiers, et plus globalement par des personnes qui commettent des actions violentes par laquelle un groupe se révolte contre l'autorité publique, contre la règle établie. Michel de NOSTREDAME n'emploie pas le mot Révolutionnaire, il emploie un mot qui s'apparente plus au PILLAGE.

L'inflation terrible que nous observons actuellement peut pousser le peuple à se révolter et à piller, car démuni de tout, il perd ses repères et commet des actes répréhensibles. Les actions de ces personnes, ciblent généralement les symboles de l'Etat, police, tribunaux, bâtiments administratifs, et du Capitalisme, banques, agences d'intérim, entreprises multinationales, publicité, restauration rapide. Afin de justifier leurs interventions parfois violentes, face à la mondialisation, les militants soutiennent que le CAPITALISME est infiniment plus destructeur qu'aucune de leurs actions directes.

La cible de ces personnes n'a jamais été les grandes surfaces, or, le terme RAZZIA ne l'oublions pas s'apparente à du PILLAGE. Les spéculateurs sur les denrées alimentaires ne seront pas étrangers à cette révolte. Ils seraient avisés de contrôler leur avidité, car à vouloir jouer avec le feu, ils prennent le risque de se brûler.

Voyons ce qu'en pense Michel de NOSTREDAME

PRESAGE 99 Juillet

En péril monde et Rois féliciter,

Razes esmeu par conseil ce qu'estoit

L'Eglise Rois pour eux peuple irriter

Un montrera après ce qu'il n'estoit.

TRADUCTION

Le Monde est en péril alors que les Chefs d'état se reçoivent et se congratulent. Les Français et Européens en général seront en colère car les assemblées parlementaires censées les représenter ne seront plus ce qu'elles étaient, soumises qu'elles seront aux dirigeants qui ordonneront seuls. Les dirigeants de l'Eglise (Eglise-Rois) ne feront rien pour éviter la colère du peuple, car ils pensent d'abord à eux. L'un d'eux montrera son vrai visage

Ce quatrain illustre parfaitement l'actualité en France en 2023, où l'Assemblée Nationale et le Sénat, ces deux assemblées parlementaires, sont marginalisées, soumises qu'elles sont aux décisions arbitraires d'un Président qui ordonne seul, et prend toutes les décisions en monarque absolu, bafouant le débat parlementaire en utilisant de manière quasi-systématique L'article 49.3 que tout le monde connaît, article autorisé et prévu par la constitution pour améliorer l'état de la nation, non pour la détruire. Elisabeth Borne a utilisé 11 fois cet article depuis son arrivée à Matignon, autant dire que nous frôlons la Dictature

Michel de NOSTREDAME utilise la phrase - En péril Monde, et Rois féliciter – car la situation générale en

EUROPE ainsi qu'aux Etats-Unis d'Amérique et au Canada est la même.

Ces nations sont dirigées par des politiciens mis en place par l'Etat Profond, BIDEN aux USA, TRUDEAU au CANADA, MACRON en France, SCHOLZ en Allemagne, URSULA VAN DER LEYEN à la tête de l'UNION EUROPEENNE, CHRISTINE LAGARDE à la tête de la BANQUE CENTRALE EUROPEENNE et bien d'autres, plus discrets, maintenant que MARIO DRAGHI vient de quitter ses fonctions à la tête de l'ITALIE au profit de GEORGIA MELONI devenue Présidente du conseil des ministres d'Italie, qui incarne maintenant l'extrême droite alors qu'elle entretient d'excellents rapports avec URSULA VAN DER LEYEN laissant à penser que pour durer à la tête du Gouvernement Italien, elle se soumet à l'ETAT PROFOND.

La FED, dont tous les actionnaires sont privés à la tête des banques centrales Américaines utilise la CIA pour appliquer ses orientations à l'étranger avec le concours de ces dirigeants mis en place à cet effet.

La CIA coordonne l'action de démantèlement de l'économie Européenne au profit des actionnaires de l'ETAT PROFOND en utilisant l'intelligence artificielle ALADDIN appartenant à BLACKROCK, cette société ayant accès à l'ensemble des transactions financières des banques Américaines et Européennes, ce qui n'aurait jamais dû être autorisé.

BLACKROCK agit en collecteur de toutes les informations financières sensibles sur les deux continents et les utilise en Europe pour faciliter son entrée au capital de toutes les sociétés du CAC 40 devenant ainsi le plus grand fond d'investissement au Monde

Les informations collectées par BLACKROCK servent également à Mc KINSEY, une autre antenne de la CIA pour faciliter le transfert de toutes les technologies sensibles du continent Européen vers les Etats Unis, en servant de cabinet de Conseil à nos dirigeants, moyennant des prestations exorbitantes qui ne servent en aucun cas à couvrir une quelconque source de conseils, mais tout simplement à financer l'action de la CIA sur le continent Européen,

<u>Ce qui revient à dire que l'EUROPE paie la CIA pour la détruire et la dépecer</u>,

Avec la complicité de l'Union Européenne, dont le dirigeant principal en l'occurrence URSULA VAN DER LEYEN a été mis en place par le Groupe de BILDELBERG, l'antenne européenne de l'Etat Profond en EUROPE.

Et pourtant, cela se déroule sous nos yeux sans qu'aucune disposition ne soit engagée visant à réduire ou supprimer l'ingérence des Américains dans les affaires Européennes.

NOSTRADAMUS profite de la dernière phrase du quatrain pour préciser qu'un dirigeant de l'Eglise montrera son vrai visage.

Il ne peut s'agir que d'un dirigeant très haut placé au sein de l'Eglise, ce qui sous-entend que le VATICAN serait bien informé sur la situation et laisserait faire. Sans preuve aucune, il faut toutefois relever que le Pape François est

Jésuite, et que les services secrets du VATICAN sont les mieux informés au MONDE.

De là à penser que les services du VATICAN sont au service de l'Etat Profond il n'y a qu'un pas que semble franchir le Prophète de Salon de Provence.

Michel de NOSTREDAME avait une connaissance parfaite de la situation, pour autant, il vivait à une époque où il lui était très difficile d'assimiler de tels évènements et pourtant, voyez avec quelle précision il décrit l'action Américaine en EUROPE

PRESAGE 88 Septembre

De bien en mal le temps changera

Le pache d'Aust des plus Grands esperance :

Des Grands deul LVIS trop plus trebuchera,

Cognus Razes pouvoir ni cognoissance.

TRADUCTION

Le temps changera, et le bien deviendra le mal et le mal deviendra le bien. Le Pacte AUKUS **(D'AUST- D'AUSTRALIE)** aura fait naitre les plus grandes espérances.

Ce pacte est une Alliance Militaire tripartite formée par L'**A**USTRALIE, **U**NITED KINGDOM et les **ST**ATES. Les dirigeants (Grands) de la France trébucheront sans avoir vu (L.VIS) ce qui se tramait et vont déplorer et se lamenter sur la perte de ce contrat qui aura fait naitre les plus Grandes espérances (Grandes avec une lettre majuscule car ce contrat représentait 90 milliards de dollars Australiens.

Michel de NOSTREDAME s'attarde sur la gravité et les conséquences du désordre qui règne en France et les conséquences que cela engendre. Ce contrat est pris en exemple pour montrer à quel point, le climat social peut perturber la gestion d'une nation. Imaginez que demain, les Nations Européennes, qui vivent toutes des conditions fragiles, entrent dans un climat insurrectionnel, et vous prendrez conscience de la gravité d'un tel climat, qui ne fait que profiter à ceux qui l'organisent en coulisse.

La Révolution n'est pas une solution, elle broie l'autorité, elle détruit l'économie, elle engendre le chaos, et se termine dans l'affrontement généralisé. Pour finir, ceux qui paient la facture sont ceux qui sont à l'origine du désordre.

Une des conséquences nombreuses de ce dossier porte également **sur la relation transatlantique**, car la France dit avoir le sentiment d'avoir été trahie par nos alliés Anglais et **Américains**, même si la décision Australienne est logique et compréhensible au vu des Tensions avec la CHINE. En fait, Cette trahison ne remettra en cause d'aucune manière les relations de la France avec les Etats-Unis d'Amérique, car le Président MACRON est un acteur principal de ce dossier, et nous ne pouvons imaginer un seul instant qu'il n'ait pas été au courant de ces tractations entre l'AUSTRALIE, les USA, et l'ANGLETERRE.

L'Elysée a d'ailleurs très certainement participé au glissement de cette commande provenant de l'AUSTRALIE vers nos alliés Américains et Anglais, car en vassal des Etats-Unis, le Président MACRON se doit d'obéir au PENTAGONE lorsqu'il exige qu'il en soit ainsi. Les gesticulations de JEAN-YVES LE DRIAN ne changeront rien à la situation, car c'est MACRON qui décide SEUL en France.

A l'étranger, il n'est qu'un rouage de l'Etat Profond, un valet, d'où son arrogance et son agressivité systématique à l'encontre des Français, qu'il déteste profondément, les rendant responsables de sa soumission et de son incapacité à être un homme d'état, tel que le méritent les Français, mais les choses ne resteront pas toujours en l'état.

Le PEUPLE de France fier de ses origines et de son histoire déteste être gouverné sous le joug du 49.3. La situation en France en MARS 2023 est catastrophique, la nation est au bord de la révolution au point que certains se demandent si finalement ce n'est pas ce que veut MACRON, créer le CHAOS pour instaurer des lois liberticides et augmenter la privation des libertés

D'ailleurs, au moment même où la Réforme des Retraites est validée par un passage en force au moyen du 49.3, regardez ce que vient de valider l'Assemblée nationale, la mise en place discrète de la Reconnaissance Faciale au profit des Jeux Olympiques de 2024.

Une telle mesure n'a en fait qu'un seul objectif, supprimer les libertés individuelles. Cela en dit long sur la relation de MACRON avec son peuple, qu'il veut contrôler à la méthode chinoise, mais il oublie une seule chose, le peuple de France, ce n'est pas la Chine et les Français ne sont pas des Chinois, il l'apprendra à ses dépens le jour où il fera comme l'oiseau comme le dit si bien Michel de

NOSTREDAME, malheureusement, à ce moment il sera bien tard pour redresser la France tellement affaiblie qu'elle n'opposera aucune résistance en cas de conflit.

L'ASSEMBLÉE NATIONALE VALIDE LE RECOURS CONTROVERSÉ À LA VIDÉOSURVEILLANCE ALGORITHMIQUE

Lucie Lequier avec AFP

Le 23/03/2023 à 13:54

- Les députés ont adopté un article sur la vidéosurveillance "intelligente", dans le cadre du projet de loi olympique.

L'Assemblée nationale a approuvé jeudi 23 mars le recours à de la <u>vidéosurveillance dite "intelligente"</u>, basée sur des algorithmes, que l'exécutif veut expérimenter avant et pendant les JO-2024, malgré les craintes de dérives sécuritaires de la gauche.

L'article 7 du projet de loi olympique a été adopté avec 59 voix pour (majorité présidentielle - LR - RN) face à 14 contre (Nupes). Il prévoit à titre expérimental que la sécurisation "de manifestations sportives, récréatives ou culturelles" d'ampleur puisse recourir à des algorithmes.

Les JO sont en ligne de mire mais l'expérimentation, qui doit s'arrêter fin 2024, pourrait démarrer dès la promulgation de la loi, et concerner par exemple la prochaine Coupe du monde de rugby en septembre-octobre. **Le but affiché : analyser les images captées par des caméras ou drones, pour détecter automatiquement des faits ou gestes potentiellement à risque.**

La liste des "événements" à détecter doit être fixée par décret, après avis de la Commission nationale de l'informatique et des libertés (Cnil), qui ***avait appelé mardi 21 mars à ne pas introduire de reconnaissance faciale lors de l'examen de ce texte.***
Lors des débats, le ministre de l'Intérieur Gérald Darmanin a cité en exemples "un départ de feu, des goulots d'étranglement de population, un colis ou un sac abandonné". Mais "pas les sweats à capuche", a-t-il assuré, pressé de questions par la gauche

Présage 101
Tout inonder à la Razée perte,
Vol de mur, mort de tous bien abondance :
Eschappera par manteau de couverte,
Des neufs et vieux sera tournée chance.

TRADUCTION

La révolution submergera la France, mais les Révolutionnaires courent à leur perte, les biens fonciers seront saisis. Ce sera la mort de la société de consommation. Le peuple n'aura même plus un manteau pour se couvrir, obligé qu'il sera d'utiliser le vieux pour faire du neuf * La chance aura tourné * -

Réfléchissez bien avant de vous joindre à cette opération de destruction, qui ne détruira pas seulement la France, mais vous détruira aussi. – Michel de NOSTREDAME ne peut être plus clair.

Il ne s'agit pas d'allumer l'incendie, pour se plaindre ensuite d'être brûlé. Nous devons assumer la conséquence de nos actes, tel est le message contenu dans ce quatrain.

Présage 54, septembre

Privés seront Razes de leur harnois,

Augmentera leur plus grande querelle,

Père Liber deceu fulg. Albonois,

Seront rongés sectes à la moelle.

TRADUCTION

Manifestants et agitateurs seront floués de leurs revendications par le pouvoir, ce qui augmentera encore plus leur colère. Il est fort probable que le Président MACRON utilisera l'article 16 de la constitution, qui lui accorde des pouvoirs exceptionnels suite aux atteintes graves à l'ordre public, régime qui aura pour effet de restreindre certaines libertés publiques ou individuelles en cas de débordements.

Ceux qui auront attenté à l'autorité de l'Etat, seront consternés d'une perte fulgurante des libertés publiques. Des Lois répressives entreront en vigueur à caractère d'exception. L'état de Siège ou la loi martiale permet de déroger aux règles qui prévalaient en instaurant un couvre-feu (père/perdre) (Liber/libertés) (deceu/déçus) (fulg/fulgurante) (Albonois/abolition des lois).

Les groupuscules d'extrême droite ou d'extrême gauche seront attaqués de toutes parts et rongés jusqu'à la Moelle.

Réforme des retraites : Désunis comme jamais, Les Républicains plongent (aussi) dans la crise

A l'Assemblée nationale, le groupe LR s'est une fois encore divisé sur le vote des motions de censure contre le gouvernement

Eric Ciotti se sentant un peu seul dans l'hémicycle de l'Assemblée.© Ludovic MARIN / AFP

REPORTAGE - A l'Assemblée nationale, le groupe LR s'est une fois encore divisé sur le vote des motions de censure contre le gouvernement

« Le roi est nu ! » Le député Nicolas Dupont-Aignan raillait jeudi dernier l'absence de majorité présidentielle sur la réforme des retraites. La pique aurait aussi bien pu viser les responsables Les Républicains, qui voient, ces derniers jours, leur couronne vaciller. Eric Ciotti, le patron de la droite, et Olivier Marleix, le président des députés LR, ont négocié pendant de longs mois avec Elisabeth Borne pour garantir le soutien de leur groupe au projet de loi. En vain : les chefs à plumes n'ont pas été assez suivis, obligeant la Première ministre à dégainer le 49.3. Un aveu d'échec pour l'exécutif, et un nouveau raté pour la droite, qui a encore étalé ses divisions, lundi, lors du vote sur les motions de censure.

De quel « nous » parle Olivier Marleix ?

Salle des Quatre Colonnes, en début d'après-midi, les députés de droite brillent encore par leur absence. C'est pourtant eux qui ont le sort d'Elisabeth Borne et du gouvernement entre leurs mains. « Nous constatons qu'un nombre croissant de députés Les Républicains veulent voter cette motion de censure », veut croire, devant les journalistes, le député de la Marne Charles de Courson. « Nous appelons tous ces députés LR qui sont hostiles à cette reforme à en tirer toutes les conséquences et nous rejoindre ». L'élu du groupe Liot presse la droite à soutenir sa motion de censure transpartisane, visant à faire tomber le gouvernement macroniste. « Je dis aux élus LR : soyez gaullistes ! Soyez Républicains ! », ose même, un peu plus loin, le député insoumis [Alexis Corbière](#).

Une heure plus tard, Olivier Marleix rappelle à la tribune la position officielle de son groupe : « Nous ne voterons pas les motions de censure ». Mais de quel « nous » parle alors le patron des députés LR ? Car plusieurs membres de son parti, comme l'élu du Lot Aurélien Pradié, ont passé la journée à dire tout bonnement le contraire. « Nous ne pouvons pas laisser notre pays se fracturer davantage, notre démocratie s'affaiblir. Il faut un électrochoc salutaire ». L'ex-numéro 3 du mouvement est d'ailleurs loin d'être seul : 19 élus LR sur 61 voteront finalement la motion de censure transpartisane, rejetée par l'Hémicycle par 9 petites voix seulement.

La droite aussi plonge dans « la crise »

Ce score étriqué et inattendu fragilise encore un peu plus l'avenir d'Elisabeth Borne à Matignon. Mais il pourrait aussi plonger la droite dans une crise d'autorité.

Car ce vote illustre les éternelles divisions qui gangrènent le parti. Depuis le début de la séquence retraites, la droite a peiné à porter une position claire - et unie - sur la réforme.

Ces dernières semaines, à mesure que les responsables LR se félicitaient d'obtenir au forceps des « concessions » de Matignon sur le texte, des députés prenaient dans le même temps un malin à plaisir à contredire leurs chefs, en exprimant publiquement leur opposition au projet de loi.

« Si on veut s'en sortir à l'avenir, il faut être cohérent. On a toujours défendu des mesures d'âge. S'opposer au texte dans une logique politique ou sous la pression, c'est la mort de la droite », soufflait jeudi le député des Alpes-Maritimes Eric Pauget, favorable au texte. Reste qu'Olivier Marleix et Eric Ciotti ne sont jamais parvenus à faire entendre ces arguments auprès des leurs. « Les ors de la République, les dîners à Matignon ont peut-être poussé Marleix et Ciotti à gonfler leurs chiffres [des LR favorables au texte], dans une forme de syndrome de Stockholm. Mais moi, je n'ai rien dealé avec le gouvernement », grinçait, le même jour, un élu LR opposé au texte.

Dans la brume politique qui vient, Les Républicains sont menacés d'implosion.

Aurélien Pradié le reconnaissait, lundi soir, au micro de BFMTV. « Oui, notre famille politique traverse une crise. Mais elle est autrement moins importante que la crise qui traverse notre pays », balayait-il. Eric Ciotti, très mal à l'aise, préférait esquiver. « Il y a eu des débats, il y en a eu dans tous les groupes ». Ne pas voir ses démons pour ne pas avoir à les affronter. Une stratégie de l'autruche dont la droite a l'habitude ces dernières années.

Quels sont les pouvoirs exceptionnels définis par l'article 16 de la Constitution ?

Institutions de la République

Dernière modification : 12 décembre 2022

L'essentiel

- L'article 16 de la Constitution peut être déclenché en cas de menace grave et immédiate contre les institutions de la République et si le fonctionnement régulier des pouvoirs publics est interrompu.
- Le président de la République exerce alors les pouvoirs législatif et exécutif.
- L'article 16 a été utilisé du 23 avril au 29 septembre 1961, à la suite du putsch des généraux en Algérie.

En détail

Parmi ses pouvoirs propres, le Président dispose de pouvoirs exceptionnels, appelés également "pouvoirs de crise". L'article 16 de la Constitution lui permet de prendre toutes les mesures nécessaires en cas de péril national.

1 Conditions de mise en œuvre de l'article 16

Les dispositions introduites par l'article 16 de la Constitution sont sans précédent dans la tradition républicaine. Nourries par le souvenir de juin 1940, elles instituent une période temporaire de concentration des pouvoirs législatif et exécutif entre les mains du président de la République, destinée à sauvegarder la démocratie et à rétablir le fonctionnement des pouvoirs publics dans les meilleurs délais.

Le texte fixe des **conditions strictes** pour l'application des pouvoirs de l'article 16. Deux conditions de fond doivent être réunies :

- L'existence d'une **menace grave et immédiate** pesant sur les institutions de la République, l'indépendance de la Nation, l'intégrité du territoire ou l'exécution des engagements internationaux de la France ;

- L'interruption **du fonctionnement régulier** des pouvoirs publics constitutionnels.

Avant de mettre en œuvre ce texte, **le Président doit consulter** le Premier ministre, les présidents des assemblées, le Conseil constitutionnel dont l'avis est publié, et informer la Nation par un **message**.

2Contenu et durée d'exercice des pouvoirs exceptionnels de l'article 16

Pendant la mise en œuvre de l'article 16 :

- le Président dispose de la **plénitude des pouvoirs législatif et exécutif** ;
- le **Parlement** se réunit de plein droit ;
- le président de la République **ne peut pas dissoudre l'Assemblée** nationale.

Aucune durée maximale n'est prévue par la Constitution.

Néanmoins, **depuis la révision constitutionnelle du 23 juillet 2008**, après 30 jours d'exercice de ces pouvoirs exceptionnels, chaque président des assemblées, 60 députés ou sénateurs peuvent saisir le Conseil constitutionnel afin d'examiner si les conditions justifiant ces pouvoirs de crise sont toujours réunies. Après 60 jours, le Conseil procède de plein droit à cet examen sans avoir besoin d'être saisi.

Le général **de Gaulle** a utilisé l'article 16 du 23 avril au 29 septembre **1961**, à la suite du putsch des généraux en Algérie.

Présage – 98 – juin

Au lieu mis la peste et fuite naistre,

Temps variant vent. La mort des trois Grands :

Du ciel grand foudres estat des Razes paistre,

Vieil près de mort. bois peu dedans vergans.

TRADUCTION

Fuyez PARIS, car les catastrophes arrivent, les temps changent, et le vent apporte la tempête. La devise de la République, **Liberté, Egalité, Fraternité**, posée comme principe dans l'article 1 de la Déclaration des droits de l'homme et du citoyen de 1789 va mourir. (Les TROIS grands principes de la République Française). L'Etat va prendre conscience qu'une catastrophe gigantesque arrive du Ciel Les Foudres du Ciel) reléguant le problème de la Révolte populaire au second plan (paître). La République est sur le point de mourir. Le peuple de France va devoir boire le calice jusqu'à la lie (ver gans – sang inversion de gans, dans contenant verre-calice).

Présage – 50 – Avril

Du lieu esleu RAZES n'estre contens,

Du lac Leman conduite non prouvée :

Renouveller on fera le vieil temps,

Espeuillera la trame tant couvée.

TRADUCTION

Les agitateurs ne seront pas satisfaits de l'Election à la Présidence de la République Française. Le contrôle de l'élection présidentielle par le Conseil Constitutionnel sera mis en défaut, et le respect de l'article 58 de la constitution se verra attaqué. L'élection est conduite selon le même principe que celui des temps anciens, laissant la place à la manipulation. L'ancien système perdure et veut durer. L'analyse électorale employée restera secrète et l'intrigue dépouillera la République.

L'analyse des bulletins par le ministère de l'Intérieur semble être mise en cause dans ce quatrain car il semble que le résultat de l'élection présidentielle ne réjouisse pas les électeurs, qui auront l'impression d'avoir été trompés et manipulés, ce qui entretiendra un climat de défiance à l'encontre des autorités de l'état, favorisera la contestation, et augmentera le risque d'une remise en cause de l'ordre public.

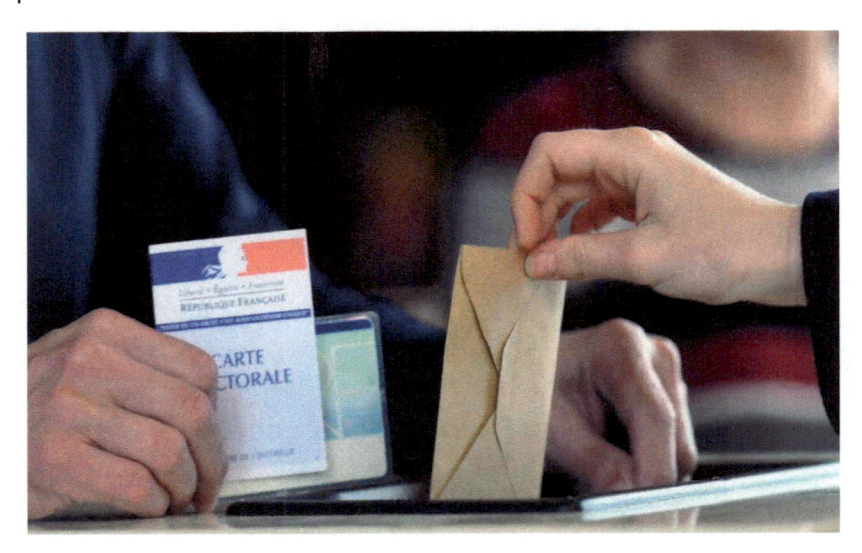

Quatrain VIII-2bis

Plusieurs viendront et parleront de paix,

Entre Monarques et Seigneurs bien puissants ;

Mais ne sera accordé de si près,

Que ne se rendent plus qu'autres obéissants.

TRADUCTION

Les Chefs d'états des grandes puissances RUSSIE / ETATS UNIS parleront de Paix, mais la Paix ne sera pas accordée, car ces dirigeants ne feront pas preuve de sagesse et ne respecteront pas leurs engagements respectifs, d'autant que chacun veut préserver ses intérêts et ne point se soumettre à l'autre, d'où le terme obéissance.

Pendant que les Grands de ce Monde parlent de Paix, ils pensent à la Guerre, car au-dessus d'eux, un pouvoir de l'Ombre ordonne qu'il en soit ainsi, alors que de grandes Catastrophes pointent le bout de leur nez. La France et d'autres Nations vont connaître la Révolte Populaire et un effondrement financier comme le précise et le détaille Michel de NOSTREDAME, ce qui facilitera l'entrée en GUERRE de la RUSSIE contre l'EUROPE. Vladimir Poutine est un opportuniste. Il utilisera toutes les défaillances de l'EUROPE. Actuellement, l'UNION EUROPEENE et l'OTAN, profitent d'un conflit entre deux NATIONS frères sur un territoire très limité, jetant de l'huile sur le feu en permanence, et armant massivement l'UKRAINE, ce qui va finir par enrager la RUSSIE qui ne restera certainement pas les bras croisés, ce n'est pas le genre de Vladimir POUTINE.

La progression de l'OTAN aux PORTES de la RUSSIE n'est pas étrangère à ce conflit, VLADIMIR POUTINE refusant l'entrée de l'UKRAINE dans l'OTAN, ce que tout à chacun peut comprendre, mais Le Président BIDEN a fait volontairement croire à cette adhésion, comme l'a affirmé le Président UKRAINIEN, pour exciter le Président de la RUSSIE et le pousser à la faute. Nous connaissons aujourd'hui le résultat.

Fragilisée par le climat intérieur délétère et la dégradation des relations internationales, la France devrait connaître comme d'autres NATIONS, un conflit majeur sur son territoire, laissant à penser que l'extension du Conflit en UKRAINE est inéluctable, ce qui répond parfaitement aux aspirations de l'ETAT PROFOND.

Aujourd'hui, le Président BIDEN, le PENTAGONE, l'UNION EUROPEENNE, L'OTAN essaient de pousser VLADIMIR POUTINE a la faute, après l'avoir inscrit sur une liste Noire, désigné comme indésirable au sein de l'EUROPE. Ils jouent avec le feu, car un OURS n'est jamais aussi dangereux que chassé et blessé.

L'ETAT PROFOND à la manœuvre derrière cette machination ne lâchera plus jamais VLADIMIR POUTINE et il le sait. A laisser faire, les EUROPEENS en paieront le prix, dociles qu'ils sont aux injonctions de ce CARTEL FINANCIER MAFIEUX qui tire les ficelles aux ETATS UNIS.

Comme si cela ne suffisait pas, un ASTEROÏDE menace de détruire deux GRANDES VILLES, et pas des moindres, PARIS et GENEVE. Cet Astéroïde devrait plonger dans la mer, tout au moins pour ce qui concerne le NOYAU, mais la CHEVELURE va impacter ces deux grandes villes et polluer massivement tous les alentours, sans parler des conséquences induites par l'immersion du Noyau dans L'Atlantique Nord, qui va provoquer des tsunamis conséquents, comme nous le verrons plus tard.

Présage 52.

Longue crinite le fer le Gouverneur

Faim, fièvre ardente, feu et de sang fumée :

A tous estats Joviaux grand honneur,

Seditions par Razes allumée.

TRADUCTION

Le Noyau de l'Astéroïde principalement composé de fer et de soufre, de type M à priori, ainsi que sa longue Chevelure, apporteront la Famine, la maladie, et la mort à des populations où la joie de vivre et l'insouciance était la règle, avant qu'elles n'entrent en Sédition face à un pouvoir ou une autorité établie, en l'occurrence l'ETAT, dont le but ne serait pas uniquement de renverser les détenteurs de l'Autorité publique, mais de rompre définitivement tout lien avec le système. Certaines Nations Européennes devraient entrer en **REVOLUTION**. Nous vivons d'ailleurs actuellement une période où l'inflation risque de mettre le feu aux poudres, car la spéculation sur l'ensemble des matières premières va mener au Chaos. Actuellement en France, l'explosion sociale couve, mais l'incendie et inévitable comme le précise la dernière phrase de Michel de NOSTREDAME (Allumée)

QUATRAIN IX – 52

La Paix s'approche d'un côté et la Guerre

Oncques ne fust la poursuite si grande,

Plaindre homme, femme, sang innocent par terre

Et ce sera de France à toute bande

TRADUCTION

Les Dirigeants des grandes puissances où leurs émissaires affichent leur volonté de faire la Paix alors que dans le même temps, ils souhaitent et alimentent la Guerre. Jamais on ne poursuivit tant les deux. Malheureusement, le sang coulera par terre et l'on plaindra la mort de nombreux innocents. Le conflit risque de s'étendre jusqu'en France.

D'un côté l'on fait mine de vouloir la paix, et de l'autre, on jette de l'huile sur le feu, ce que fait Washington depuis le début de la brouille avec la Russie qui n'a fait que s'amplifier au fur et à mesure des déclarations américaines

L'extension possible de ce conflit jusqu'aux frontières de la France n'est pas à exclure, toutefois elle ne fait pas partie pour le moment des conséquences immédiates de cette guerre aux portes de l'Europe toutefois il ne faut pas oublier que Vladimir Poutine est un ex-agent du KGB, et qu'il n'aime pas être dominé par quelque chose ou quelqu'un qu'il ne maîtrise pas, car il veut être le décideur, le seul décideur pour tout ce qui concerne les intérêts de la RUSSIE.

Sa position est donc très claire, il n'admettra jamais d'être dominé, d'où son rejet d'un Nouvel Ordre Mondial dans lequel il serait un VALET ou un PION. Il sait depuis longtemps que l'UNION EUROPEENNE et l'OTAN sont que les vitrines d'un CARTEL FINANCIER puissant qui essaie de diriger le Monde.

Il ne lui reste donc que deux options, DIRIGER ou SUBIR. Ses récentes interventions en CRIMEE et en UKRAINE prouvent qu'il a choisi de DIRIGER.

Alors que les Occidentaux essaie de démontrer l'incapacité de l'ARMEE RUSSE à prendre l'UKRAINE, Michel de NOSTREDAME, à contrario, parle d'une extension du Conflit et de l'invasion de L'EUROPE par les troupes Soviétiques, ce qui est surprenant il faut l'avouer. L'EUROPE est un territoire immense qu'il ne peut et ne pourra soumettre seul et il le sait.

Les Quatrains décodés de NOSTRADAMUS détaillent la tournure que vont prendre les évènements.

QUATRAIN VIII – 28 –

Les simulachres d'or et d'argent enflez,

Qu'après le rapt lac au feu durent jettez,

Au découvert estaincts tous et troublez,

Au marbre escripts, prescripts interjettez,

TRADUCTION

Les cours de la BOURSE vont tellement enfler qu'ils vont finir par s'effondrer par une spéculation excessive créant le plus grand krach boursier de tous les temps, détruisant les représentations de l'or et de l'argent. La Monnaie ne vaudra quasiment plus rien, tant les dettes publiques sont énormes, détruisant de facto l'économie réelle. Cette situation est écrite dans le marbre avant même son apparition tant les signes précurseurs sont visibles, pour autant, personne n'intervient pour éviter la catastrophe et tout le monde continue à spéculer, détruisant à l'avance le système monétaire actuel qui est moribond.

L'expérience du Jeudi 24 Octobre 1929 devrait pourtant nous inciter à plus de modération, mais l'appât du gain aveugle les investisseurs qui vont se retrouver dans une situation identique voire pire, entraînant toute l'économie mondiale dans son sillage, car si l'on observe bien, la FED veut actuellement redresser ses taux d'intérêts pour contrer une inflation qu'elle ne maîtrise plus emballant le système

Le krach boursier d'octobre 1929

« Le prix des actions a atteint ce qui paraît être un haut plateau permanent ». Ecrite début octobre 1929, cette phrase d'Irving Fisher -l'un des plus grands économistes du XXe siècle- est révélatrice de l'état d'esprit qui régnait à la fin des années 1920, les « années rugissantes ».

Il est vrai que les Etats-Unis avaient alors connu une expansion économique exceptionnelle, marquée par la hausse sensible de la production industrielle et du pouvoir d'achat des ménages. La spéculation boursière s'était cependant emparée du pays, et de très nombreux américains investissaient toute leur épargne sur le marché des actions ou s'endettaient pour le faire, tant les perspectives de plus-values semblaient importantes alors que la hausse de la Bourse newyorkaise avait été quasi-ininterrompue depuis des années. La poursuite du mouvement spéculatif entretenait ainsi une spirale haussière vertigineuse.

Toutefois, dès le début 1929 les premiers signes d'un essoufflement de la croissance économique étaient apparus, les profits des entreprises ralentissaient et les salaires n'augmentaient plus. Dans ce climat, les premières prises de bénéfices se multiplient en septembre et finissent par provoquer un repli des cours boursiers. Mais la baisse s'accentue mi-octobre et le jeudi 24, c'est la panique :

l'indice Dow Jones s'effondre de près de 25% en séance avant de rebondir. Le lundi suivant, il perd 13% et le lendemain, le « mardi noir », encore 12%. Du 22 octobre au 13 novembre la chute des cours atteint 39%. Elle perdurera trois ans. Les épargnants sont ruinés, les banques sont entrainées dans la chute des spéculateurs imprudents. La Banque centrale américaine, la Fed, réagit tardivement et de façon inappropriée en augmentant les taux d'intérêt : elle favorise ainsi la contraction de l'activité et le pays, puis le monde, tomberont dans la grande dépression des années 1930. La leçon sera retenue. Lors de la grande crise financière de **2008, le Fed réagira immédiatement en baissant fortement ses taux d'intérêt** et en fournissant les liquidités nécessaires à la survie du système financier.

LA FED S'APPRETE POURTANT AUJOURD'HUI A FAIRE VACILLER LES MARCHES DU MONDE ENTIER EN AUGMENTANT SES TAUX DIRECTEURS

La Fed prévoit trois hausses de taux en 2022, alors que l'inflation lamine le pouvoir d'achat des Américains

La banque centrale américaine prévoit que les taux directeurs passeront en moyenne à 0,9 % fin 2022, à 1,6 % fin 2023 avec deux hausses prévues dans l'année, puis à 2,1 % en 2024 avec deux hausses également et enfin 2,5 % à long terme.

Par Arnaud Leparmentier (New York, correspondant)

Publié le 16 décembre 2021

Jerome Powell, président de la Fed, le 15 décembre à Washington. POOL / REUTERS

Virage majeur de la Fed : la banque centrale américaine a annoncé mercredi 15 décembre qu'elle prévoyait pour 2022 trois hausses de taux d'intérêt, à l'issue des deux jours de réunion de son comité de politique monétaire. Les taux directeurs de la Fed, qui fixent le loyer de l'argent à court terme, restent fixés entre zéro et 0,25 depuis le début de la pandémie de Covid-19 en mars 2020, mais le chemin d'une normalisation plus rapide que prévu est tracé : les membres de la Fed prévoient que les taux directeurs passeront en moyenne à 0,9 % fin 2022, un chiffre très supérieur à leur prévision de septembre, qui était de 0,4 %. Fin 2023, le loyer de l'argent monterait à 1,6 % avec deux hausses prévues dans l'année, puis 2,1 % en 2024 (deux hausses aussi) et 2,5 % à long terme.

Nos dirigeants s'empresseront de justifier la crise économique et financière par l'apparition soudaine d'un conflit aux portes de l'Union Européenne, se dédouanant de facto de toutes les responsabilités qui sont les leurs dans l'apparition à la fois de la crise économique, et de la naissance du conflit qui oppose la Russie à l'Ukraine, l'Europe n'ayant cessé aux côtés des Américains, d'étendre le périmètre d'action de l'OTAN aux portes de la Russie.

QUATRAIN VI – 23 –

Despit de règne numismes descriés

Et seront peuples esmeus contre leur Roy

Paix, fait nouveau, sainctes lois empirées

RAPIS onc fut en si tresdur arroy

TRADUCTION

Le Président de la République Française sera méprisé à cause de la dévaluation de la Monnaie et le Peuple se soulèvera contre le Chef de l'Etat qui proclamera de nouvelles lois iniques qui ne feront que détériorer le climat social en France, mettant en danger la paix intérieure de la Nation. Jamais PARIS ne connaitra un si grand désordre.

Un an après le krach de 2020, la crise financière, la vraie, est-elle à venir ?

Michel de NOSTREDAME semble indiquer qu'elle est à venir

Après SVB et le Crédit Suisse, le système bancaire

subit un test de confiance

Par Esther Attias le 21.03.2023 à 07h00

Avec la faillite de SVB aux Etats-Unis et la déroute de Crédit Suisse en Europe, la remontée des taux fait ses premières victimes. Les banques centrales surveillent le risque de contagion, mais priorisent la lutte contre l'inflation.

La présidente de la BCE Christine Lagarde a confirmé l'objectif d'inflation à 2%, mais sans s'engager sur de futures hausses des taux d'intérêt.

Y a-t-il un risque de crise bancaire mondiale ? Rien ne permet de le dire, mais l'irrationnel semble gagner les marchés.

Et l'inquiétude s'empare des ménages. Depuis l'été, les banques centrales américaine (Fed) et européenne (BCE) sont engagées dans une politique de hausse accélérée des taux directeurs, inédite depuis les années 1980. Ce rallye à haut risque vise à enrayer l'inflation, qui a atteint des sommets après une décennie atone, à 6% aux Etats-Unis fin février et 8,5 % dans la zone euro.

En renchérissant le loyer de l'argent, elles veulent freiner les emprunts des entreprises comme des particuliers, donc la consommation et *in fine* la hausse des prix. Sans provoquer de récession économique globale.

QUATRAIN II – 46 –

Après grand troche humain plus grand s'appreste

Le grand moteur les siècles renouvelle

Pluye, sang laict, famine fer et peste

Au ciel vu feu, courant longue étincelle

TRADUCTION

Après un très grand rassemblement de soldats (1939-1945), l'humain s'apprête à en connaître un plus grand encore. Le grand moteur du temps renouvelle les siècles de manière inexorable. La Révolution fera couler le sang après la douceur de vivre et engendrera la famine et la guerre. De nouvelles épidémies apparaîtront. Un feu brûlera dans le ciel comme une longue étincelle.

La guerre entre la Russie et l'Ukraine annonce-t-elle une Troisième Guerre mondiale ?

Nous devons rester attentifs au propos de Michel de NOSTREDAME, qui annonce DEUX CHOSES très importantes, un feu dans le ciel propulsé comme une longue étincelle, faisant penser à un Missile balistique et l'apparition d'une épidémie

Le QUATRAIN II – 46 – semble s'inscrire dans une période où après la douceur de vivre, la société cède la place à un nouveau rassemblement de soldats très important, qui semble correspondre à la période actuelle or il est question dans ce quatrain de l'apparition d'un MISSILE BALISTIQUE dans le CIEL

Au ciel vu feu, courant longue étincelle

Ce quatrain présente la manière de rédiger de Michel de NOSTREDAME quand il parle de longue étincelle, qui correspond à un missile équipé ou non de têtes nucléaires Il paraît pourtant peu probable que l'utilisation de l'arme nucléaire soit à l'ordre du jour compte tenu de sa capacité destructrice Propagande ou simple avertissement, l'avenir le dira, toutefois, observons attentivement le QUATRAIN suivant

Il est d'une importance capitale d'étudier en détail le QUATRAIN 91 de la Deuxième Centurie. Ce quatrain prouve sans aucune ambiguïté que Michel de NOSTREDAME détenait des documents en clair, sans quoi il lui eût été totalement impossible d'écrire les quatre phrases qui suivent, car la technologie n'existait pas, et les conséquences de l'utilisation d'une telle arme ne pouvaient que lui être totalement inconnues, or il décrit de manière lumineuse les conséquences de l'utilisation de l'arme atomique, c'est le moins que l'on puisse,

L'explosion d'une bombe Nucléaire

QUATRAIN 91 –II –

Soleil levant un grand feu on verra,

Bruit et clarté vers Aquilon tendant :

Dedans le rond mort et cris on orra,

Par glaive, feu, faim mort les attendans.

Soleil levant fait référence au lever de soleil. L'expression * Soleil levant * désigne alors l'EST, et nous pouvons remarquer que Michel de NOSTREDAME n'emploie pas le terme Pays du Soleil Levant qui aurait pu désigner le JAPON, ce qui oblige à penser qu'il s'agit de la RUSSIE.

Il est dit dans ce quatrain que partant de l'EST, on verra le départ d'un grand feu, l'envoi d'un Missile Balistique, qui se dirigera (tendant) vers L'AQUILON (Grand Nord), provoquant un bruit énorme lors de l'explosion, et une clarté immense.

A l'intérieur du périmètre circulaire de l'explosion (dedans le rond), beaucoup de personnes seront mortes, mais les survivants hurleront de douleur suite aux radiations et aux conséquences de l'explosion. La mort les attendra par la guerre, le feu, et la famine, car personne ne pourra pénétrer dans ce périmètre complètement pollué par les radiations atomiques

Ce quatrain, rédigé par NOSTRADAMUS en 1555, parle d'une explosion atomique avec une grande précision, alors qu'il lui était totalement impossible de présager des conséquences d'une explosion de ce type qui définit un cercle comme le prouve l'image ci-dessus (dedans le rond). Y aura-t-il encore des personnes qui puissent douter des connaissances de Michel de NOSTREDAME au XVème Siècle sur l'avenir des NATIONS et les technologies qu'elles fabriqueront au XXIème Siècle.

A ce jour, aucune bombe atomique partant de l'Est, n'a été dirigée contre les Pays Nordiques, pour autant, observons les propos de VLADIMIR POUTINE quant à l'entrée de la FINLANDE et de la SUEDE dans L'OTAN en février 2022.

Opération militaire en Ukraine: la Russie menace la Finlande.

Publié le 25/02/2022 à 20:14

La Russie a menacé la Finlande et la Suède de « conséquences militaires », si les deux pays rejoignaient l'Otan.

Dans un tweet, le ministère des affaires étrangères russe a menacé la Finlande et la Suède ce vendredi. « L'adhésion de la Finlande à l'Otan aurait de graves répercussions militaires et politiques », indique la Russie. La Suède et la Finlande sont toutes les deux membres de l'Union européenne.

« Nous considérons l'engagement du gouvernement finlandais en faveur d'une politique militaire de non-alignement comme un facteur important pour assurer la sécurité et la stabilité en **Europe du Nord**. L'adhésion de la Finlande à l'OTAN aurait de graves répercussions militaires et politiques », prévient le tweet, reprenant les propos de la porte-parole du ministère russe des affaires étrangères.

Dans le même temps, le Conflit en UKRAINE pousse la SUEDE et la FINLANDE à signer des protocoles d'adhésion à L'OTAN, afin de bénéficier de la protection de l'Article 5 de la Charte de l'Otan qui veut qu'en cas d'attaque éventuelle de la RUSSIE, le principe de la défense collective, cœur du traité fondateur de l'OTAN, puisse protéger ces deux Nations d'une attaque contre un membre de l'ALLIANCE qui serait considéré comme une attaque contre tous les alliés et engage les mesures que l'OTAN jugera nécessaire pour venir en aide au pays attaqué.

A cet effet, en date du 5 juillet 2022, les membres de l'OTAN ont signé ces protocoles

- **Les pays membres de l'Otan signent les protocoles d'adhésion de la Suède et de la Finlande**

Publié le : 05/07/2022 - 11:01Modifié le : 05/07/2022 - 12:03

Les trente pays membres de l'Otan ont lancé, mardi 5 juillet à Madrid, le processus de ratification pour les adhésions de la Suède et de la Finlande, a annoncé le secrétaire général de l'Alliance Jens Stoltenberg. © Capture d'écran France 24

Les pays membres de l'Otan ont signé mardi les protocoles d'adhésion de la Suède et de la Finlande. Une décision historique pour les deux pays nordiques soucieux pour leur sécurité après l'invasion russe de l'Ukraine.

Les trente pays membres de l'Otan ont lancé, mardi 5 juillet, le processus de ratification pour les adhésions de la Suède et de la Finlande, a annoncé le secrétaire général de l'Alliance, Jens Stoltenberg.
"La signature des protocoles d'adhésion lance le processus de ratification dans chacun des pays membres", a-t-il expliqué avant que les ambassadeurs des pays de l'Alliance ne paraphent ces protocoles.

"À 32, nous serons encore plus fort [...] au moment où nous faisons face à la plus grave crise sécuritaire depuis des décennies", a-t-il souligné.

"Après des semaines de pourparlers intenses sur des préoccupations de sécurité posées par la Turquie, un terrain d'entente a été trouvé et le sommet de Madrid a invité les deux candidats à rejoindre l'Otan", a-t-il rappelé.

La Turquie a donné son accord au lancement de cette procédure lors du sommet des dirigeants de l'Otan à Madrid, mais le président Recep Tayyip Erdogan a rappelé aux deux pays nordiques les conditions à remplir.

"S'ils remplissent leur devoir, nous soumettrons [le mémorandum] au Parlement [turc en vue de son adoption, mais] s'ils ne le font pas, il est hors de question pour nous de l'envoyer au Parlement...", a-t-il prévenu lors d'une conférence de presse.

Recep Tayyip Erdogan a évoqué une "promesse faite par la Suède" concernant l'extradition de "73 terroristes". Elle figure dans un mémorandum signé mardi à Madrid entre les dirigeants des trois pays avant l'ouverture du sommet.

"Ils les renverront, ils l'ont promis. Cela figure dans des documents écrits. Ils tiendront leur promesse", a-t-il assuré, sans plus de détail.

"Nous espérons que la ratification se passera rapidement"

Ankara réclame depuis plusieurs années à Stockholm l'extradition de militants kurdes et de personnes proches du mouvement fondé par le prédicateur Fethullah Gülen, accusé par les autorités turques d'avoir fomenté la tentative de coup d'État de juillet 2016.
Le résumé de la semaine France 24 vous propose de revenir sur les actualités qui ont marqué la semaine

La Turquie ne s'est pas opposée à la finalisation des pourparlers et des protocoles d'adhésion lundi au siège de l'Alliance à Bruxelles avec la ministres suédoise des Affaires étrangères Ann Linde et son homologue finlandais Pekka Haavisto.

"Nous espérons que la ratification se passera rapidement", a déclaré mardi le chef de la diplomatie finlandaise avant la signature des protocoles d'adhésion.

"La signature des protocoles d'adhésion nous accorde le statut de pays invité", a pour sa part rappelé la ministre suédoise.

Mais les deux candidats ne bénéficieront pas de la protection de l'article 5 de la Charte de l'Otan en cas

d'attaque tant que les 30 pays membres n'auront pas ratifié leur adhésion.

Michel de NOSTREDAME veut t'il nous alerter sur l'utilisation d'une arme non conventionnelle sur un Pays Nordique en guise d'avertissement à l'OTAN avant que l'adhésion de la FINLANDE et de la SUEDE ne soit définitive, rien n'est moins certain

Guerre en Ukraine : pourquoi la Russie n'a aucun intérêt à faire usage de l'arme nucléaire

Par **Hugues Maillot**

Tir d'essai d'un missile russe Iskander, capable d'emporter une charge nucléaire. *Handout / Russian Defence Ministry / AFP*

DÉCRYPTAGE - La menace d'une frappe nucléaire «tactique» en Ukraine inquiète l'Occident depuis le début de la guerre. Pourtant, elle n'aurait que peu d'intérêt militairement et provoquerait un isolement diplomatique irrémédiable de Moscou.

La thématique revient dans l'espace médiatique occidental à chaque nouvelle étape de la guerre en Ukraine. Vladimir Poutine est-il capable d'appuyer sur le bouton rouge qui déclenchera le feu nucléaire ? Le 21 septembre, lors de son discours à la nation <u>annonçant la mobilisation partielle</u>, le chef du Kremlin a remis un jeton dans la machine à peur, qu'il entretient assidûment depuis le début du conflit.

«Je voudrais ici rappeler à tous que notre pays dispose de divers types de ressources militaires, dont certains éléments sont plus avancés que ceux des pays de l'<u>Otan</u>. En cas de menace de l'intégrité territoriale de notre pays, il va de soi que nous utiliserons tous les moyens à notre disposition pour défendre la <u>Russie</u> et notre peuple. Ce n'est pas du bluff», a-t-il martelé, agitant à demi-mot la menace nucléaire.

Si la RUSSIE en venait à utiliser l'arme Nucléaire, ce qui n'est pas inéluctable pour le moment, il est évident que géographiquement VLADIMIR POUTINE cherchera l'optimisation d'une décision qui l'obligera à la fuite en avant et signera le départ de la Troisième Guerre Mondiale, quand bien même ces deux Nations ne feraient pas encore partie de l'OTAN.

L'EUROPE sera en grave danger si une telle situation venait à se réaliser, car la RUSSIE n'aurait aucune possibilité de retour en arrière, et attaquerait la POLOGNE, L'ALLEMAGNE, L'ANGLETERRE ET LA FRANCE et partiellement l'ITALIE, et si on y regarde de plus près, l'annihilation des Nations de L'EUROPE du NORD garantirait à la RUSSIE l'immobilisation des ressources militaires de ces Nations et apporterait une sécurité sur ses arrières, tout en évitant un combat inutile dans un secteur sans grand intérêt, d'autant que militairement, le temps aura son importance, ainsi que la météo.

La Russie ne prendra peut-être pas le risque de toucher la capitale de la FINLANDE, HELSINKI, située à 295 kms de SAINT PETERSBOURG, alors que STOCKHOLM capitale de la SUEDE se trouve à 600 kms de la même ville RUSSE, et à 1230 kms de MOSCOU, mais si la puissance des impacts est prise en compte, ces deux capitales sont en grand danger.

Aucun élément ne permet aujourd'hui de confirmer cette prospective, mais les propos de VLADIMIR POUTINE sont à prendre très au sérieux, et pourtant, la FINLANDE, avec l'Accord de la TURQUIE, s'apprête à entrer dans l'OTAN seule.

OTAN : la Finlande prête à rejoindre l'alliance sans la Suède

Les parlementaires finlandais voteront cette semaine afin que leur pays puisse rejoindre l'Alliance atlantique sans la Suède, toujours sous le joug d'une obstruction par la Turquie.

François Clemenceau

Le secrétaire général de l'Otan, Jens Stoltenberg et le président finlandais, Sauli Niinisto, lors d'un sommet de l'Otan à Madrid le 29 juin 2022

QUATRAIN II – 40 –

Roy contre Roy et le Duc contre Prince,

Haine entre iceux, dissension horrible :

Rage et fureur sera toute province

France grand guerre et changement terrible

TRADUCTION

Un chef d'Etat se dressera contre un autre chef d'Etat. Les désaccords engendreront de la haine entre dirigeants de Nations et par voie de conséquence aux assemblées parlementaires des différentes nations concernées. Le désordre des peuples entrés dans la révolte s'étendra des grandes villes à toute la province. La France connaîtra une grande Guerre et de terribles changements.

Ce quatrain parle de désaccords profonds entre dirigeants des nations européennes, alors qu'actuellement la concorde règne entre les membres de l'OTAN pour lutter ensemble contre la Russie, poussant l'Allemagne à briser un tabou en livrant des armes à l'Ukraine et la Suisse à sortir de sa Neutralité, ce qui est très surprenant.

Ce qui l'est plus encore, c'est la décision de la FINLANDE, qui a une frontière commune avec la Russie de 1300 kms de fournir une assistance militaire à l'Ukraine le 28.02.2022 en livrant des fusils d'assaut, des munitions, et 1500 lance-roquettes.

Guerre en Ukraine : la Finlande va fournir des armes à l'Ukraine, une décision "historique"

Une annonce faite par la Première Ministre Sanna Marin. Lehtikuva - JUSSI NUKARI

Guerre en Ukraine, France - Monde

Publié le 28/02/2022 à 18:28

La Finlande, non alignée mais membre de l'Union européenne, a annoncé, lundi 28 février, avoir pris la décision "historique" de fournir des armes à l'Ukraine à la suite de l'invasion de ce pays par la Russie.

"La Finlande va fournir une assistance militaire à l'Ukraine. C'est une décision historique pour la Finlande", a dit la Première ministre Sanna Marin, lundi 28 février.

Il s'agira de 2 500 fusils d'assaut, 150 000 munitions, 1 500 lance-roquettes et 70 000 rations de campagne, a précisé son ministre de la Défense, Antti Kaikkonen.

Toutes ces Nations sous estiment la RUSSIE, l'estimant incapable d'affronter l'OTAN et la cohésion Européenne dans les domaines financiers et militaires, ce qui représente un pari risqué, car il ne faut jamais vendre la peau de l'OURS avant de l'avoir vaincu, Vladimir Poutine a préparé depuis longtemps l'invasion de l'Ukraine, non seulement militairement, mais aussi économiquement, sans entrer dans l'extension éventuelle du conflit qu'il a certainement planifié en prenant les dispositions adéquates, alors que la reconstruction de l'Otan, commence seulement , le Président Français ayant dit le 7 novembre 2019 que cette organisation était en état de mort cérébrale.

Vladimir Poutine a donc plusieurs coups d'avance, qu'il ne manquera pas d'utiliser et l'union affichée des Nations contre la RUSSIE explosera quand qu'il abattra ses cartes provoquant un ressentiment profond proche de la haine entre dirigeants d'avis divergents quant aux alliances qui vont se mettre en place, car comme l'a dit le Président de la France, c'est un conflit qui va durer.

QUATRAIN II – 40 –

Un peu après non point long intervalle :

Par terre et mer sera faict grand tumulte

Beaucoup plus grande sera pugne navalle

Feux, animaux, qui plus feront d'insulte

TRADUCTION

Après un intervalle peu important, par terre et sur mer sera déclarée une grande guerre occasionnant un grand tumulte. Les Combats navals seront plus importants que ce que nous avons déjà connus. L'utilisation de missiles visibles par le **feu dégagé** de leur système de propulsion réduira l'homme au rang d'animal, tant la férocité des combats sera une insulte à la nature humaine

QUATRAIN VIII – 4 bis –

Beaucoup de gens voudront parlementer,

Aux grands Seigneurs qui leur feront la guerre :

On ne voudra en rien les écouter,

Hélas ! si Dieu n'envoye paix en terre !

TRADUCTION

De nombreuses petites Nations voudront parlementer avec les grands de ce Monde qui leur feront la Guerre, mais ils ne seront pas écoutés et l'on ne tiendra nullement compte de leur avis. Cette situation Hélas ne favorisera pas le cessez le feu et la paix qui ne pourra venir qu'à la condition que Dieu l'envoie.

L'extension du conflit touchera inévitablement les petites nations, qui n'auront pas accès aux décisions prises par les Puissants, ces grandes nations qui ne feront que suivre le chemin de la guerre sans jamais écouter les dirigeants de petits pays qui voudront la paix, paix qui ne leur sera pas accordée qu'à la seule et unique condition que Dieu s'en mêle

Ces petites Nations, Estonie, Lettonie, Lituanie, Moldavie, Roumanie, Serbie, Bulgarie, Croatie, Grèce, Tchéquie, et d'autres, ne seront pas écoutées bien qu'elles cherchent à parlementer pour rester en dehors d'un conflit qu'elles refusent, car placées entre le marteau et l'enclume, il leur sera très difficile de rester neutre, pour autant elles devront assumer leur choix sans avoir droit à la parole.

La France, en date du 1er Mars 2022, souhaite déclarer la GUERRE à la RUSSIE, par l'effondrement de l'économie Russe. Le ministre de l'Économie emploie le terme de guerre économique, obligeant le Vice-Président du Conseil de Sécurité Russe DMITRI MEDVEDEV à menacer la France de Guerre réelle, le ton est donné. La parole de la France est cependant immédiatement prise en compte par le Gouvernement RUSSE obligeant les membres du Gouvernement Français à une certaine retenue dans leurs déclarations

"Nous allons provoquer l'effondrement de l'économie russe", prévient Bruno Le Maire

Le ministre de l'Economie Bruno Le Maire à l'Elysée, le 28 février 2022

AFP - LUDOVIC MARIN

"Nous allons provoquer l'effondrement de l'économie russe" à travers les sanctions économiques occidentales, a affirmé mardi le ministre français de l'Économie Bruno Le Maire, jugeant "inappropriée" sa mention de "guerre économique" évoquée plus tôt.

Fermeture des espaces aériens, gel d'avoirs de personnalités ou d'entreprises, remise en question de liens financiers ou commerciaux... L'Europe et les États-Unis en tête ont multiplié les annonces ces derniers jours afin de dissuader Moscou de poursuivre ses assauts sur l'Ukraine.

"Le rapport de force économique et financier est totalement en faveur de l'Union européenne, qui est en train de découvrir sa puissance économique", a également estimé le ministre sur France Info.

Une des dernières mesures en date, le blocage des avoirs en devises de la banque centrale russe détenues à l'étranger, a provoqué un plongeon de la monnaie russe lundi, tandis que de nombreuses personnes se sont précipitées à la banque pour retirer du liquide.

En urgence, la Russie a interdit lundi à ses résidents de transférer des devises à l'étranger et obligé les exportateurs russes à convertir une grande partie de leurs revenus en roubles.

La totalité des avoirs russes que les Occidentaux vont geler représente "presque 1.000 milliards de dollars", a indiqué le ministre mardi, ajoutant : "

Nous allons livrer une guerre économique et financière totale à la Russie".

Dans une déclaration transmise à l'AFP mardi, le ministre a toutefois précisé que "le terme de guerre utilisé ce matin sur France Info était inapproprié et ne correspond pas à notre stratégie de désescalade", ajoutant que

"Nous ne sommes pas en conflit contre le peuple russe".

En pleine montée de tensions économiques et alors que la Russie a agité la menace nucléaire dans des termes voilés, l'ancien président russe Dmitri Medvedev avait réagi aux propos du ministre français dans un tweet : "Un ministre français a dit aujourd'hui qu'ils nous avaient déclaré la guerre économique. Faites attention à votre discours, messieurs ! **Et n'oubliez pas que les guerres économiques dans l'histoire de l'humanité se sont souvent transformées en guerres réelles".**

QUATRAIN VIII – 15 –

Vers Aquilon grands efforts par hommasse,

Presque l'Europe et l'Univers vexer

Les deux eclypses mettra en telle chasse

Et aux Pannons vie et mort renforcer

TRADUCTION

Du côté de la RUSSIE une masse considérable d'hommes se rassemble et veut ébranler l'Europe de l'Ouest et le Monde. Nous connaissons deux éclipses, celle du soleil se produit lorsque la lune se place devant le soleil, occultant l'image du soleil sur la Terre, et l'éclipse lunaire qui se produit à chaque fois que la lune se trouve dans l'ombre de la terre, il s'agit d'une occultation du Soleil par la Terre, Dans les deux cas, le soleil, l'image de la joie de vivre est occulté, ces deux éclipses chassant la lumière, la joie de vivre que connait le peuple de Hongrie (Pannons

– Les Hongrois sont le peuple de Pannonie) la vie cédant la place à la Mort pour ce peuple

L'Union Européenne comporte 27 Etats membres, dont la HONGRIE membre de l'OTAN depuis 1999, ce qui laisse entendre si le message de Michel de NOSTREDAME est bien compris, que la RUSSIE va s'attaquer à l'OTAN en impactant la HONGRIE, s'attaquant ainsi à tous ses membres, après avoir envahi la MOLDAVIE, cet Etat tampon entre l'Ukraine et la Roumanie. Ce qui est surprenant dans ce quatrain, tient au fait que la HONGRIE dirigée par VIKTOR ORBAN bien que membre de l'OTAN entretienne de bonnes relations avec la RUSSIE. La HONGRIE devra prendre position vis-à-vis de la RUSSIE, compte tenu de l'extension probable du conflit. C'est alors que les choses devraient se compliquer entre VIKTOR ORBAN et VLADIMIR POUTINE, car la HONGRIE est membre de l'OTAN, et ne peut jouer dans les deux camps. C'est donc un dossier à suivre de très près.

Il n'est pas à exclure que la HONGRIE bascule dans le camp de la RUSSIE et se retourne contre l'OTAN et l'UNION EUROPEENNE, comme le fera la TURQUIE, ce qui donnerait une lecture inversée du QUATRAIN, où la HONGRIE associée à la RUSSIE apporterait le CHAOS en EUROPE, car les deux lectures sont valables.

Budapest, 30 octobre 2019 © AFP

Poutine félicite Orban et espère un renforcement des liens avec Moscou

Le président russe Vladimir Poutine a félicité lundi le dirigeant hongrois Viktor Orban pour sa victoire aux législatives, a indiqué le Kremlin, exprimant l'espoir d'un renforcement des liens entre Moscou et Budapest.

Rédaction 04-04-22,

Budapest, 3 avril 2022 © AP

"Le chef de l'Etat russe s'est dit certain que, malgré une situation internationale difficile, le développement futur des liens bilatéraux et de partenariat (entre Moscou et Budapest, ndlr) correspondra aux intérêts des peuples de Russie et de Hongrie", a affirmé la présidence russe dans un communiqué.

MM. Poutine et Orban entretiennent de longue date des relations amicales, en dépit des nombreuses crises entre Moscou d'un côté et l'Union européenne ainsi que l'Otan de l'autre, deux organisations dont la Hongrie est pourtant membre. Début février, en pleine crise russo-occidentale ayant précédé l'offensive russe en Ukraine, Viktor Orban avait rencontré en tête-à-tête Vladimir Poutine à Moscou et affiché sa complicité avec le chef du Kremlin.

Le Premier ministre hongrois, souverainiste et conservateur, affiche d'une manière générale une grande proximité avec Moscou sur de nombreux dossiers. Il est devenu, au fil des ans, le dirigeant de l'UE le plus en phase avec le Kremlin. La Hongrie a par exemple été le premier pays en Europe à utiliser le vaccin russe anti-Covid Spoutnik V, bien qu'il ne soit pas reconnu par l'Agence européenne des médicaments (EMA).

Et depuis l'opération militaire russe en Ukraine, M. Orban a refusé de livrer des armes à l'Ukraine et d'envisager des sanctions qui priveraient les Hongrois des précieux pétrole et gaz russes.

Crise ukrainienne : comment Poutine fait du suspense russe un supplice chinois

L'ampleur de ce qu'il a à perdre en déclenchant la guerre ne dissuadera pas le président russe de tenter d'obtenir ce qu'il a à gagner.

Le président russe Vladimir Poutine, lors de sa conférence de presse annuelle, le 19 décembre 2019, à Moscou.
afp.com/Alexander NEMENOV
par Marion Van Renterghem

En gardant le mystère sur sa décision d'envahir l'Ukraine, Vladimir Poutine peut déjà se prévaloir d'une victoire, qui n'était pas le moindre de ses objectifs : le maître du Kremlin est devenu le centre de l'attention d'une bonne partie de la planète.

Sous prétexte que l'Otan représenterait une "menace" pour la Russie et en *exigeant l'inacceptable (revenir à l'architecture de sécurité de 1997, avant l'adhésion des pays d'Europe centrale et orientale à l'alliance militaire dirigée par les Etats-Unis)*,

le président russe a rappelé à son bon souvenir les Américains, qui avaient eu l'outrecuidance de se détourner de lui pour concentrer leurs intérêts stratégiques vers la Chine. Il a signalé en passant à l'Union européenne qu'il avait les moyens de lui imposer un conflit armé à ses portes, tout en la méprisant au point de ne pas l'inviter à sa table pour négocier.

Il faut bien écouter Vladimir Poutine, qui a le mérite d'être clair dans ses objectifs, même s'ils paraissent non négociables pour l'OTAN.

Ce qui est certain avec lui, c'est qu'il va programmer tout son appareil militaire pour répondre à ces objectifs, dont le principal est évoqué ci-dessus

Le pacte de Varsovie est signé le 14 mai 1955

Par **Sophie Guerrier**

Publié le 13/05/2015 à 18:31

La signature du pacte de Varsovie, assis au premier plan: Nikolai Boulganine, président du conseil des ministres de l'URSS. *Rue des Archives/©Rue des Archives/RDA*

Il y a 60 ans, en réaction à l'entrée de la RFA dans l'OTAN, l'URSS créé un « OTAN oriental » ou « anti-OTAN » avec sept pays communistes d'Europe de l'Est: l'Albanie, la Bulgarie, la RDA, la Pologne, Roumanie, Tchécoslovaquie, et Hongrie.

Huit ans après le début de la guerre froide, la signature des accords ou pacte de Varsovie, complète le Conseil d'assistance économique mutuelle (Comecon) créé le 25

janvier 1949. Les forces nationales sont intégrées sous le commandement unifié soviétique. Seule la Yougoslavie n'en fait pas partie. Ce pacte a été le garant de la sécurité de la zone d'influence du camp socialiste autour de l'U.R.S.S.
De fait ce pacte servira aussi à stopper toutes tentatives d'émancipation des pays de l'Europe de l'Est, comme en <u>Hongrie</u> ou en <u>Tchécoslovaquie</u>.

Le 25 février 1991

*Les ministres des Affaires étrangères et de la Défense des pays qui sont encore membres du pacte de Varsovie (**U.R.S.S., Bulgarie, Hongrie, Pologne, Roumanie, Tchécoslovaquie**) se réunissent à Budapest pour dissoudre la structure militaire de l'ancien bloc socialiste. La structure politique de l'alliance sera également démantelée le 1er juillet.*

L'OTAN oriental est créé à Varsovie

Dans le pacte conclu pour vingt à Varsovie, les pays de l'est annoncent:

- La création d'un commandement unifié confié au maréchal Koniev

- Leur totale solidarité en cas d'attaque contre l'un des cosignataires

- Leur intention d'élargir le traité sans considération de régime politique

Varsovie - 15 mai - La cérémonie de la signature des accords de Varsovie s'est déroulée samedi à 10 heures dans la salle des Colonnes du conseil d'Etat.
Les chefs des huit gouvernements ont successivement apposés leurs signatures sur les quatre documents de la conférence, dans l'ordre alphabétique selon la langue russe. Le premier à signer fut le président du conseil albanais, M. Mehmet Shehu, qui céda ensuite le fauteuil au

président du Conseil bulgare, M. Volko Tchervenko. Le maréchal Boulganine fut l'avant-dernier, suivi par le premier ministre tchécoslovaque, M. Siroky.

C'est la délégation soviétique, conduite par le maréchal Boulganine, souriant et rayonnant de santé, en costume gris clair et cravate bleue, qui a pénétré la dernière dans la salle des Colonnes. Les délégués soviétiques ont serré les mains de tous les autres délégués qui les attendaient debout au fond de la salle, devant une tapisserie des Gobelins représentant un paysage sylvestre.

Koniev: Q.G. Moscou

Le pacte de sécurité, signé par les huit pays communistes à Varsovie, a été conclu pour une durée de vingt ans.

Il prévoit un commandement unifié, ainsi que des consultations sur des questions politiques intéressant les signataires.

Le maréchal Koniev a été chargé d'assumer le commandement suprême des forces armées des huit pays. Son Q.G. sera établi à Moscou. Il aura pour adjoints les ministres de la défense, ou les autres chefs militaires, des pays participants, qui sont l'U.R.S.S., la Tchécoslovaquie, la Pologne, la Hongrie, l'Albanie, la Roumanie, la Bulgarie et l'Allemagne orientale.

Le traité interdit aux parties contractantes d'adhérer à d'autres coalitions ou à des accords contraires aux termes du traité.

Il est ouvert à tout pays voulant y adhérer sans considération de régime politique ou économique.

En cas d'attaque contre l'un des signataires du traité, des consultations s'ouvriront immédiatement et les parties contractantes devront fournir une aide immédiate.

Les nations « pacifiques »

La participation de l'Allemagne orientale aux mesures concernant les forces armées du commandement unifié est une question qui sera examinée par la suite.

Le communiqué publié à l'issue de la conférence précise que la ratification des accords de Paris et le réarmement de l'Allemagne occidentale ont augmenté le danger d'une nouvelle guerre et constituent une menace pour la sécurité des nations pacifiques.

C'est pour cette raison que le pacte de Varsovie a été signé et qu'un commandement unique a été institué.

Aux termes du communiqué, «la conférence a été marquée par une complète unanimité exprimant l'amitié et la collaboration cordiale des populations fraternelles du camp de la paix, de la démocratie et du socialisme».

A l'issue de la cérémonie de signature du traité, les chefs des délégations ont prononcé une série de discours.

Au cours de son allocution, M. Grotewohl, président du Conseil d'Allemagne orientale, a déclaré que son gouvernement, prenant en considération les buts du traité de Varsovie, reconnait que celui-ci fournit un appui considérable à la cause de réunification de l'Allemagne.

Ensuite, l'observateur chinois, le général Penh The-huai, a déclaré qu'aux yeux du gouvernement chinois la conférence de Varsovie a apporté une contribution importante à la cause de la paix et de la sécurité non seulement en Europe mais aussi en Asie. Puis il a réitéré ses affirmations de mercredi dernier : «Par ordre de mon gouvernement, dit-il, je puis annoncer que le gouvernement chinois et les 600 millions d'habitants de la Chine se solidarisent avec les clauses du pacte des huit puissances et les soutiennent pleinement.

Prenant la parole en dernier, le président du Conseil polonais, M. Cirankiewicz, a déclaré que la Pologne, grâce aux nouveaux accords, était maintenant préservée de la possibilité d'une catastrophe comme celle de 1939.

VLADIMIR POUTINE a proposé une nouvelle architecture de sécurité basée sur QUATRE POINTS

Il faut repenser l'architecture européenne de sécurité

Photo: John Thys Agence France-Presse

Le contentieux actuel porte sur une éventuelle adhésion de l'Ukraine à l'OTAN.

Jocelyn Coulon
8 janvier 2022

L'auteur est chercheur au Centre d'études et de recherches internationales de l'Université de Montréal (CERIUM). Il a été conseiller politique du ministre des Affaires étrangères en 2016-2017. Il vient de publier Le Canada à la recherche d'une identité internationale.

« Autant le dire brutalement : l'OTAN joue aujourd'hui un rôle néfaste. » Vous pensez sans doute que cette phrase est extraite d'un discours du président russe, Vladimir Poutine. Eh non ! Elle est tirée d'un ouvrage de Dominique de Villepin, successivement diplomate, ministre des Affaires étrangères et premier ministre français. Villepin a été au cœur de la politique étrangère de son pays pendant une vingtaine d'années et en a tiré quelques réflexions sur les relations internationales, qu'il expose dans Mémoire de paix pour temps de guerre.

Il a pu constater au cours de sa carrière comment l'esprit américain domine l'institution et empêche toute réflexion originale sur la sécurité euro atlantique. Et pour lui, « toute alliance conduit à la guerre ». Nous n'y sommes pas encore, mais le processus d'élargissement de l'OTAN est de nouveau source de tension entre les Occidentaux et les Russes. Le contentieux actuel porte sur une éventuelle adhésion de l'Ukraine à l'Alliance atlantique.

La candidature de l'Ukraine s'inscrit dans le sillage du processus d'élargissement de l'OTAN lancé au milieu des années 1990 et qui a vu onze pays d'Europe de l'Est et de l'ex-Union soviétique adhérer à l'organisation. En trois décennies, les frontières de l'alliance militaire ont atteint celles de la Russie et certaines, dans les pays baltes, sont maintenant à une centaine de kilomètres de Saint-Pétersbourg.

Les Russes se sont toujours opposés à ce processus. Ils avaient même reçu l'assurance des Occidentaux en 1990 que l'OTAN ne s'élargirait pas « d'un pouce » vers l'est si Moscou acceptait une Allemagne réunifiée membre de l'Alliance, comme l'a si bien documenté l'historienne américaine Mary Elise Sarotte dans Not One Inch. America, Russia, and The Making of Post-Cold War Stalemate, publié il y a quelques semaines.

Les Occidentaux, écrit Sarotte, ont essentiellement profité de la faiblesse de la Russie pour pousser leurs pions. Cela fut particulièrement le cas sous la présidence de Boris Eltsine, faux démocrate mais vrai clown, dont les frasques masquaient l'effondrement monétaire, industriel, sanitaire et militaire du pays. Il faisait tant rire Bill Clinton lorsqu'il dansait sur les estrades, à moitié ivre.

Le président français Jacques Chirac avait averti les Américains au sujet de l'élargissement de l'OTAN : cela provoquera une réaction nationaliste. Cette réaction s'est incarnée en Vladimir Poutine. Il n'entend ni danser ni faire rire de lui.

Nouvelle architecture de sécurité

Le maître du Kremlin a rongé son frein pendant vingt ans tout en avertissant régulièrement les Occidentaux de ne pas s'approcher des frontières russes. L'OTAN l'a ignoré. Au début de décembre, Poutine en a eu assez. Après avoir déployé quelque 100 000 militaires aux frontières de l'Ukraine, il a posé ses conditions pour contenir l'Alliance.

Il y en a quatre

1. L'OTAN devra s'engager juridiquement à exclure toute nouvelle expansion vers l'est ;
2. Renoncer à déployer des bases et cesser ses activités militaires à proximité immédiate des frontières russes ;
3. Mettre fin à l'assistance militaire à l'Ukraine ;
4. Interdire les missiles de portée intermédiaire en Europe.

L'entrée en UKRAINE des Troupes RUSSES laisse à penser qu'aucune de ces 4 requêtes n'a obtenu d'accord de la part des Américains et de l'OTAN. On peut d'ailleurs observer que l'ensemble des Nations Européennes, basculent immédiatement dans un soutien massif à l'Ukraine, rompant avec une certaine neutralité héritée de la deuxième guerre mondiale. On peut d'ailleurs se poser la question si de tels empressements ne vont pas obliger la RUSSIE à aller au-delà du plan qu'elle s'est fixée en envahissant certains pays qui approvisionnent l'Ukraine en armes.

Une escalade est prévisible, car les Européens semblent dans cette affaire emboiter le pas des Etats Unis qui diabolisent la Russie depuis des décennies, n'acceptant aucune remise en cause de l'Ordre Mondial qu'ils veulent instaurer.

L'Etat Profond Américain veut la Guerre avec la RUSSIE et mettra tout en œuvre pour que le conflit s'étende sur le sol Européen aidé pour cela par l'ensemble des représentants du GROUPE DE BILDELBERG aux commandes en EUROPE, tels que le Président MACRON, Le Chancelier OLAF SCHOLZ, La Présidente de l'Union Européenne URSULA VAN DER LEYEN, La Présidente de la Banque Centrale CHRISTINE LAGARDE La liste serait longue entre adhérents, organisateurs des réunions secrètes qu'ils organisent, et participants et invités.

Michel de NOSTREDAME a codé les évènements qui impliqueraient Les Nations Européennes et leurs dirigeants pendant une durée totale de TROIS ANS et SEPT MOIS soit un total d'environ 42 à 43 mois selon les textes

QUATRAIN IV – 95 –

Le règne a deux laissé bien peu tiendront

Trois ans sept mois passés feront la guerre

Les deux vestales contre rebelleront

Victor puisnay en Armorique terre

TRADUCTION

Le pouvoir placé entre les mains de deux personnages durera trois ans et sept mois pendant lesquels ils feront la guerre. Ces deux Dirigeants occupaient les places d'honneur depuis longtemps, et se rebelleront de voir le pouvoir et la victoire leur échapper. Les survivants pourront enfin savourer l'harmonie retrouvée.

Pendant le conflit d'une durée totale de 42 mois, il semble que la RUSSIE ne sera pas seule à diriger les opérations et que le partage du pouvoir est divisé en deux. Comme nous le verrons ultérieurement, la RUSSIE va s'allier avec certains pays Arabes qui voudront bien collaborer au partage de l'EUROPE avec elle –

Les Combattants tchétchènes sont d'ailleurs majoritairement des musulmans sunnites, mais la collaboration de certains pays Arabes sera bien plus grande d'après Michel de NOSTREDAME, ce que nous verrons plus tard dans l'analyse des prochains quatrains

Le conflit terminé, les survivants pourront enfin savourer l'harmonie retrouvée, qu'ils soient Européens, Russes, ou musulmans, car les peuples ne veulent qu'une chose, la PAIX quelle que soit leur ORIGINE.

QUATRAIN X – 32 –

Le grand empire chacun an devait estre

Un sur les autres le viendra obtenir

Mais peu de temps sera son règne et estre

Deux ans aux naves se pourra soustenir

TRADUCTION

Le Grand Empire avait prévu de durer de nombreuses années après avoir conquis les Nations les unes après les autres, mais peu de temps sera son règne. Le Pouvoir ne se maintiendra que deux années, grâce à sa marine, avant de décliner et de reculer

La Russie, comme le précise le quatrain veut étendre son influence pour discuter d'égal à égal avec les Américains, et l'esprit Tsariste de Vladimir Poutine le pousse à placer la Russie entre les Etats Unis et la Chine, se passant de facto des Nations Européennes qu'il trouve faibles dans le concert des grands. Il ne cherche pas à agrandir son territoire gigantesque, il veut éliminer les faibles pour être à la table des puissants et il s'en donne les moyens, toutefois, son pouvoir étendu ne durera que deux années, pendant lesquelles il règnera en maître avant de reculer.

Si l'on se fie à ces deux périodes, on peut en déduire que les Européens et leurs alliés vont mettre 18 mois pour mettre fin au conflit

Si l'on se réfère à ces deux périodes, l'une de 42 mois et l'autre de 24 mois, de nombreux lecteurs vont s'engouffrer dans le piège qui consiste à vouloir faire porter à Michel de NOSTREDAME l'initiative d'un calcul mathématique qui veut qu'après avoir déclenché l'opération militaire sur l'Ukraine le 24 février 2022, il suffit d'y ajouter 42 mois pour connaître la date de fin des hostilités, soit le mois d'Août 2025

Michel de NOSTREDAME a donné très peu de dates, et commettre l'erreur aujourd'hui d'inscrire ces périodes dans le temps n'est pas conseillé, car la date de démarrage du conflit qui est prise en compte n'est pas donnée. A aujourd'hui, l'EUROPE et l'OTAN ne sont pas en Guerre – Mercredi 22 mars 2023 –

Convenir que nous ne sommes pas maîtres du Calendrier est la meilleure option, car le docteur Michel de NOSTREDAME a été à de trop nombreuses fois discrédité par des dates qu'il n'a jamais données, erreur que nous ne devons pas commettre aujourd'hui. Les évènements apporteront les réponses.

Guerre en Ukraine : Emmanuel MACRON prévient les Français que les jours à venir seront "de plus en plus durs"

Publié le 03/03/2022 11:40

Dans une allocution, mercredi 2 mars, le président de la République Emmanuel Macron a prévenu des conséquences néfastes de la guerre en Ukraine pour la France

<u>**en précisant qu'elle n'était "pas en guerre contre la Russie".**</u>

Quatorze minutes <u>d'allocution présidentielle</u> et un sombre tableau dressé devant les Français par Emmanuel Macron, mercredi 2 mars. *"Des centaines de civils ukrainiens, des femmes et des enfants ont d'ores et déjà été tués. Les jours qui viennent seront vraisemblablement de plus en plus durs"*, a déclaré le président de la République, à 20h.

"Nous ne sommes pas en guerre contre la Russie"

Lors de sa prise de parole, les mesures prises ont été rappelées : le soutien aux Ukrainiens, les sanctions lourdes contre la Russie, l'envoi de militaires français, notamment en Roumanie.
Emmanuel Macron a tenu à préciser : *"Nous ne sommes pas en guerre contre la Russie. C'est pour cela que, si j'échange constamment avec le président Zelensky, j'ai aussi choisi de rester en contact et resterai en contact autant que je le peux et autant que c'est nécessaire avec le président Poutine"*.

L'EUROPE n'est pas en guerre contre la Russie selon les propos du Président de la France exprimés le 3 mars 2022, pour autant il suffit d'observer les actes des uns et des autres pour savoir que cette situation ne va pas durer, l'extension du conflit étant inévitable et programmée depuis des siècles selon la Bible au livre de l'Apocalypse de Saint Jean lorsqu'il décrit les différents acteurs de ce conflit.

LES DEUX BÊTES DE L'APOCALYPSE DE SAINT JEAN

CHAPITRE 13 |

LIVRE DE L'APOCALYPSE

01 Alors, j'ai vu monter de la mer une Bête ayant dix cornes et sept têtes, avec un diadème sur chacune des dix cornes et, sur les têtes, des noms blasphématoires.

Cette NATION est composée de 7 pays principaux, nations toutes directement affiliées à la Bête, et règne sur 10 autres nations sous la contrainte

02 Et la Bête que j'ai vue ressemblait à une panthère ; **ses pattes étaient comme celles d'un Ours**, et sa gueule, comme celle d'un lion. Le Dragon lui donna sa puissance et son trône, et un grand pouvoir.

03 L'une de ses têtes était comme blessée à mort, mais sa plaie mortelle fut guérie. Émerveillée, la terre entière suivit la Bête,

04 et l'on se prosterna devant le Dragon parce qu'il avait donné le pouvoir à la Bête. Et, devant elle, on se prosterna aussi, en disant : « Qui est comparable à la Bête, et qui peut lui faire la guerre ? »
05 Il lui fut donné une bouche qui disait des énormités, des blasphèmes, **et il lui fut donné pouvoir d'agir pendant quarante-deux mois.**

06 Elle ouvrit la bouche pour proférer des blasphèmes contre Dieu, pour blasphémer contre son nom et sa demeure, contre ceux qui demeurent au ciel.

07 Il lui fut donné de faire la guerre aux saints et de les vaincre, **il lui fut donné pouvoir sur toute tribu, peuple, langue et nation.**

08 Ils se prosterneront devant elle, tous ceux qui habitent sur la terre, et dont le nom n'est pas inscrit dans le livre de vie de l'Agneau immolé, depuis la fondation du monde.
09 Si quelqu'un a des oreilles, qu'il entende.
10 Si quelqu'un doit aller en captivité, il ira en captivité ; si quelqu'un doit être tué par l'épée, il sera tué par l'épée. C'est ici qu'on reconnaît la persévérance et la foi des saints.

11 Puis, j'ai vu monter de la terre une **autre Bête** ; elle avait deux cornes comme un agneau, et elle parlait comme un dragon.
12 Elle exerce tout le pouvoir de la première Bête en sa présence, amenant la terre et tous ceux qui l'habitent à se prosterner devant la première Bête, **dont la plaie mortelle a été guérie.**

Cette autre bête composée de Deux Nations Principales est suivie par des agneaux qui suivent sans réfléchir, par la doctrine qui les unit, elle a autorité au même titre que la première bête avec laquelle elle se partage les territoires.

La plaie mortelle de l'OURS, représente la dissolution de l'URSS le 25 décembre 1991 plaie qui va être guérie par Vladimir Poutine qui veut effacer cette blessure

Il est évident, sans révéler de secret, que le principal allié de la Russie hormis la CHINE, soit la République Islamique d'IRAN, historiquement appelée PERSE.

PRESAGE 11

Pleurer le ciel ail cela fait faire,

La mer s'apprête. Annibal fait ses ruses :

Denys mouille classe tarde ne taire

N'a sceu secret et à quoi tu t'amuses

TRADUCTION

Pleurer sur la situation ne sert à rien, il faut agir. Les troupes se préparent, un chef musulman fait des ruses. L'heure est venue pour un personnage ayant comme prénom Denys, cité dans trois quatrains de Michel de NOSTREDAME de s'exprimer en analysant et en décodant avec le plus grand sérieux les révélations que contiennent les Quatrains propres au XXIème Siècle.

Il estime que le temps est venu de dévoiler au Monde les Secrets cachés derrière ces phrases énigmatiques que personne n'a pu décoder jusqu'à aujourd'hui, parce qu'il devait en être ainsi.

Michel de NOSTREDAME précise que L'IRAN (ANNIBAL) ruse lorsqu'il négocie l'accord sur son programme nucléaire, et gagne du temps. La république islamique d'IRAN n'a pas besoin de l'arme nucléaire, qui peut lui être remise par la Russie ou par la Chine, mais se sert de ces négociations pour peser sur les Etats Unis, et obtenir des garanties de levée des sanctions qui fragilisent l'économie Iranienne.

L'IRAN est un allié de la RUSSIE, et va contribuer à l'effort de guerre pour fragiliser la coalition Européenne et étendre le périmètre de ce conflit qui va impacter immédiatement ISRAEL.

L'hostilité affichée de la République islamique à l'égard de l'Etat Juif est une constante de la politique iranienne depuis la révolution de 1979. Téhéran soutient ouvertement des groupes armés palestiniennes comme le Hamas ou le Jihad islamique, ainsi que le Hezbollah libanais, ennemi d'ISRAEL à sa frontière Nord.

La publication de cette information doit mettre en garde le monde libre sur l'implication de ce pays d'Asie Occidentale situé au Proche Orient dans le conflit en EUROPE, qui va impacter ISRAEL, L'EGYPTE, LA LYBIE, La TUNISIE, l'ALGERIE, le MAROC, l'ESPAGNE, le PORTUGAL et plus haut, LA TURQUIE, allié de l'OTAN, la GRECE, L'ITALIE, Une partie de la France.

La République Islamique d'IRAN va contraindre chaque Nation à se positionner dans le conflit, lui donnant un impact MONDIAL, qui finira par générer un conflit tel que nous n'en avons jamais connu et que nous ne connaîtrons jamais plus, car la RUSSIE va de son côté impacter L'ESTONIE, LA LETTONIE, la LITUANIE, la POLOGNE, la SLOVAQUIE, la HONGRIE, la ROUMANIE, les BALKANS, la SUEDE, la NORVEGE, l'ANGLETERRE, la Belgique, le LUXEMBOURG et avec l'aide des troupes Musulmanes, la SUISSE, et toute l'AFRIQUE DU NORD comme nous le verrons en détail dans les quatrains qui vont suivre.

Des manœuvres communes des forces navales Iraniennes, Chinoises, et Russes dans le cadre de l'exercice PHOTOEX se sont déroulées dans l'OCEAN INDIEN le Jeudi 16 mars 2023, ce qui prouve l'implication de l'IRAN avec la RUSSIE au même titre que la CHINE

15 / 03 / 2023 AFP

Russie, Iran et Chine mènent des exercices navals en mer d'Arabie

L'armée russe a annoncé mercredi avoir entamé des exercices militaires navals en mer d'Arabie conjointement avec la Chine et l'Iran, deux partenaires de Moscou unis par leur opposition aux Occidentaux.

"Un exercice naval trilatéral (...) auquel participent la marine russe, la marine chinoise et les forces navales iraniennes a débuté aujourd'hui dans les eaux de la mer d'Oman, à proximité du port iranien de Chabahar", a indiqué le ministère russe de la Défense sur Telegram.

La Russie a envoyé pour ces manœuvres un détachement de sa flotte du Nord, dont la frégate amiral Gorchkov et un tanker. La Chine disposera du destroyer Nanjing et l'Iran des frégates Sakhand et Jamaran, et de la corvette

Bayandor. Ils visent notamment mener en escouade "des manœuvres conjointes et des tirs d'artillerie de jour comme de nuit", à s'entraîner à la "libération d'un navire capturé" ou encore travailler sur "l'assistance aux navires en détresse", selon Moscou.

La Russie a mené plusieurs exercices militaires avec ses partenaires depuis le début de son offensive militaire en Ukraine lancée il y a plus d'un an. Outre des manœuvres avec son allié bélarusse, Moscou a pris part à des exercices navals avec la Chine et l'Afrique du Sud en février. La Russie a aussi mené des exercices navals avec Pékin en décembre et aériens en novembre.

Moscou et Pékin se présentent comme un contre-poids géopolitique face aux Etats-Unis et ses alliés. L'Iran est de son côté accusé de livrer à la Russie des armes et munitions pour son offensive en Ukraine, et notamment des drones explosifs.

L'ALLIANCE entre Les troupes RUSSES et les alliés de l'IRAN aura pour effet d'encercler l'EUROPE qui aura bien du mal à apporter les réponses adéquates alors qu'elle n'aura une fois de plus rien prévu, comme au jour du 24 février 2022 où les troupes Russes entrèrent en UKRAINE, alors que l'OTAN sait que la RUSSIE sera condamnée à bouger de ses frontières depuis plus de 10 ans, pour la seule et unique raison qu'elle n'a pas d'autre solution et qu'elle joue sa survie, prise d'assaut qu'elle est par un Etat Profond Américain tentaculaire qui veut la mettre en pièce économiquement pour s'en approprier toutes les ressources.

VLADIMIR POUTINE n'accepte pas le pillage de sa nation au profit d'un CARTEL FINANCIER à la tête de la Banque Centrale Américaine (FED) comme cela a été fait en UKRAINE ces dernières années.

L'UKRAINE n'est d'ailleurs pas la seule Nation à subir les assauts de cette mafia financière qui place depuis bien longtemps à la tête des Nations Européennes des marionnettes qui avalisent démocratiquement le transfert de la propriété publique au secteur privé pour l'euro symbolique.

Si l'OTAN n'était pas prête le 24 février 2022, c'est que cette Alliance entre pays d'Europe et d'Amérique du Nord ne devait pas l'être, tout simplement. La RUSSIE doit porter aujourd'hui la totale responsabilité du pillage de toutes les ressources de l'Europe passées entre les mains d'entreprises américaines, assumer la crise financière qu'ils vont organiser pour piller les dernières liquidités placées dans les banques Européennes, et faciliter le transfert de l'or des Nations entre leurs mains, car le seul objectif de l'Etat Profond, dans toutes les guerres qu'ils organisent, a toujours été L'OR, ce faux dieu qu'ils adorent et pour lequel ils commettent les pires atrocités.

Plonger l'EUROPE dans le Chaos est un moyen qui leur permet de rester dans l'Ombre, de s'enrichir pendant le conflit en fabriquant l'armement qu'ils exporteront sur les zones de combat, de transférer L'Or des Nations Européennes dans les banques Américaines, et d'asseoir leur pouvoir pour les générations futures en pérennisant l'esclavage.

Maintenant qu'ils ont acculé L'OURS à ses frontières par l'avancée progressive de l'OTAN aux portes de la RUSSIE, Vladimir Poutine a décidé d'y mettre un terme en attaquant l'Ukraine, ce qui était prévisible et prévu, car l'Ukraine n'est que la mèche d'un explosif bien plus gros qui va disloquer l'EUROPE et faire oublier toutes les turpitudes et le pillage des Nations effectué par L'Etat Profond depuis des décennies. Maintenant que le peuple se réveille il faut détourner leur attention vers un seul et unique responsable, VLADIMIR POUTINE que l'on va s'empresser médiatiquement d'accuser de tous les maux, alors qu'il n'est que l'héritier d'une situation qu'ils ont eux-mêmes provoqué.

Si l'on compare les écrits de Michel de NOSTREDAME avec la BIBLE, il semble que cette fois les choses ne vont pas tourner à leur avantage, mais ce sujet sera abordé ultérieurement dans cet ouvrage afin d'être explicité en détail.

> *Ap 19:20-* Mais la Bête fut capturée, avec le faux prophète - celui qui accomplit au service de la Bête des prodiges par lesquels il fourvoyait les gens ayant reçu la marque de la Bête et les adorateurs de son image, - on les jeta tous deux, vivants, dans l'étang de feu, de soufre embrasé.

VIII, 66

**Quand l'escriture D.M. Trouvée,
Et cave antique à lampe descouverte.
Loy, Roi & Prince Ulpian esprouvee,
Pavillon Royne & Duc sous la couverte**

TRADUCTION

*Quand **DENYS** aura trouvé la manière de décoder les écrits de **MICHEL** de Nostredame mettant ainsi en lumière (lampe découverte) des événements considérés comme anciens, voire antiques, devant être relégués aux oubliettes, alors qu'ils font apparaître Le PLAN VU (Ulpian)(Loy, Structure du Plan) par Michel de Nostredame pour le XXIème Siècle, la connaissance cachée aux Rois et aux Princes de ce Monde sera publiée et éprouvée pendant que ceux qui représentent Le Pouvoir, et incarnent la Royauté,(Roi et Prince) ne tiendront pas compte du* *caractère de gravité que contiennent les quatrains une fois ces derniers décodés*

Michel de NOSTREDAME a codifié son lien avec DENYS au moyen des deux lettres D et M, qui sont les initiales vous l'aurez compris les deux prénoms Denys et Michel. A la fin de cet ouvrage, ce quatrain est explicité de manière beaucoup plus dense.

Ces deux Lettres D et M, cachent bien des secrets.

PRESAGE 125 JUILLET

Par pestilence et feu fruit d'arbres périront,

Signe d'huile abonder, Père Denys non guères :

Des grands mourir Mais peu d'étrangers failliront,

Insult, marin Barbare, et dangers de frontières

TRADUCTION

La corruption occultera la vérité qui ne pourra émerger et périra, pendant que les personnes qui jettent de l'huile sur le feu abondent.

Le message transmis par Denys ne sera guère entendu, ce qui causera malheureusement la mort de nombreuses personnalités car les étrangers mettront leurs plans à exécution. La Marine Musulmane mettra les frontières en danger par son attaque, qui n'aura pas été anticipée par les Nations Européennes

Dans ce quatrain, Michel de NOSTREDAME prévient Denys que son message ne sera guère entendu par les dirigeants de ce Monde, ce qui s'avèrera très regrettable dès lors où certains évènements relatés dans ce livre trouveront leur accomplissement, mais il sera trop tard.

Cet ouvrage n'a pourtant qu'un seul objectif, servir l'intérêt général en apportant un éclairage sur le message du plus grand lanceur d'alerte de tous les temps, qui lui aussi voulait alerter ses contemporains sur la gravité des catastrophes à venir en souhaitant que tous puissent en profiter afin que dirigeants et dirigés puissent préserver l'essentiel en prenant des dispositions pour éviter si cela est possible une telle confrontation, car c'est parfaitement réalisable dès lors où l'on prend conscience des conséquences. Cela demande toutefois beaucoup de sagesse, et nos dirigeants l'auront t'ils, rien n'est moins certain à la lecture de ce quatrain.

L'avenir proche ne devrait pas tarder à éclairer tout cela, car nous y sommes

Le président chinois Xi Jinping avec son homologue russe, Vladimir Poutine. © AP

Pékin accuse Washington de "mettre de l'huile sur le feu"

La Chine a accusé mercredi les Etats-Unis de "mettre de l'huile sur le feu" en Ukraine, après la reconnaissance par Moscou de deux régions séparatistes de l'est du pays et l'annonce de sanctions par Washington.

"Les Etats-Unis n'ont cessé de vendre des armes à l'Ukraine, augmentant les tensions, créant la panique et ils ont même exagéré le calendrier d'une guerre", a fustigé devant la presse une porte-parole de la diplomatie chinoise, Hua Chunying.

"La question clé est de savoir quel rôle ont joué les Etats-Unis dans les tensions actuelles en Ukraine", s'est interrogée la porte-parole.

"Immoral et irresponsable"

"Quelqu'un qui jette de l'huile sur le feu, tout en accusant les autres, c'est quelqu'un d'immoral et d'irresponsable", a estimé Mme Hua.

Cette attaque en règle contre les Etats-Unis tranche avec la pondération de la Chine lundi. Elle avait alors appelé les acteurs de la crise ukrainienne à "faire preuve de retenue".

La crainte d'une escalade militaire aux portes de l'Union européenne (UE) est à son paroxysme depuis que Vladimir

Poutine a reconnu lundi l'indépendance de deux territoires séparatistes prorusses dans l'Est de l'Ukraine, les "républiques" autoproclamées de Donetsk et Lougansk.

En représailles, les Occidentaux ont pris de premières sanctions à l'encontre de la Russie.

La mesure la plus spectaculaire a été annoncée par Berlin, qui a gelé le gigantesque projet de gazoduc Nord Stream II, qui devait acheminer davantage de gaz russe en Allemagne.

Ukraine : Moscou met en garde la France sur la "guerre économique totale" évoquée par Le Maire contre la Russie

Alors que le ministre français de l'Economie et des Finances, Bruno Le Maire, a déclaré ce mardi sur France Info que les puissances occidentales sujet allaient "livrer une guerre économique et financière totale à la Russie" et "provoquer l'effondrement de l'économie russe", l'ancien président russe Dmitri Medvedev, désormais membre du conseil de sécurité russe auprès du président Vladimir Poutine, a mis en garde la France, en déclarant qu'il ne fallait pas "'oublier que dans l'histoire de l'humanité, les guerres économiques se transforment assez souvent en vraies guerres". De son côté, l'Allemagne, l'Italie ont indiqué qu'une nouvelle vague de sanctions allait être décidée.

QUATRAIN II – 32

Laict, sang grenouilles escoudre en Dalmatie

Conflit donné, peste près de Balennes,

Cry sera grand par toute Esclavonie

Lors Naistra monstre près et dedans Ravenne,

TRADUCTION

Après la douceur de vivre, des soldats sanguinaires, à sang froid, viendront en découdre en Yougoslavie, quand le conflit sera déclenché par l'apparition de troupes qui viendront par la mer. La nouvelle traversera toute la HONGRIE, lorsque les troupes Russes et Musulmanes se rejoindront à Ravenne pour former une armée monstrueuse

Après le calme, des barbares débarqueront en Yougoslavie, pays disparu qui comprend aujourd'hui la SERBIE, la CROATIE, la MACEDOINE, la SLOVENIE, le MONTENEGRO, et la BOSNIE HERZEGOVINE qui sont toutes devenues des Etats indépendants. Ces états n'ont pas tous accès à la mer. La CROATIE est la ville la plus proche de RAVENNE, ville italienne où devraient être stationnées les troupes Russes, pour y faire leur jonction avec les troupes musulmanes. La Nouvelle de cette jonction parviendra à travers toute la HONGRIE.

QUATRAIN II – 84 –

Entre Campagne, Sienne, Flora, Tustie,

Six mois neuf jours ne pleuvra une goute,

L'estrange langue en terre Dalmatie,

Courira sus, vastant la terre toute.

TRADUCTION

Du côté de l'Italie, en allant de SIENNE à NAPLES, toutes ces régions ne verront pas l'eau pendant six mois et neuf jours. On entendra parler une langue étrangère en CROATIE, qui voudra se répandre sur toute la Terre.

En Italie, la région couvrant un secteur allant de SIENNE à NAPLES sera occupée pendant 6 mois et 9 jours, pendant qu'une langue étrangère qui veut se répandre sur toute la Terre, l'Arabe, sera parlé en CROATIE, confirmant le débarquement des troupes arabes dans ce secteur, les RUSSES étant du côté ITALIEN, et les ARABES du côté de l'Ancienne Yougoslavie.

QUATRAIN IX – 60

Conflit Barbar en la Cornere noire

Sang espandu trembler la Dalmatie

Grand Ismael mettra son promontoire

Ranes trembler ; secours Lusitanie.

TRADUCTION

Le conflit sera déclenché par les musulmans en Mer Noire et le sang répandu fera trembler les pays membres de l'ancienne Yougoslavie, où le quartier général des arabes sera installé. Le peuple tremblera, mais une aide leur parviendra en provenance du Portugal

MICHEL de NOSTREDAME précise que le conflit sera déclenché par les Musulmans en Mer Noire. Ce quatrain confirme que le QG – quartier général des Arabes, sera placé dans l'un des pays de l'ancienne Yougoslavie.

QUATRAIN 1- 9

De l'Orient viendra le cœur Punique

Fascher Hadrie et les hoirs Romulides

Accompagné de la classe Libique

Tremblez Mellides et proches isles vuides

TRADUCTION

De l'Orient viendra l'acte perfide qui frappera la mer Adriatique et les descendants de Romulus accompagnés des troupes venant de Lybie. Tremblez habitants de Malte et son archipel.

De L'orient viendront les troupes perfides qui vont attaquer l'Italie accompagnés des soldats de la LYBIE. Les habitants de MALTE et son archipel de 6 îles dont seules les Iles de Gozo et Comino sont habitées vont trembler. Malte est situé à 140 kms de Syracuse en SICILE. On peut facilement imaginer que partant de PALERME, ils entrent à TUNIS ville située à 280 kms, mettant ainsi les pieds en AFRIQUE DU NORD. Dans l'expectative où les nations d'Afrique du Nord se joignent aux troupes IRANIENNES, il leur sera facile de débarquer en SARDAIGNE, en CORSE, puis arriver en France dans le port de MARSEILLE et à GÊNES en ITALIE. Nous verrons ce qu'en pense MICHEL DE NOSTREDAME à l'analyse des prochains quatrains.

QUATRAIN IV – 68 –

En l'an bien proche ésloingné de Vénus,

Les deux plus grands de l'Asie et d'Afrique :

Du Ryn et Hister qu'on dira sont venus

Cris, pleurs à MALTE et Costé Lygustique

TRADUCTION

L'année très proche où nous allons prendre conscience des réalités, les deux dirigeants des grandes puissances de l'Asie et d'Afrique viendront jusqu'Au RHIN et au DANUBE. Il y aura alors des cris, des pleurs et des grincements de dents à MALTE et dans le Golfe de Gênes.

Ce quatrain précise que les troupes de la République Islamique d'IRAN feront effectivement jonction avec des troupes d'AFRIQUE du NORD après être passées à MALTE, et vont entrer dans le golfe de Gênes alors que l'on pensera qu'ils sont arrivés par le RHIN et le DANUBE. Il se confirme dans ce quatrain, que l'ITALIE sera prise sur ses arrières par les troupes Musulmanes auxquelles elles ne s'attendaient pas.

QUATRAIN II – 4 –

Depuis Monach jusqu auprès de Sicile,

Toute la plage demourra désolée,

Il n'y aura fauxbourg, cité ne ville

Que par Barbares pillée soit et volée

Depuis MONACO jusqu'à la SICILE, toutes les côtes seront désolées. Il n'y aura pas une ville ou un faubourg qui ne soit pas mis à sac par le vol et le pillage.

Il se confirme bien que les côtes allant de Monaco, en passant par Gênes, Rome, Naples pour finir à Palerme, seront toutes pillées par les troupes Musulmanes, la Russie semblant ne pas intervenir sur ce secteur, laissant principalement les troupes venues d'Afrique du Nord couvrir ce secteur.

QUATRAIN X – 97 –

Triremes pleines tout aage captifs,

Temps bon à mal, le doux pour amertume :

Proye à Barbares trop tost seront bastifs,

Cupide de voir plaindre au vent la plume

TRADUCTION

Ce quatrain presque anodin a une grande importance pour la FRANCE, car lorsque Michel de NOSTREDAME ne cite aucune NATION, c'est de son pays d'origine dont il s'agit. C'est sans doute un avertissement pour le peuple de FRANCE et ses dirigeants. Le terme Trirème est employé dans ce quatrain pour signifier la présence de Navires de

Guerre en usage dans la Méditerranée qui comportaient à l'époque trois rangs de rameurs superposés.

Il est donc question de NAVIRES de GUERRE qui emportent des prisonniers de tout âge, le bon temps deviendra un temps de malheur. L'amertume et le regret remplaceront la douceur de vivre. Les Musulmans de France, traités de BARBARES par Michel de NOSTREDAME, voudront emporter du butin bien trop tôt, pressés qu'ils sont de voir la France flotter au gré du vent.

Ce quatrain précise que les musulmans présents en France, bien avant que ne démarrent les hostilités avec la RUSSIE et l'ALLIANCE MUSULMANE, vont profiter du climat révolutionnaire que va connaître la France, pour piller et semer le désordre, pressés qu'ils sont d'en découdre avec une nation qu'ils n'aiment pas.

QUATRAIN X – 38 –

Amoura legre non loin pose le siege,

Au saint barbare seront les garnisons :

Ursins Hadrie pour Gaulois feront plaige

Pour peur rendu de l'armée aux Grisons.

TRADUCTION

Le Quartier Général des troupes Arabes sera établi non loin d'AMOURAH et d'ALGER où seront stationnées les soldats de MAHOMET (Au Saint barbare, selon le terme utilisé par Michel de NOSTREDAME). Les troupes Russes (URSINS-OURS) venant d'ANGLETERRE et d'ECOSSE (HADRIE, en rapport avec le MUR D'HADRIEN qui sépare l'Angleterre de l'Ecosse) débarqueront en France pour renforcer leurs forces postées près de ZURICH, aux GRISONS.

QUATRAIN X – 33 –

La faction cruelle à robe longue

Viendra cacher souz les pointus poignards :

Saisir Florence le duc et lieu diphlongue

Sa descouverte par immeurs et flangnards

TRADUCTION

La faction cruelle des Musulmans arrivera, cachant sous leurs longues robes leurs poignards, ils se saisiront de Florence. Ils enverront préalablement des espions pour analyser les dispositions de la ville avant d'envoyer des gens sans foi ni loi brûler la ville.

Seule la communauté musulmane porte de longues robes permettant de cacher des armes sans qu'ils soient repérés, ce qui sous entend qu'actuellement, il y a des espions en Italie et à Florence pour renseigner leurs dirigeants sur l'Etat moral du peuple Italien avant d'envahir l'Italie. Le Gouvernement italien devrait d'ores et déjà interdire le port du Kamis afin d'éviter cette situation.

QUATRAIN II – 30 –

Un qui les dieux d'Annibal infernaux

Fera renaître, effrayeur des humains :

Oncq'plus d'horreur ne plus dire iournaux

Qu'advint viendra par Babel aux Romains

TRADUCTION

Un personnage originaire de l'ancienne CARHAGE va épouvanter les humains. Les journaux ne pourront décrire les horreurs commises par ce personnage lorsqu'il viendra mélanger sa langue à celle des Romains

Dans le dernier quart du IIIe siècle, avant JC, l'ombre menaçante de Carthage ne faisait pas seulement craindre l'assaut de son armée, mais bien plus redoutable encore, la puissance de ses dieux et l'efficacité de ses rites. Partant de l'actuelle Carthage, la ville de TUNIS en Afrique du Nord les troupes musulmanes vont vouloir commettre en Italie, des atrocités telles, que même les journaux n'oseront en parler.

Les troupes musulmanes parties d'IRAN pour arriver à faire la jonction avec L'AFRIQUE du NORD, doivent obligatoirement impliquer la TURQUIE et la GRECE qui se trouvent géographiquement placées entre ces deux régions du Monde.

La TURQUIE est membre de l'OTAN, et des troupes américaines sont stationnées sur la base d'INCIRLIK, construite en 1951 qui permet aux forces Américaines de l'US AIR FORCE d'avoir un contrôle sur la Région.

Il est donc important de voir ce qu'en dit Michel de Nostredame, car la TURQUIE est ou était considérée comme la deuxième armée en effectifs de l'OTAN, mais le Président ERDOGAN a estimé que la TURQUIE était libre d'acquérir le matériel nécessaire à ses besoins en achetant deux lots de systèmes de défense antimissile S-400 en provenance de la RUSSIE, mettant à mal le système de défense de l'Alliance Atlantique dont la TURQUIE est membre.

QUATRAIN I – 28 –

La tour de Boucq craindra fuste Barbare,

Un temps, longtemps après barque hespérique

Bestail, gens, meubles, tous deux feront grande tare

Taurus et Libra, quelle mortelle picque.

TRADUCTION

PORC DE BOUC, à la gauche de MARSEILLE, craindra l'arrivée des Navires de guerre des troupes musulmanes, car la présence de l'immense Terminal Pétrolier de LAVERA va susciter les convoitises.

Le débarquement de PROVENCE, commencé le 15 août 1944 est loin, très loin, 78 ans très précisément.

Les TURCS (monts TAURUS, formant la bordure sud-est du plateau de l'Anatolie fait 600 kms de longueur et culmine à 3756 mètres – TAURUS, taureau, est le symbole des dieux de l'ORAGE). Michel de NOSTREDAME emploie le nom donné à la chaîne de montagne des monts TAURUS, pour signaler la présence de l'ARMEE TURQUE sur les côtes françaises.

Cela a une énorme importance, car si la transcription est exacte, la TURQUIE ferait partie de l'Alliance du Monde Arabe, alors qu'elle fait partie de L'OTAN, infligeant une MORTELLE PICQUE au Forces de L'OTAN, qui seraient trahies par ERDOGAN –

Les prochaines prises de position du Président ERDOGAN vis-à-vis de la RUSSIE et de l'IRAN sont à surveiller de très près, car la TURQUIE représente un Bastion important des Troupes Américaines en EUROPE.

Le terme LIBRA indique une période astrologique comprise entre le 23 septembre et le 23 octobre.

QUATRAIN VIII – 51 –

Le Byzantin faisant oblation,

Après avoir Cordube à foi reprinse :

Son chemin long repos pamplation,

Mer passant proy par Colongna prinse.

TRADUCTION

Le chef Turc se réjouit d'avoir repris la ville de CORDOUE en ESPAGNE à la foi Chrétienne. Son pouvoir expansionniste le conduira sur un long chemin et il n'aura pas de repos tant qu'il n'aura pas rejoint par la mer l'Allemagne de l'ouest occupée par la RUSSIE.

Ce quatrain laisse entendre que la TURQUIE du Président ERDOGAN veuille ressusciter le pacte impérialiste de l'empire OTTOMAN mis à mal par le traité de Sèvres conclu le 10 août 1920, mais pas seulement. A priori, la TURQUIE entre en ESPAGNE.

QUATRAIN X – 86 –

> Par les deux têtes, et trois bras séparés,
>
> La grand cité sera par eaux vexée :
>
> Des Grands d'entre eux par exil esgarés
>
> Par teste Perse Bysance fort pressée.

Poutine se plaint à ERDOGAN des drones turcs fournis à l'Ukraine

(Moscou) Le président russe Vladimir Poutine a critiqué vendredi, lors d'une conversation téléphonique avec son homologue turc Recep Tayyip Erdogan, l'utilisation par l'armée ukrainienne de drones militaires fournis par Ankara.

Ces drones vont t'ils passer entre les mains de la RUSSIE et de l'IRAN ?

TRADUCTION

Deux Chefs ébranleront la ville de PARIS en attaquant par trois côtés. Le Gouvernement de PARIS aura déserté la Capitale pour partir en exil, au moment où la TURQUIE sera pressée contre l'Occident par le Chef de L'IRAN

La ville de PARIS semble abandonnée par son gouvernement au moment où les troupes arrivent de trois côtés, pendant que l'IRAN négocie avec la TURQUIE l'entrée dans la coalition RUSSO-MUSULMANE

QUATRAIN V – 6 –

A son hault pris plus la lerme sablée,

D'humaine chair par mort en cendre mettre

A l'Isle Pharos par Croisars perturbée,

Alors qu'à Rhodes paroistra dur espectre

TRADUCTION

Après le haut, viendront les larmes. La chair humaine sera réduite en cendres. L'île de Pharos connaîtra à nouveau les croisades, alors qu'à Rhodes, apparaîtra le spectre de la Guerre.

Après la joie viendront les pleurs et les grincements de dents, car la chair humaine sera réduite en cendre. L'Ile Grecque de PAROS en mer Egée connaitra à nouveau les Croisades alors que sur l'Ile de RHODES on s'apprête à connaître le spectre de la guerre et le retour des invasions barbares

Le bras de fer entre la Grèce et la Turquie en Méditerranée orientale peut potentiellement donner lieu à un imbroglio au sein de l'Union européenne, sur fond de vente de bâtiments militaires aux deux pays.

Une image de frégate Belharra fournie par Naval Group (ex DCNS), 18 octobre 2016. (HO / DCNS)

Moins de deux semaines après l'annonce du fiasco des sous-marins vendus à l'Australie, dont le contrat a été unilatéralement rompu par les Australiens, la France annonçait mardi 28 septembre un succès à l'export pour le fabricant national Naval Group avec la commande par la Grèce de 3 frégates de dernière génération. L'ambition est de rétablir en Méditerranée orientale un rapport de force favorable. Avec ces trois frégates de défense et d'intervention (FDI), la Grèce rétablit un peu l'équilibre avec la marine turque en face de qui elle multiplie les ronds dans l'eau. À terme les Grecs disposeront de 16 frégates, faisant jeu égal avec la marine turque au moins quant à ce type de bâtiments. Ces deux dernières années le face-à-face gréco-turc a pris un tour de plus en plus offensif, deux bâtiments de guerre sont même entrés en collision en août 2020.

La marine turque a mis les bouchées doubles en matière d'équipement, multipliant les commandes de navires et la

Grèce a du mal à suivre même en doublant son budget d'équipement de défense cette année.

Alliance bilatérale entre la France et la Grèce

Cette commande de trois navires français par la Grèce a été présentée par la France comme un renforcement des moyens d'une "souveraineté européenne" en Méditerranée orientale. Et ce d'autant plus qu'au-delà de la vente de ces frégates, Paris annonçait aussi la signature d'une alliance bilatérale entre les deux pays. En clair si la Grèce entrait en conflit militaire - par exemple avec la Turquie - la France volerait et voguerait à son secours immédiatement, engageant à son tour les hostilités contre l'adversaire des Grecs. Une telle obligation d'assistance militaire est déjà au cœur de l'Alliance atlantique, l'OTAN, dont les deux pays font partie. Comme la Turquie est elle-aussi membre de l'OTAN, elle pourrait parfaitement invoquer elle-aussi l'obligation d'aide des autres pays, si elle entrait en conflit… avec qui que ce soit.

L'accord France-Grèce ambitionne donc de bâtir l'embryon d'une alliance plus étroitement "européenne". Sauf qu'en la matière rien n'est simple : les autres pays européens ne sont pas tous clairement rangés derrière la Grèce. Autant la France a clairement pour ainsi dire "choisi son camp", autant les Italiens les Espagnols ou les Allemands sont beaucoup moins en pointe sur le sujet. Les Allemands en particulier qui ont d'autres intérêts : en Turquie justement !

Des intérêts différents

Dans le même temps où France et Grèce finalisaient leur accord pour la livraison de ces trois frégates - la première devant être livrée en 2025- Turquie et Allemagne signaient un autre contrat d'équipement militaire : l'Allemagne fournissant à la Turquie six sous-marins flambant neufs. Le premier sera intégré à la flotte d'Ankara l'an prochain.

Lorsque tous ces bâtiments seront opérationnels on pourra donc observer en Méditerranée orientale un nouveau face-à-face très "européen" avec des frégates de fabrication française armées par les Grecs, donnant la chasse aux sous-marins allemands armés par les Turcs. Avec, au total, un bel imbroglio - typiquement européen diront certains.

L'IRAN ne devrait pas trop avoir de mal à convaincre la TURQUIE d'envahir la GRECE et ses îles, alors que ces deux Pays font partie intégrante de l'OTAN, car le Président ERDOGAN entretient des rapports mi-figue mi-raisin avec l'Union Européenne et l'OTAN, émaillées de perpétuels désaccords.

Le Président ERDOGAN est un opportuniste, qui n'agit pas selon les orientations de l'OTAN, mais selon les intérêts de la TURQUIE, achetant tantôt des armes de défense à la RUSSIE, et vendant une autre fois des DRONES **Bayraktar TB2** à l'UKRAINE pour détruire l'appareil militaire de VLADIMIR POUTINE. Dans l'avenir il devrait quitter l'OTAN pour rejoindre la COALITION ARABE associée à la RUSSIE, pensant miser sur le bon cheval, mais s'il advenait que les choses basculent du côté de l'Occident, La TURQUIE n'hésitera pas un instant à trahir la Coalition Arabe.

La livraison de missiles russes S-400 à la Turquie « a commencé », annonce Ankara

L'achat par la Turquie de ces missiles russes antiaériens S-400, incompatibles avec le système de défense de l'OTAN, dont Ankara est membre, a provoqué la colère de Washington.

Publié le 12 juillet 2019

Une batterie de missiles russes S-400, en mai 2018 à Moscou, lors de la répétition d'un défilé militaire. MLADEN ANTONOV / AFP

Malgré les mises en garde répétées des Etats-Unis, la livraison controversée de missiles russes S-400 à la Turquie *« a commencé »*, a annoncé, vendredi 12 juillet, le ministère turc de la défense.

Pilier oriental de l'Alliance atlantique depuis 1952, la Turquie a jeté un froid chez ses alliés en signant, en septembre 2017, un contrat de 2,5 milliards de dollars (2,2 milliards d'euros) avec la Russie pour la fourniture de missiles russes antiaériens S-400, incompatibles avec le système de défense de l'OTAN. Le Pentagone craint notamment que les S-400, dotés d'un puissant radar, ne parviennent à déchiffrer les secrets technologiques de ses avions militaires dernier cri.

La Turquie avait rejeté mercredi une énième mise en garde américaine concernant l'achat de ces missiles russes, appelant Washington à ne pas prendre de mesures susceptibles de *« nuire aux relations »* bilatérales.

Les Etats-Unis estiment en effet que les systèmes russes ne sont pas compatibles avec les dispositifs de l'Otan, dont Ankara est membre. Un haut responsable de l'Otan, parlant sous couvert d'anonymat, a d'ailleurs affirmé que l'organisation était *« préoccupée »*. Washington juge qu'il existe un risque que les opérateurs russes qui formeront les militaires turcs aux S-400 puissent dans le même temps percer les secrets technologiques du nouvel avion furtif américain F-35, dont la Turquie veut aussi se doter. *« La Turquie s'exposerait à des conséquences réelles et néfastes si elle acceptait les S-400 »*, a ainsi menacé mardi la porte-parole du département d'Etat américain, Morgan Ortagus. Le Pentagone avait donné au gouvernement turc jusqu'au 31 juillet pour renoncer à cette acquisition.

Des discussions à venir entre Washington et Ankara

Plusieurs membres du Congrès américain, républicains comme démocrates, ont également appelé à annuler les livraisons des F-35 à Ankara, et ont demandé des sanctions contre les responsables turcs impliqués dans l'accord avec la Russie.

« On avait donné le choix au président Erdogan, il a clairement fait le mauvais », ont commenté dans un communiqué commun Eliot Engel et Michael McFaul, principaux élus démocrate et républicain à la commission des affaires étrangères de la Chambre des représentants. *« Qu'un allié de l'Otan choisisse de s'allier avec la Russie et Vladimir Poutine au détriment de l'alliance atlantique et d'une coopération plus étroite avec les Etats-Unis est dur à comprendre. »*

Le nouveau secrétaire à la défense de Donald Trump, Mark Esper, a appelé son homologue turc Hulisi Akar vendredi. Ce dernier lui a affirmé qu'Ankara était *« sérieusement menacée »* et que l'achat des missiles S-400s n'était *« pas un choix mais une obligation »*, selon un communiqué du ministère Turc de la défense.

Selon M. Akar, Ankara est obligée de prendre des mesures contre *« les attaques intensives »* à sa frontière avec la

Syrie et la Turquie est la seule force capable de créer une « *zone sûre* » dans le nord de la Syrie. Une délégation américaine doit se rendre à Ankara la semaine prochaine afin de poursuivre les discussions.

Trois ans après le putsch manqué contre Erdogan

Cette livraison intervient près de trois ans après le putsch manqué au cours duquel des officiers putschistes ont tenté de renverser le président Recep Tayyip Erdogan. Et cette date n'a pas été choisie par hasard par la partie russe, soucieuse de rappeler que Vladimir Poutine fut le premier à soutenir le président Erdogan au plus fort de la tentative de putsch, contrairement aux alliés traditionnels de la Turquie, régulièrement fustigés par Ankara pour leur manque d'empathie.

"La Turquie choisit l'Occident" : comment Erdogan bascule face à Poutine après l'invasion russe

La guerre en Ukraine met un terme à la politique d'équilibre entre Russes et Américains pratiquée par Ankara ces dernières années.

La Turquie pourrait fournir de nouveaux drones à l'Ukraine. (Ici, le président ukrainien Volodymyr Zelensky reçoit son

homologue turc Recep Tayyip Erdogan, le 3 février 2022 à Kiev.)
afp.com/Sergei SUPINSKY

Jusqu'à présent, Moscou semblait le plan B parfait pour Recep Tayyip Erdogan. Ces dernières années, alors que la Turquie s'éloignait de ses alliés de l'Otan et d'une perspective d'adhésion à l'Union européenne (UE), le président turc s'est efforcé de développer de bons rapports avec le Kremlin. Il est allé jusqu'à acheter le système de défense antiaérienne russe S-400 en 2017, au prix de lourdes sanctions américaines et de l'expulsion d'Ankara du programme d'avions de combat de dernière génération F-35

Mais l'invasion de l'Ukraine, un pays avec lequel Ankara entretient d'excellentes relations, a rendu intenable cette politique d'équilibre entre la Russie et l'Occident.

"Dans ce contexte de tensions extrêmes et de retour d'une forme de Guerre froide, la Turquie va à nouveau choisir le camp occidental.

QUATRAIN I – 73 –

France a cinq pars par neglect assaillie,

Tunis, Argal esmeuz par Persiens :

Léon, Séville, Barcelone faillie,

N'aura la classe par les Vénitiens

TRADUCTION

La France sera attaquée de cinq côtés à cause de la négligence de ses dirigeants. La TUNISIE et l'ALGERIE se soulèveront contre la France par la pression des IRANIENS. Les régions allant de BARCELONE à

SALAMANQUE en CASTILLE et LEON n'auront pas résisté à la flotte Musulmane

Le Gouvernement Français aura depuis longtemps déserté pour partir en exil lorsque la coalition ARABE attaquera la France sur cinq côtés.

L'IRAN aura convaincu la TUNISIE et l'ALGERIE de se joindre à eux pour envahir les régions allant de Barcelone à Salamanque, la flotte musulmane s'inspirant des vénitiens qui ont exercé pendant des siècles une domination incontestée sur l'Adriatique et la Méditerranée.

QUATRAIN I – 5 –

Chassez seront sans faire long combat,

Par le pays seront plus fort grevrez :

Bourg et cité auront plus grand débat,

Carcas. Narbonne auront cœur esprouvez.

TRADUCTION

L'Armée Française sera battue sans combattre longtemps. Les grandes villes seront accablées et écrasées alors que les villes et les villages le seront un peu moins. Carcassonne et Narbonne seront durement éprouvées. Michel de NOSTREDAME comme à son habitude profite d'un quatrain assez facile à traduire, pour apporter un élément CRUCIAL sur la résistance de l'Armée Française face à l'invasion des troupes musulmanes dans le sud de la France.

Il précise que notre armée ne combattra que très peu, ce qui est affligeant et ne fait que confirmer le propos du Président de la France Monsieur EMMANUEL MACRON, lorsqu'il annonçait que l'OTAN était en état de MORT CEREBRALE, ce qui ne va pas s'arranger selon Michel de NOSTREDAME, avec la CRISE en UKRAINE, alors que le

VERBE est FORT face à la RUSSIE du Président VLADIMIR POUTINE.

Depuis l'entrée de la RUSSIE en UKRAINE, l'OTAN essaie de se reconstruire, et affiche une unité sans failles, toutefois l'armement à outrance de l'Ukraine par les Américains et les Européens à vidé les stocks d'armes conventionnelles et expose l'occident à une réponse inadaptée en cas de conflit face à la RUSSIE.

La guerre en Ukraine met les stocks d'armes occidentaux sous pression

A mesure que le conflit dure et s'intensifie, les arsenaux se vident, au point d'avoir atteint un niveau critique, y compris aux Etats-Unis. Le Pentagone multiplie les commandes de matériel, mais reconstituer les réserves ne sera pas aisé.

Par Cédric Pietralunga

Publié le 22 novembre 2022 à 05h19, mis à jour le 22 novembre 2022 à 05h20

Une recrue ukrainienne se forme à l'utilisation de l'arme antichar Javelin lors d'un entraînement avec l'armée britannique, près de Durrington, dans le sud de l'Angleterre, le 11 octobre 2022. DANIEL LEAL / AFP

Combien de temps les Occidentaux peuvent-ils tenir ? Neuf mois après le lancement de l'offensive russe en Ukraine, l'inquiétude grandit sur la capacité des alliés de Kiev à maintenir le rythme de leurs livraisons d'armes, essentielles pour permettre à l'armée ukrainienne de résister aux troupes de Moscou. *« Les stocks de munitions sont en train de se vider extrêmement rapidement dans les arsenaux occidentaux. Désormais, les pays doivent prendre dans leurs stocks critiques s'ils veulent soutenir l'Ukraine »*, a alerté Kusti Salm, secrétaire permanent du ministère de la défense d'Estonie, lors d'un entretien avec la presse le 17 novembre.

Présentée comme le premier conflit de « haute intensité » depuis la fin de la guerre froide, la confrontation entre Russes et Ukrainiens se révèle extrêmement consommatrice de matériels.

QUATRAIN X – 60 –

Je pleure Nisse, Manego, Pize, Gennes,

Savone, Sienne, Capue, Modène, Malte

Le dessus sang et glaive par estrennes

Feu, trembler terre, eau, malheureuse nolte

TRADUCTION

Je pleure Nice, Monaco, Pise, Gênes, Savone, Sienne, Capoue, Modène et Malte, où la cruauté des envahisseurs fera couler le sang par la force du glaive. Ces armes feront trembler la terre, et malheureusement empoisonneront l'eau.

Les troupes Musulmanes vont envahir de nombreuses villes de FRANCE et d'ITALIE où leur cruauté fera couler le sang par l'utilisation massive de missiles qui vont effrayer les habitants et empoisonneront l'eau, laissant supposer qu'ils utiliseront malheureusement l'arme chimique comme cela a été fait en Syrie, en utilisant le gaz sarin, un puissant neurotoxique 500 fois plus toxique que le cyanure, tout en étant inodore, incolore, et volatile.

QUATRAIN X – 88 –

Pieds et cheval à la seconde veille,

Feront entrée vastant tout par la mer.

Dedans le port entrera de Marseille,

Pleurs, crys, et sang, onc nul temps si amer

TRADUCTION

L'infanterie et les CHARS entreront dans le port de Marseille entre 21 heures et minuit, en dévastant tout par la mer. Le sang coulera après les cris et les pleurs, et jamais on ne vit une période aussi terrible.

Des navires dévasteront Marseille de la Mer. Des tirs nourris d'artillerie précèderont le débarquement de CHARS, qui vont faire couler le sang, Marseille ne connaîtra plus jamais temps si ordurier et barbare

QUATRAIN III – 82 –

Erins, Antibor, villes autour de Nice

Seront vastées, fort par mer et par terre

Les sauterelles terre et mer vent propice

Prins, morts, troussez, pillez, sans loy de guerre

TRADUCTION

Les îles de Lérins, Antibes, et les villes voisines de Nice seront dévastées par des troupes venues du continent et par la mer, utilisant massivement l'aviation et des hélicoptères - sauterelles – Les populations seront massacrées sans tenir compte des conventions de Genève

Les deux îles de Lérins près de Cannes, Antibes, Nice et la presqu'île du Cap Ferrat seront dévastées par l'aviation puis pillées sans aucun respect des lois de la Guerre.

QUATRAIN VII – 6 –

Naples, Palerme, et toute la Cécile,

Par main barbare sera inhabitée,

Corsique, Salerne et de Sardaigne l'Isle

Faim, peste, guerre, fin des maux intemptée.

TRADUCTION

Naples, Palerme et toute la Sicile seront dépeuplées par les troupes musulmanes. En Corse et en Sardaigne on connaîtra la faim, les épidémies, et la guerre, sans qu'il soit possible d'en prévoir la fin

QUATRAIN VIII – 21 -

> **Au port de Agde trois fustes entreront**
>
> **Portant l'infect non foy et pestilence**
>
> **Passant le pont mil milles embleront**
>
> **Et le pont rompre à tierce résistance**

TRADUCTION

Trois Navires entreront dans le Port d'Agde remplis d'armes chimiques, apportant l'épidémie et la pestilence. Un million de soldats se réuniront pour passer le pont et ce pont ne rencontrera aucune résistance

Un million de soldats se préparent à AGDE pour franchir le PASSAGE DE LA JUNQUERA au PERTHUS, frontière qui sépare la France de L'Espagne,

QUATRAIN VI – 56 –

> **La crainte armée de l'ennemy Narbon,**
>
> **Effroyera si fort les Hespériques :**
>
> **Perpignan vuidé par l'aveugle darbon**
>
> **Lors Barcelon par mer donra les piques**

TRADUCTION

La crainte de l'armée ennemie arrivant à NARBONNE va effrayer considérablement les ESPAGNOLS, PERPIGNAN se videra tandis que BARCELONE par mer voudra défendre ses frontières en piquant les Navires ennemis

Les ESPAGNOLS seront effrayés par l'invasion de NARBONNE alors que PERPIGNAN se vide de ses habitants. BARCELONE par mer essaie de couler les navires des troupes musulmanes, très certainement par des sous-marins, car lorsqu'il s'agit de missiles, Michel de NOSTREDAME emploie le terme LANCES, alors que les piques sous-entendent sous l'eau et l'utilisation de Torpilles

QUATRAIN I – 18 –

Par la discorde negligence Gauloise,

Sera passage à Mahomet ouvert :

De sang trempez la terre et mer Senoise,

Le port Phocen de voiles et nefs couvert.

TRADUCTION

La discorde en FRANCE engendrant la négligence, la porte d'entrée pour les troupes MUSULMANES sera ouverte et le sang coulera sur terre et en mer Méditerranée de GÊNES à MARSEILLE où le port phocéen sera couvert d'avions et de navires

Nostradamus parle de passage aux troupes musulmanes, qu'il situe entre la ville de MARSEILLE et la ville de GÊNES. La RADE de TOULON est un point stratégique pour faire entrer les NAVIRES de GUERRE, port que les Autorités Françaises, par négligence et manque de lucidité n'auront pas fermé cette porte énorme d'entrée sur le territoire Français.

QUATRAIN I – 72 –

Du tout Marseille les habitants changez,

Course et poursuite aupres de Lyon,

Narbon, Toloze, par Bourdeaux outragée,

Tuez captifs presque d'un million.

TRADUCTION

L'ensemble des habitants de MARSEILLE seront changés, ils seront poursuivis presque jusqu'à LYON soit environ 250 kms, très certainement par les Troupes Musulmanes venues d'Afrique du Nord. Les Villes de NARBONNE et TOULOUSE seront attaquées par des troupes venues de BORDEAUX, où les RUSSES auront débarqué. L'ordre sera donné de tuer UN MILLION de prisonniers – Ce seront très certainement des Civils, c'est dire sur le respect des conventions de GENEVE.

QUATRAIN I – 90 –

Bourdeaux, Poitiers au son de la campagne,

A grand classe ira jusqu'à L'Angon,

Contre Gaulois sera leur tramontane,

Quand monstre hideux naistra près de Orgon.

TRADUCTION

L'arrivée des troupes RUSSES par la Mer à BORDEAUX sera propagée jusqu'à POITIERS, à 200 kms. L'Armée prendra la direction de LANGON empruntant l'Autoroute A62 vers TOULOUSE, puis NARBONNE, MONTPELLIER pour arriver à ORGON près d'AVIGNON rejoindre les Troupes Musulmanes, pour remonter l'A7 vers VALENCE et LYON. Cette Alliance RUSSO-MUSULMANE fera naître un Monstre qui va considérablement exposer le Peuple de France

QUATRAIN IV – 72 –

Les artomiques par Agen et l'Escore,

A sainct Felix feront leur Parlement :

Ceux de Basas viendront à la mal'heure,

Saisir Condon et Marsan promptement

TRADUCTION

Les soviétiques arrivant par l'Estuaire de la Gironde se dirigeront vers AGEN. A ST FELIX de FONCAUDE, près de LANGON, ils établiront leur QUARTIER GENERAL. Les troupes stationnées à BAZAS viendront à un mauvais moment occuper rapidement CONDOM et MONT DE MARSAN.

QUATRAIN I – 80 –

De la sixième claire splendeur celeste

Viendra tonnerre si fort en la Bourgongne,

Puis naistra monstre de tres hideuse beste

Mars, Avril, Mai, Juin grand charpin et rongne.

TRADUCTION

SATURNE est la sixième planète du système solaire en partant du SOLEIL, mais c'est aussi la planète la plus lointaine connue. Pour autant, l'immense tonnerre provoqué par l'arrivée de l'Alliance des Russes et des Arabes sur DIJON n'a aucun rapport visible avec SATURNE. La voie autoroutière reliant LYON à DIJON est l'A6.

L'axe qui relie LYON à DIJON est tellement clair, que l'autoroute A6 semble tout indiquée pour correspondre au terme employé pour en parler. Venant de LYON viendront les troupes Russes et musulmanes qui vont écharper les populations pendant 4 mois, de Mars à Juin, ce qui présage l'implantation d'un Quartier Général Russe et Arabe dans cette région pour une durée d'environ 120 jours

Michel de NOSTREDAME ne pouvait se rendre compte en 1555 qu'en écrivant de la sixième claire, la splendeur céleste il ferait allusion à l'Autoroute A6, mais Dieu le savait. NOSTRADAMUS a toujours dit qu'il détenait des livres en clair qu'il devait coder pour éviter les méandres obscurs de l'inquisition, qui l'ont obligé à s'exprimer à mots couverts.

QUATRAIN III – 88 –

De Barcelone par mer si grande armée,

Tout Marseille de frayeur tremblera,

Isles saisies, de mer ayde fermée

Ton traditeur en terre nagera

TRADUCTION

On verra sur la mer une très grande armée de Marseille à Barcelone, et les Marseillais trembleront quand les Iles Baléares, la Corse, la Sardaigne, la Sicile auront été prises. Le Détroit de GIBRALTAR sera fermé par les troupes d'Afrique du Nord. Le MAROC aura livré le détroit de GIBRALTAR aux troupes musulmanes pour échapper aux persécutions.

QUATRAIN V – 30 –

Tout à l'entour de la grande Cité,

Seront soldats logés par champs et ville,

Donner l'assaut Paris, Rome incité

Sur le pont lors sera faict grand pille

Autour de PARIS, les soldats seront logés dans les campagnes et en Banlieue. Lorsque l'assaut de PARIS sera ordonné, Rome subira le même sort par un pont entre les troupes Russes et Musulmanes qui feront grand pillage

Il semble que l'entrée à PARIS et ROME soient des symboles pour les RUSSES et les ARABES, qui devraient coordonner leur entrée dans ces deux grandes Villes qui seront livrées au Pillage.

QUATRAIN IV – 90 –

Les deux copies aux murs ne pourront joindre,

Dans cet instant trembler Milan, Ticin :

Faim, soif, doutance si fort les viendra poindre

Chair, pain, ne vivres n'auront un seul boucin.

TRADUCTION

Les deux armées ne pourront faire leur jonction au mur. A cet instant, on tremblera à Milan et dans la région du Tessin, où la famine, la soif et l'inquiétude grandiront dans la population, qui n'auront plus de viande, plus de pain, ni les moindres vivres.

La jonction entre les troupes Russes et la coalition arabe ne pourra se faire dans les Alpes, où les tunnels du St Gothard, routier et ferroviaire seront certainement encombrés. Les troupes arabes stationnées en Italie à MILAN et les troupes Russes présentes en Suisse dans la Région du Tessin, vont provoquer la famine.

En ITALIE, l'anarchie intérieure aura raison des gouvernements. Les invasions extérieures qui en sont l'accompagnement presque obligé, amèneront au pouvoir pendant trois années, des forces antichrétiennes – Musulmanes – qui feront beaucoup de mal à l'église et au Pape d'alors, qui sera martyrisé.

QUATRAIN X – 37 –

Grande assemblée pres du lac du borget,

Se rallieront près de Montmelian :

Passant plus oultre pensifs feront projet,

Chambry, morianne combat Saint-Julian

TRADUCTION

De grandes troupes seront rassemblées près du LAC DU BOURGET, où RUSSES et ARABES se regrouperont près de MONTMELIAN, les RUSSES venant de LYON, et les musulmans de la région de GENEVE. Arrivés à ce carrefour, ils peuvent soit se rendre à GRENOBLE puis VALENCE et arriver près du RHONE, où passer en Italie par VAL D'ARC et SAINT JEAN DE MAURIENNE.

Selon les données fournies par Michel de NOSTREDAME, il semble qu'ils aient choisis de passer en Italie empruntant la vallée de la Maurienne, toutefois, à la hauteur de SAINT JULIEN MONT-DENIS, ils devraient rencontrer une forte résistance, et des combats auront lieu. Ils devraient se rentre ensuite vers TURIN en passant par MODANE. en suivant l'A43.

QUATRAIN IX – 44 –

Migrés, migrés de Genève trestous,

Saturne d'or en fer se changera

Le contre RAYPOZ exterminera tous

Avant l'advent le ciel signes fera

TRADUCTION

Quittez, quittez tous votre ville habitants de GENEVE. Une BOULE de FEU arrive sur GENEVE pour s'y écraser et se transformer en FER, la METEORITE vous exterminera tous si vous restez à GENEVE, mais fort heureusement des signes dans le ciel seront visibles pour annoncer sa venue.

Un rapprochement est à faire avec le livre de l'APOCALYPSE de ST JEAN dans lequel au Chapitre 8 versets 8 et 10, il est clairement évoqué dans le chapitre 8 une énorme masse embrasée comme une Montagne qui fut projetée dans la Mer. Nous ne parlons pas dans ce verset de Comète, dont la taille est petite, mais surtout composée principalement d'un noyau de Glace et de poussière en orbite, alors que Michel de NOSTREDAME prend le soin de donner la composition de cette boule de feu qui arrive sur GENEVE, LE FER, révélant que cet ASTEROIDE est de type M, dont métallique, riche en fer et en Nickel. Il est utile de préciser qu'un ASTEROIDE GEOCROISEUR devient METEORITE quand il s'écrase sur Terre.

Dans le verset 10 il est dit qu'un grand ASTRE tomba du Ciel, brûlant comme une Torche (en feu), rejoignant en cela le propos de NOSTRADAMUS qui prend le soin de préciser que l'objet en feu qui vient du ciel aura été précédé par des signes de sa présence, la luminosité, par la trainée de feu que son déplacement entraîne.

Toutefois, d'après le livre de l'Apocalypse, l'énorme masse embrasée principale tombe dans la MER, ce qui ne manquera certainement pas de créer un ou plusieurs Tsunamis, fonction de la Chevelure de l'ASTRE.

GENEVE devrait être impacté par un morceau de métal issu de l'ASTEROIDE principal qui au contact de l'atmosphère se serait divisé en plusieurs morceaux et tombera sur TERRE cette fois, impactant l'eau des FLEUVES et des SOURCES en polluant le tiers des eaux qui deviendront impropres à la consommation. N'oublions pas que le LAC LEMAN ou LAC DE GENEVE est de par sa superficie le plus grand lac Alpin et subalpin d'EUROPE pour une Longueur de 73 kilomètres, et une de largeur 14 kms, et qu'il est alimenté par le RHONE.

Le QUATRAIN X – 49 – précise que les eaux seront polluées par le Soufre employant le mot – SOULPHRE - . L'Astéroïde est composé principalement de fer, il s'agirait donc peut être de SULFATE DE FER en quantité suffisante pour polluer les eaux.

Ap 8:8- Et le deuxième Ange sonna... Alors une énorme masse embrasée, comme une montagne, fut projetée dans la mer, et le tiers de la mer devint du sang :

Ap 8:9- Il périt ainsi le tiers des créatures vivant dans la mer, et le tiers des navires fut détruit.

Ap 8:10- Et le troisième Ange sonna... Alors tomba du ciel un grand astre, brûlant comme une torche. Il tomba sur le tiers des fleuves et sur les sources ;

Ap 8:11- L'astre se nomme " Absinthe " : le tiers des eaux se changea en absinthe, et bien des gens moururent de ces eaux devenues amères.

Comme pour donner du sens à ces interprétations, plusieurs Versets viennent confirmer la présence d'objets célestes proches de la TERRE, versets qui sont repris ci-dessous principalement pour donner du sens à l'avertissement adressé à la Ville de GENEVE, dont les habitants seraient sages de partir au moment où ces évènements arriveront s'ils le peuvent.

QUATRAIN VIII – 10 –

Puanteur grande sortira de Lausanne

Qu'on ne sçaura l'origine du faict,

L'on mettra hors toute la gent lointaine

Feu veu au ciel, peuple estranger deffaict.

TRADUCTION

Il sortira une grande puanteur de la ville de LAUSANNE en SUISSE, située sur la rive nord du lac Léman. Capitale du canton de VAUD. Les Lausannois ne connaîtront pas l'origine de cette puanteur. Des dispositions seront prises pour éloigner la population de la ville de LAUSANNE, car un feu arrive du ciel, pendant qu'un peuple étranger, très certainement la France et plus précisément la VILLE DE PARIS vient d'être impacté par la Chevelure de l'Astéroïde qui arrive du ciel.

Dans un premier temps, les habitants de LAUSANNE ne comprennent pas l'origine de l'odeur fétide que dégage le soufre, mais le quatrain spécifie toutefois que des dispositions seront prises pour évacuer la Ville. Les dirigeants de la Cité feront à priori un parallèle avec ce qui vient de se passer à PARIS, phénomène qui doit se reproduire sur la Ville de GENEVE.

Si la ville de LAUSANNE commence à sentir l'odeur du soufre, c'est que la ville de GENEVE a été impactée. La distance qui sépare GENEVE de LAUSANNE n'est que de 53 kms. Cela sous-entend, que la première ville à être touchée est PARIS, et que la direction prise par l'Astéroïde court de PARIS vers GENEVE.

Suivant cette trajectoire, l'Astre devrait passer au-dessus de l'Angleterre à la hauteur de Southampton, Portsmouth, Bristol après être passé au-dessus de l'Irlande, à la hauteur de DUBLIN.

Le noyau de l'Astéroïde tombant dans la MER, il devrait sombrer dans l'Océan Atlantique entre le sud du GROENLAND, le Sud de l'ISLANDE, et Nord de l'IRLANDE, ce qui devrait créer un énorme TSUNAMI à partir de cet axe, touchant toutes les côtes du littoral Atlantique de la France, et le NORD de l'Espagne, impactant plus légèrement PORTO et LISBONNE. Le Nord de l'ANGLETERRE devrait être plus impacté que le SUD, protégé dans cet axe par les côtes IRLANDAISES.

Les Spécialistes pourront déterminer avec précision l'ONDE provoquée par la chute d'un ASTEROÏDE dans l'eau sur un axe PARIS GENEVE.

QUATRAIN VI – 97 –

Cinq et quarante degrez ciel bruslera

Feu approcher de la grand'cité neuve.

Instant grand flamme esparse sautera ,

Quand on voudra des Normans faire preuve.

TRADUCTION

Le Ciel sera en feu, et la température atteindra 45 degrés. L'ASTEROÏDE se dirigera vers GENEVE, mais subitement, il se divisera, et le plus gros morceau tombera dans la Mer, alors que les boules de feu qui l'accompagnent sauteront en un instant par-dessus les mers touchant la CITE NEUVE, apportant aux RUSSES la preuve de l'exactitude des Prophéties de Michel de NOSTREDAME.

QUATRAIN V – 98 –

A quarante huict degré climaterique,

A la fin de Cancer si grande sécheresse,

Poisson en mer, fleuve, lac cuit hectique,

Bearn, Bigorre par feu ciel en détresse

La température atteindra 48 degrés, mettant en danger la vie humaine. Cela va créer une grande aridité tuant toutes les cultures. Les poissons, dans la mer, dans les fleuves, et dans les lacs vont cuire par cette chaleur continue. Le Béarn et la Bigorre, en France devraient être impactés par ce feu venant du ciel, la chevelure de la comète tombant sur une vaste zone.

QUATRAIN II – 41 –

La grande estoille par sept jours bruslera

Nuê fera deux soleils apparoir

Le gros mastin toute nuit hurlera

Quand grand Pontife changera de terroir

L'objet venant du ciel brûlera pendant sept jours. Le ciel laissera deux soleils apparaître. Les signaux d'inquiétude que donnent les animaux assez longtemps avant et pendant les catastrophes est là pour mentionner qu'il se passe quelque chose d'anormal, qu'ils craignent. Ces évènements devraient arriver quand un PAPE changera de PAYS. Michel de NOSTREDAME apporte toujours une information complémentaire anodine, pour apporter un renseignement très important qui passera inaperçu. Le déplacement du Pape pendant l'apparition de l'astre devrait coïncider avec l'arrivée des troupes Musulmanes sur ROME, que le Pape est obligé de quitter pour se protéger.

QUATRAIN II – 47 –

L'ennemy grand vieil dueil meurt du poyson,

Les souverains par infinis subjuguez :

Pierres pleuvoir, cachez, sous la toison,

Par mort articles en vain sont alleguez.

TRADUCTION

Les aérolithes cachés dans la Chevelure de l'Astéroïde pleuvront sur la TERRE apportant la Mort. Le deuil sera grand car les gens mourront de ce poison. Les avertissements de Michel de NOSTREDAME n'auront pas été exploités pour alerter et protéger les populations.

QUATRAIN VI – 6 –

Apparoistra vers le Septentrion

Non loin de Cancer l'estoille chevelüe :

Suse, Sienne, Boëce, Eretrion,

Moura de Rome grand, la nuit disparüe

TRADUCTION

L'étoile Chevelue, Astéroïde ou Comète, apparaitra vers le Septentrion non loin du 21 juin près de CASTOR POLLUX dans la Constellation des Gémeaux. CASTOR et POLLUX sont les deux étoiles – jumelles célestes – qui donnent leur nom à la constellation des Gémeaux. Le Pape, ayant fui ROME, mourra la nuit où disparaîtra la Comète.

QUATRAIN II – 15 –

Un peu devant monarque trucidé,

Castor Pollux en nef, astre crinite,

L'erain public par terre et mer vuidé,

Pise, Ast, Ferrare, Turin, terre interdite

TRADUCTION

Un peu avant qu'un homme politique de premier plan soit assassiné, peut être le PAPE, on pourra observer la comète venant de CASTOR POLLUX dans la constellation des Gémeaux. Les sons lugubres de l'airain, symbole de dureté et d'austérité videront les villes de PISE, ASTI, FERRARE, et TURIN, qui seront des terres interdites

MICHEL DE NOSTREDAME a voulu être très précis dans sa description de l'objet céleste qui va s'approcher de la Terre, mais également en fournissant sa position dans le ciel, afin que les astronomes puissent prévenir le MONDE de ce qui arrivera quand des signes observables apparaîtront et s'imbriqueront avec les écrits du plus grand lanceur d'alerte de tous les temps.

L'association de textes portant sur le Pape et un astre venant du ciel relate la simultanéité de deux évènements qui devraient se réaliser au même moment, mais l'objectif à ce stade est d'être précis sur l'apparition d'un objet métallique venant du ciel, qui devrait faire de gros dégâts à GENEVE et dans la MER – Tsunamis –

QUATRAIN XII – 69 –

EIVOAS proche esloigner, lac Léman,

Fort grands apprest, retour, confusion ;

Loin les Nepveux, du feu grand Supelman,

Tous de leur fuyte.

TRADUCTION

Les Habitants proches de la SAVOIE (inverse D'EIVOAS) et du LAC LEMAN sont priés par Michel de NOSTREDAME de s'éloigner de la ville de GENEVE.

Le lac Léman a des origines multiples : plissement tectonique pour la partie du GRAND-LAC entre YVOIRE et MONTREUX et action du glacier du Rhône pour le PETIT-LAC entre YVOIRE ET GENEVE. Michel de NOSTREDAME parle du LEMAN SUPERIEUR (SUP-LEMAN), le GRAND LAC, parlant du FEU qui va dévaster GENEVE (Morceau d'Astéroïde, queue de la Comète) pour insister sur le fait que les habitants autour des deux parties du LEMAN devront s'enfuir, et pas seulement les habitants proches du Petit Lac qui mène à GENEVE. Tout le monde doit fuir, sur un rayon de 100 Kms autour de GENEVE, car l'impact va être dévastateur comme tient à le détailler MICHEL DE NOSTREDAME, mais surtout, la présence de L'EAU en très grande quantité va noyer tous les environs, l'onde se propageant partout.

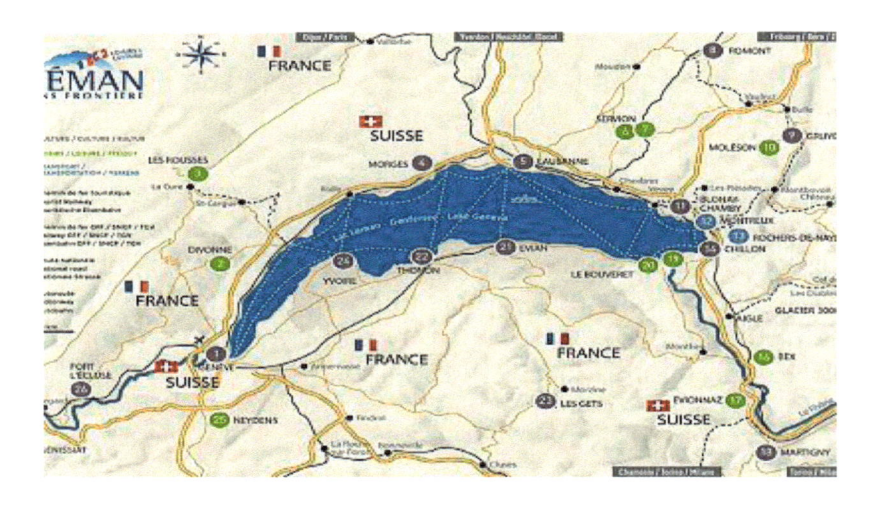

QUATRAIN II – 96 –

Flambeau ardant au ciel soir sera veu,

Pres de la fin et principe du Rosne,

Famine, glaive, tard le secours pourveu,

La Perse tourne envahi Macedoine.

TRADUCTION

Tout le Monde aura compris que ce quatrain parle de l'Astéroïde qui sera vu le soir dans le ciel. Le Rhône prend sa source dans les Alpes à 1850 mètres d'altitude au cœur du glacier du Rhône, il dévale le Valais, brigue Sion et Martigny avant de se jeter dans le lac Léman, où se trouve la Ville de GENEVE. La famine et la guerre règneront, et le secours parviendra trop tard pour alerter les populations.

Dans la même période, L'IRAN se mettra en route pour envahir la MACEDOINE menant le conflit au centre des BALKANS, aux frontières avec la GRECE, la BULGARIE, la SERBIE, le KOSOVO et l'ALBANIE

Nostradamus encore une fois, donne des renseignements sur un sujet, et embraye immédiatement sur un autre sujet, pour préciser que les deux dates vont correspondre. Ce renseignement aura certainement son importance dans les temps à venir.

QUATRAIN X – 49 –

Jardin du monde auprès de cité neuve

Dans le chemin des montagnes cavées

Sera saisi et plongé dans la cuve

Beuvant par force eaux soulphre envenimées.

TRADUCTION

La Suisse est le jardin du Monde, et GENEVE est la deuxième ville la plus peuplée de SUISSE après ZURICH, mais le Grand Genève s'étend sur le canton de Vaud et les départements Français de l'Ain et de la Haute Savoie. Elle se trouve dans le chemin des TUNNELS et la SUISSE sera envahie par ses tunnels. Les habitants seront forcés de boire des eaux polluées, à priori par le sulfure de fer, un mélange entre le soufre et le fer dégagé par l'astre qui s'écrase sur GENEVE.

QUATRAIN VI – 81 –

Pleurs, cris et plaincts, hurlements, effrayeurs,

Cœur inhumain, cruel noir, et transy

Léman, les Isles, de Gennes les majeurs,

Sang espancher, frofaim, à nul mercy

TRADUCTION

Cris, plaintes, hurlements de frayeur se feront entendre lorsque des pillards au cœur inhumain et cruel feront trembler la ville de GENEVE et le CANTON, pour piller les principaux (majeurs) diamantaires – (diamant/Gemme). Ce quatrain met en lumière une réalité souvent méconnue, GENEVE est la place forte du diamant en SUISSE. Ils feront couler le sang pendant que le froid et la faim règneront, il n'y aura de miséricorde pour personne.

QUATRAIN V – 71 –

Par la fureur d'un qui attendra l'eau

Par la grand rage tout l'exercie esmeu

Chargé des nobles à dix-sept-bateaux

Au long du Rosne, tard messager venu

TRADUCTION

Dans la précipitation ils voudront rejoindre le Rhône pour charger leur butin. Ils seront hystériques d'effectuer un tel exercice, qui consistera à charger 17 bateaux remplis d'or, d'argent, de toutes les richesses qu'ils auront pillées en Suisse.

QUATRAIN IV – 42 –

Geneve et Langres par ceux de Chartres et Dole

Et par Grenoble captif au Montlimard,

Seysset, losanne, par frauduleuse dole,

Les trahiront par or soixante marc.

TRADUCTION

Les troupes Russes, débarquées sur les côtes Françaises, passeront par CHARTRES, LANGRES, et DOLE, pour arriver à GENEVE, où les rejoindront les troupes Arabes venues de MONTELIMAR, en passant par GRENOBLE et SEYSSEL, pour encercler GENEVE et LAUSANNE afin qu'ils puissent Piller Les Lingots d'or de la Suisse, reconnaissables dans le monde entier.

QUATRAIN II – 6 –

Auprès des portes et dedans deux citez

Seront deux fléaux onc n'aperceu un seul,

Faim, dedans peste, de fer hors gens boutez,

Crier secours au Grand Dieu immortel.

TRADUCTION

Au centre de deux grandes villes, ainsi que dans leurs banlieues, GENEVE et PARIS, l'on vit deux fléaux alors que dans le ciel, un seul avait été aperçu, laissant supposer que l'Astéroïde qui frôle la Terre, draine dans sa chevelure plusieurs morceaux, dont l'un tombe sur GENEVE, et l'autre sur PARIS. Le Quatrain confirme la présence de FER, composition principale de l'Astéroïde et de soufre, qui aura pour conséquence de polluer l'atmosphère et les eaux obligeant les habitants à quitter ces deux villes. Les gens demanderont du secours à DIEU en se rappelant à lui dans cette catastrophe. FUYEZ PARIS, la fuite du GOUVERNEMENT sera l'ultime signal.

La destruction de ces deux GRANDES CITES, PARIS ET GENEVE, résonne comme la destruction des villes de SODOME ET GOMORRHE, villes détruites par le SOUFRE et le FEU, victimes de la colère divine, pour des péchés d'orgueil, d'abus sexuel, d'homosexualité de pédophilie. Il faut bien avouer qu'en ce qui concerne la Ville de PARIS, nous trouvons aujourd'hui de grandes similitudes entre SODOME, bien qu'à PARIS il faille ajouter aujourd'hui l'incurie du Monde politique qui détruit la NATION.

Des lois infâmes sont votées jour et nuit à l'Assemblée nationale, qui empoisonnent la Vie du Peuple de France. Certains écrits qui traitent de ce sujet, précisent que le feu du Ciel, tombera sur PARIS principalement à l'endroit de l'Assemblée nationale qui sera engloutie.

A sa place, il y aura comme une immense carrière de laquelle jusqu'à la fin du Monde, on ne pourra s'approcher sans un frémissement d'horreur. Le feu du ciel se mêlera au feu de l'enfer. L'eau y sera semblable à du feu… Ce lieu va s'écrouler sur un immense périmètre. Toute la Ville de PARIS ne sera pas détruite, mais les banlieues aussi seront éprouvées.

Michel de NOSTREDAME évoque La Ville de PARIS à de nombreuses reprises dans les quatrains qu'il lègue aux Français comme un ULTIME AVERTISSEMENT compte tenu du choix des autorités Françaises de fuir la CAPITALE sans avoir préalablement fait le nécessaire pour VIDER PARIS de ses habitants, alors qu'ils avaient les bonnes informations. – Prions pour que le message soit entendu –

VILLE DE PARIS

Il faut une capitale à tout Royaume. Mais la fonction d'une capitale n'est pas de s'arroger, de centraliser tous les pouvoirs, ne laissant aux régions que le devoir de se soumettre. La Monarchie catholique savait tenir compte des richesses de chaque province et veillait à sauvegarder les droits des communautés, des familles, des corporations. La Révolution a tout détruit en centralisant tout à PARIS. L'action d'un centre peut devenir catastrophique, s'il ne reconnaît pas de lois, hors de celles qu'il fait lui-même.

Mais le Centre, est devenu la tête venimeuse secrétant les mauvaises lois, les mœurs perverties, l'insouciance égoïste et jouisseuse, et tout le corps a été infecté de ces poisons, sans pouvoir défendre ses droits. C'est à PARIS, au Centre, au cœur de la France que le crime sacrilège de la décapitation de LOUIS XVI a été perpétré, en haine du Christ en haine de l'Eglise, en haine du droit divin. PARIS est devenu la Capitale de l'esprit Anti-Christ, nouvelle Babylone, nouvelle SODOME.

C'est pourquoi elle devra subir un châtiment exemplaire qui la purifiera par le feu de cette possession mauvaise.

Quand le Gouvernement verra les bouleversements qui sont décrits par Michel de NOSTREDAME dans ses quatrains, et la Révolte des Peuples, il fera comme l'oiseau ! Il prendra son vol et passera dans un autre pays et la France se verra libre dans la Révolution. Le premier soulèvement se fera dans la ville de PARIS et ce trône de mauvais rois s'écroulera comme la Ville et ses victimes périront dans ses murs. Bien des fois les flammes et le feu se sont montrés dans cette ville criminelle. La dernière en date n'est -elle pas l'incendie de la CATHEDRALE NOTRE DAME DE PARIS

Mais cette fois ce sera la GRÊLE de FEU ENSOUFREE qui étouffera les COUPABLES.

En effet, sur le Centre, il y aura une accumulation des différentes punitions qui menacent la France, épidémies pendant plusieurs mois, guerre civile, occupation étrangère, tremblements de terre provoquant l'Effondrement de cette ville.

Le FEU DU CIEL tombera sur SODOME et principalement sur cette salle de l'enfer, où se fabriquent les mauvaises lois – L'ASSEMBLEE NATIONALE - , elle sera engloutie et à sa place, sera comme une immense carrière de laquelle, jusqu'à la fin du MONDE, on ne pourra s'approcher sans un frémissement d'horreur. Le feu du ciel se mêlera au feu de l'enfer. L'eau y sera semblable à du feu… Ce lieu va s'écrouler sur une immense distance aux alentours …. Jamais, on n'oubliera ces marques de DIEU.

QUATRAIN VIII – 16 –

Au lieu que HIERON fait sa nef fabriquer,

Si grand déluge sera et si subite,

Qu'on n'aura lieu ne terres s'ataquer,

L'onde monter Fesu lan Olympique

TRADUCTION

Au lieu où hier (HIER ON) fait sa nef fabriquer évoque le fait que HIER, la NEF existait, et qu'il faut la reconstruire. Michel de NOSTREDAME parle de NEF, or en architecture, la nef est une SALLE OBLONGUE d'une basilique. Il n'y a donc aucune hésitation à avoir, il s'agit bien de la CATHEDRALE NOTRE DAME DE PARIS, dont la NEF a été détruite, et qu'il faut reconstruire.

A cet endroit, la Ville de PARIS, il y aura un très grand déluge (venant du Ciel) tellement rapide qu'il n'y aura aucun quartier, aucune terre qui ne soit épargnée. La

Révolution montera en température pendant l'année Olympique (Fesu lan – feux l'an).

Ce renseignement est très précis, car les prochains Jeux Olympiques d'été se déroulent à PARIS du 26 juillet au 11 août 2024. Michel de NOSTREDAME associe l'année des Jeux Olympiques à PARIS avec la destruction du centre de PARIS par un astre venant du ciel (déluge) **Prions pour qu'il se trompe**.

NOTRE-DAME DE PARIS - LA NEF

La nef se compose d'une sorte d'« avant-nef » ou narthex de deux travées situées sous et entre les tours, suivies de huit autres travées. **Le vaisseau central** d'une largeur de

12 mètres entre les axes des colonnes est bordé de deux collatéraux à voûtes quadripartites tant au nord qu'au sud, soit un total de cinq vaisseaux pour seulement trois portails, ce qui est exceptionnel.

NOTRE-DAME DE PARIS : UNE RÉOUVERTURE EN AVRIL 2024 CONFIRMÉE PAR JEAN-LOUIS GEORGELIN

Notre-Dame de Paris pas livrée avant 2024 ? Christophe Rousselot, délégué général de la Fondation

Notre-Dame, s'est dit sceptique mardi 9 juin 2020 quant à la date prévue pour la réouverture de la cathédrale parisienne annoncée par le Président de la République en avril 2019, après la destruction d'une partie de celle-ci par les flammes. Ce jeudi 2 juillet 2020 cependant, le général Jean-Louis Georgelin a fait un point sur le chantier et réaffirme une réouverture de Notre-Dame en avril 2024.

À quand la **réouverture de la cathédrale Notre-Dame de Paris** ? Depuis l'incendie qui a endommagé le célèbre édifice en avril 2019, le délai de reconstruction annoncé par le Président de la République **Emmanuel Macron** est régulièrement remis en doute. Et la **crise du coronavirus** qui aura interrompu le chantier n'est pas fait pour arranger l'affaire. Pourtant, ce **2 juillet 2020** à l'occasion d'un point sur les travaux, le **général Jean-Louis Georgelin** réaffirme que **Notre-Dame** devrait être en mesure d'ouvrir à nouveau ses portes en avril 2024.

Christophe Rousselot, délégué général de la **Fondation Notre-Dame** et principal pourvoyeur de fonds pour la restructuration de la cathédrale, avait cependant annoncé mardi 9 juin 2020 chez nos confrères de BFM Paris être sceptique quant à la date d'ouverture prévue pour **Notre-Dame de Paris**, fixée par le Président au 16 avril 2024.

"Si on parle de l'ensemble de l'édifice, avec un ravalement extérieur par exemple, évidemment que ce sera beaucoup plus long" explique-t-il. Mais une ouverture partielle reste possible, indiquant que dans ce cas, *"ce délai semble tenable [...] dans des conditions de sécurité satisfaisantes"*, donnant l'exemple de la cathédrale de Nantes, elle aussi ravagée par un incendie. Des travaux qui ont pris du retard pour différentes raisons - intempéries, crise sanitaire, pollution au plomb pour ne citer qu'elles - et un chantier qui au final n'a repris que lundi 8 juin, avec le démantèlement de l'échafaudage autour du toit, à moitié fondu.

Des travaux qui ont repris, et une enveloppe budgétaire qui pourrait doubler, comme l'expliquait lundi 8 juin **Christophe Rousselot** à nos confrères du Parisien : "*Le budget de consolidation et de la sécurisation était de 85 millions. Il va sans doute doubler pour arriver à 160 millions*" indique-t-il. Et de poursuivre : "*La fondation Notre-Dame finance 45 % de la totalité du chantier à venir. Elle continue de collecter des fonds. Et la note augmente : il y a de nouveaux équipements, de nouveaux travaux, les procédures liées Covid augmentent les coûts*".

"*Dans un chantier comme ça, vous avez toujours un budget qui évolue*" conclut le délégué général de la **Fondation Notre-Dame** chez nos confrères de BFM Paris. Affaire à suivre.

QUATRAIN VI – 64 –

On ne tiendra pache aucun arresté,

Tous recevans iront par tromperie :

De paix et tresve, terre et mer protesté,

Par Barcelone classe prins d'industrie

TRADUCTION

On ne tiendra aucun compte des traités de paix qui seront signés, car tous se recevront dans la tromperie. Les militaires remettront en cause les trêves et la paix. L'Armée sera en grande activité jusqu'à Barcelone.

QUATRAIN I – 92 –

Sous un la paix partout sera clamée,

Mais non long temps pille et rebellion,

Par refus ville, terre et mer entamée,

Morts et captifs le tiers d'un million

TRADUCTION

Sous un personnage, la paix sera partout proclamée, mais peu de temps après, il y aura pillage et Révolution. La ville de PARIS refusera de se soumettre. Elle sera attaquée de l'intérieur des terres, et par des troupes venues de la Mer. Le nombre de prisonniers et de personnes décédées dans cet affrontement se montera à trois cent mille personnes.

Il se peut que la Paix soit proclamée en UKRAINE, ce qui serait une excellente nouvelle, qui sera portée par tous les médias dans le monde, mais peu de temps après, les choses devraient à nouveau dégénérer, car les Grands de ce Monde ne sont pas plus sages les uns que les autres.

QUATRAIN VI – 96 –

Grande Cité à soldats abandonnée,

Onc n'y eust mortel tumult si proche,

O qu'elle hideuse mortalité s'approche

Fors une offense ny sera pardonnée.

TRADUCTION

La grande ville de PARIS sera abandonnée aux soldats ennemis. Jamais on ne vit un danger mortel aussi proche de la Ville, et quelle horrible mortalité s'approche d'elle. Aucune résistance ne sera pardonnée.

Ce quatrain est très explicite, et ne laisse aucune place au doute quant à la férocité des assaillants, qui n'accepteront aucune résistance des habitants de la ville de Paris qui aura été totalement abandonnée par l'Armée. En 1940 la Ville de Paris avant ayant été déclarée ville ouverte et n'était plus défendue, toutefois, elle n'avait pas été bombardée à l'entrée des Allemands le 14 juin 1940

SIXAIN 3.

La Ville sens dessus dessous

Et renversée de mille coups

De canon : et fort dessous terre :

Cinq ans tiendra : le tout remis

Et laschée à ses ennemis

L'eau leur fera après la guerre

TRADUCTION

La ville de Paris sera complètement désorganisée alors que le sulfure de fer, pyrophorique, s'enflamme spontanément dans l'air. De très fortes explosions se produiront dans les sous-sols de PARIS – Peut être dues aux fuites de Gaz- Les cavités sous Paris seront minées, métro, carrières.

La Ville n'aura pas été détruite pendant cinq années, et se sera remise après le départ de ses ennemis Allemands. De l'eau sera passée sous les ponts depuis la deuxième Guerre Mondiale.

La ville de Paris a été occupée par les Allemands du 14 juin 1940 au 24 Août 1944 soit cinq années et n'a pas été détruite comme le souhaitait Adolf Hitler, ce qui semble ne pas être le cas aujourd'hui, où de nombreux bombardements sont comparés à mille coups de canon, pendant que les sous-sols de Paris explosent

Libération : pourquoi VON CHOLTITZ épargna Paris

25 août 1944, Von Choltitz signe l'acte de reddition
© Keystone-France / Contributeur

Paris outragé, Paris brisé... mais Paris miraculé. Par rapport à d'autres villes, la capitale est sortie quasi intacte des combats de la Libération. Pourtant, elle aurait pu payer cher sa fronde contre l'occupant.

Hitler n'avait aucune intention de préserver la Ville lumière, ni de la déclarer "ouverte" – c'est à dire rendue sans combats –, comme Rome en juin 1944. Le général von Choltitz, dernier gouverneur militaire du Paris occupé, reçut des ordres sans nuance, dont celui du 22 août : "Paris est à transformer en un monceau de ruines. Le général doit défendre la ville jusqu'au dernier homme et périra s'il le faut sous les décombres." Pourquoi alors la capitale fut-elle épargnée ? L'explication réside d'abord chez von Choltitz lui-même, qui n'appliqua pas les ordres de son Führer. Non pas que l'homme soit porté à la mansuétude. Mais le général ne voyait pas la logique d'une telle destruction. La bataille de Normandie était perdue, les troupes allemandes se repliaient, les maigres contingents stationnés dans Paris évacuaient la ville. Ravager la capitale aurait été coûteux en vies humaines – y compris allemandes –, inutile d'un point de vue militaire et gênant pour la circulation des soldats du Reich se repliant depuis la Normandie.

L'ordre d'activer les mines n'a jamais été donné

QUATRAIN III – 84 –

La grand Cité sera bien désolée,

Des habitants un seul n'y demeurera

Mur sexe, temple et vierge violée,

Par fer, feu, peste, canon peuple mourra

TRADUCTION

La ville de Paris sera désertée et aucun habitant ne pourra y demeurer. Les principaux monuments seront détruits par les bombardements, les incendies, le FER et le FEU.

La Ville de PARIS ne sera pas épargnée par la guerre, et les assaillants ne respecteront aucun bâtiment public ou privé, violant toutes les conventions internationales qui devaient protéger les habitants. Ce quatrain mentionne qu'aucun habitant ne pourra plus y demeurer, ce qui situe cet évènement après la chute d'une partie de la Chevelure de l'Astéroïde sur PARIS, parlant de grêle de feu ensoufrée

Michel de NOSTREDAME veut certainement sensibiliser les habitants de la Ville de PARIS à quitter en nombre la Capitale si elle devait être envahie, car leur Ville sera profondément détruite et l'air deviendra totalement irrespirable, alors que les eaux seront polluées par l'association du fer avec le soufre en fusion. Il est à souhaiter que le message qu'il veut adresser aux Parisiens soit entendu, car le moment venu ils ne pourront compter que sur eux-mêmes. La Providence avertira en temps utile.

QUATRAIN VI – 53 –

Siège à Cité et de nuit assaillie,

Peu eschappez, non loin de mer conflit,

Femme de joie retour fils deffaillie,

Poison es lettres caché dedans le pic

TRADUCTION

La ville de PARIS subira un siège, et sera attaquée de nuit. Peu de personnes pourront s'échapper et la route qui mène à la mer sera détruite. Le Régime Communiste, Rouge, est de retour et la République Française s'effondrera. Les textes qui détaillent la position du pic central des cratères d'impact seront cachés aux parisiens. – Quand les politiciens s'échapperont, il sera trop tard pour alerter les populations.

QUATRAIN V – 8 –

Sera laissé le feu vif, mort caché ;

Dedans les globes horrible éspovantable,

De nuit a classe cité en poudre lasché,

La cité à feu, l'ennemy favorable

TRADUCTION

Alors que le feu est vif dans la Capitale, le nombre de morts n'est pas rendu public. Les morceaux de la comète présents dans la Chevelure – globes – cachent les poussières éjectées du noyau, jaunâtres, contenant de la poudre, des boules de soufre, qui vont générer l'épouvante la nuit, pendant que la queue d'hydrogène et les gaz mettront la cité en feu. L'ennemi s'en réjouira.

Ap 18:1- Après quoi, je vis descendre du ciel un autre Ange, ayant un grand pouvoir, et la terre fut illuminée de sa splendeur.

Ap 18:2- Il s'écria d'une voix puissante : " Elle est tombée, elle est tombée, Babylone la Grande ; elle s'est changée en demeure de démons, en repaire pour toutes sortes d'esprits impurs, en repaire pour toutes sortes d'oiseaux impurs et dégoûtants.

Ap 18:3- Car au vin de ses prostitutions se sont abreuvées toutes les nations, et les rois de la terre ont forniqué avec elle, et les trafiquants de la terre se sont enrichis de son luxe effréné. "

Ap 18:4- Puis j'entendis une autre voix qui disait, du ciel : " Sortez, ô mon peuple, quittez-la, de peur que, solidaires de ses fautes, vous n'ayez à pâtir de ses plaies !

Ap 18:5- Car ses péchés se sont amoncelés jusqu'au ciel, et Dieu s'est souvenu de ses iniquités.

Ap 18:6- Payez-la de sa propre monnaie ! Rendez-lui au double de ses forfaits ! Dans la coupe de ses mixtures, mélangez une double dose !

Ap 18:7- A la mesure de son faste et de son luxe, donnez-lui tourments et malheurs ! Je trône en reine, se dit-elle, et je ne suis pas veuve, et jamais je ne verrai le deuil...

Ap 18:8- Voilà pourquoi, en un seul jour, des plaies vont fondre sur elle : peste, deuil et famine ; elle sera consumée par le feu. Car il est puissant, le Seigneur Dieu qui l'a condamnée. "

Ap 18:9- Ils pleureront, ils se lamenteront sur elle, les rois de la terre, les compagnons de sa vie lascive et fastueuse, quand ils verront la fumée de ses flammes,

Ap 18:10- Retenus à distance par peur de son supplice : " Hélas, hélas ! Immense cité, ô Babylone, cité puissante, car une heure a suffi pour que tu sois jugée ! "

Ap 18:11- Ils pleurent et se désolent sur elle, les trafiquants de la terre ; les cargaisons de leurs navires, nul désormais ne les achète !

Ap 18:12- Cargaisons d'or et d'argent, de pierres précieuses et de perles, de lin et de pourpre, de soie et d'écarlate ; et les bois de thuya, et les objets d'ivoire, et les objets de bois précieux, de bronze, de fer ou de marbre ;

Ap 18:13- le cinnamome, l'amome et les parfums, la myrrhe et l'encens, le vin et l'huile, la farine et le blé, les bestiaux et les moutons, les chevaux et les chars, les esclaves et la marchandise humaine...

Ap 18:14- Et les fruits mûrs, que convoitait ton âme, s'en sont allés, loin de toi ; et tout le luxe et la

Ap 18:15- splendeur, c'est à jamais fini pour toi, sans retour !

Ap 18:15- Les trafiquants qu'elle enrichit de ce commerce se tiendront à distance, par peur de son supplice, pleurant et gémissant :

Ap 18:16- " Hélas, hélas ! Immense cité, vêtue de lin, de pourpre et d'écarlate, parée d'or, de pierres précieuses et de perles,

Ap 18:17- Car une heure a suffi pour ruiner tout ce luxe ! " Capitaines et gens qui font le cabotage, matelots et tous ceux qui vivent de la mer, se tinrent à distance

Ap 18:18- et criaient, regardant la fumée de ses flammes : " Qui donc était semblable à l'immense cité ? "

Ap 18:19- Et jetant la poussière sur leur tête, ils s'écriaient, pleurant et gémissant : " Hélas, hélas ! Immense cité, dont la vie luxueuse enrichissait tous les patrons des navires de mer, car une heure a suffi pour consommer sa ruine ! "

Ap 18:20- O ciel, sois dans l'allégresse sur elle, et vous, saints, apôtres et prophètes, car Dieu, en la condamnant, a jugé votre cause.

Ap 18:21- Un Ange puissant prit alors une pierre, comme une grosse meule, et la jeta dans la mer en disant : " Ainsi, d'un coup, on jettera Babylone, la grande cité, on ne la verra jamais plus... "

Comme un gryphon viendra le Roy d'Europe,

Accompagné de ceux de l'Aquilon :

De rouges et blancs conduira grande troppe

Et iront contre le Roy de Babylone.

TRADUCTION

Le Président de la RUSSIE, (GRIFFON présent sur le Drapeau de la RUSSIE) accompagné par les dirigeants des Forces Musulmanes, viendra en FRANCE pour conduire l'Armée Rouge et les porteurs de QUAMIS (principalement blanches- pour mentionner qu'il s'agit bien des arabes) vers PARIS pour prendre la CAPITALE. La PRISE de PARIS sera exhibée comme un TROPHEE.

QUATRAIN VI – 74 –

La déchassée au regne tournera,

Ses ennemis trouvez des conjurés :

Plus que jamais son temps triomphera

Trois et septante à mort trop asseurés

TRADUCTION

L'idéologie Communiste verra son règne se terminer. En son sein, au siège du Gouvernement de RUSSIE, il y aura des conjurés, qui en deviendront les ennemis, faisant sauter le système de l'intérieur. Plus que jamais cette idéologie triomphera jusqu'au moment où après TROIS ANS et SEPT MOIS, elle est assurée de s'effondrer. Le CONFLIT devrait donc durer environ 42 MOIS.

QUATRAIN IV – 46 –

Bien defendu le fait par excellence,

Garde toy Tours de ta prochaine ruine,

Londres et Nantes par Reimps fera deffence,

Ne passe outre au temps de la bruyne

TRADUCTION

Le plan des Russes est clairement défendu. Venant de LONDRES, ils prévoient d'arriver à NANTES au port de Nantes St Nazaire pour se rendre ensuite à TOURS, ville qui sera ruinée, puis ils se dirigeront vers ORLEANS, pour arriver à REIMS en faisant sauter toutes les défenses de PARIS (Villes qui entourent PARIS) Cette action d'encerclement ne dépassera pas le mois de NOVEMBRE.

Présage 34, 1559. Sur ladite année.

Poeur, glas grand pille passer mer, croistre eregne,

Sectes, sacrez outre mer plus polis :

Peste, chant, feu, Roy d'Aquilon l'enseigne,

Dresser trophée cité d'HENRIPOLIS.

TRADUCTION

Le glas sonnera lorsqu'ils passeront pour faire un grand Pillage, et asseoir leur Puissance à la face du Monde. Les dirigeants qu'il qualifie de sectaires, seront obligés de reconnaître sa PUISSANCE, et être plus respectueux dans leurs commentaires, car ils craindront la RUSSIE plus qu'ils ne la respecteront.

La définition du mot SECTAIRE, se dit de quelqu'un qui par intolérance plus ou moins agressive ou par étroitesse d'esprit, se refuse d'admettre les opinions différentes de celles qu'il professe –

NOSTRADAMUS utilise le mot SECTES, pour qualifier les dirigeants occidentaux, qui ne reconnaissent que le Rhétorique qu'ils professent, cette science et l'art de l'action du discours sur les esprits. Technique d'art oratoire qui s'apparente en Occident à de la manipulation et de la propagande.

Le Président de la RUSSIE (Roy d'Aquilon) enseignera au Monde par l'incendie et les flammes ainsi que les épidémies -laissant supposer qu'il utilisera les armes chimiques – comment la RUSSIE se fait respecter. Il se réjouira de la PRISE de PARIS, qu'il utilisera comme Symbole de sa puissance aux yeux du Monde.

QUATRAIN VI – 4 –

    Le Celtique fleuve changera de rivage,

    Plus ne tiendra la cité d'Aggrippine

    Tout transmué, hormis le vieil langage,

    Saturn, Leo, Mars, Cancer en rapine.

TRADUCTION

Que serait PARIS sans la SEINE. Difficile d'imaginer la capitale Française sans la magie de ses quais et le romantisme de ses promenades en bateau-mouche. Cette vision idyllique du Fleuve va changer radicalement, car les signes précurseurs, préparatoires qui attendent le monde se font à PARIS de plus en plus précis. Les révolutions sont comme des éruptions volcaniques, elles sont précédées de signes d'alerte. Les démons révolutionnaires préparent l'installation d'un désordre total dans la capitale, alliant guerres extérieures, et guerre civile. N'avons-nous pas en EUROPE une guerre entre la RUSSIE et l'UKRAINE ? – Tout sera changé, hormis la langue – L'ordre des choses ne sera plus, la ville sera livrée au PILLAGE. Cette description de PARIS reflète parfaitement la situation que nous connaissons aujourd'hui en ce mois de mars 2023, où le Peuple de France connaît une INFLATION énorme, où les prix de l'Energie explosent, où les denrées alimentaires subissent une augmentation des prix considérable, mettant à mal le portefeuille des ménages, qui de plus en plus vont plonger dans la misère, alors que dans le même temps, les serviteurs de l'ETAT font grandement défaut, en provoquant des luttes internes dévastatrices, jetant les Français les uns contre les autres – personnes vaccinées et non-vaccinées à titre d'exemple – en utilisant la tromperie, l'imposture, le mensonge et l'hypocrisie.

Le grand art est de faire croire à tous les hommes qu'ils sont dans le bien, alors qu'ils font le mal. La Révolution est une INVERSION des FINS, qui met en bas ce qui est en haut et en haut ce qui est en bas. La Classe politique Française actuelle jette de l'huile sur le feu en permanence, donnant du grain à moudre aux révolutionnaires. La Guerre Civile guette la France, mais là n'est pas la solution. L'insécurité dans les grandes villes en général est accentuée par l'ouverture inconsidérée des frontières, la dissolution de l'identité nationale, comme religieuse, l'axe du commerce, la confiance, étant brisé par la corruption et les scandales financiers, poussant l'ECONOMIE à la FAILLITE. Toute folie non contrôlée devient vite meurtrière. Peuple de France, saisis-toi et tourne toi vers Dieu, car c'est pour toi la seule solution pour échapper à l'incurie qui se prépare.

Cette crise révolutionnaire durera plusieurs semaines, mais l'étendue en sera immense Lors de cette heure terrible, les étrangers dont le désir est rempli d'une violence qui ne se possède pas, seront maîtres en France. Ils profiteront du chaos généré par l'incurie financière des puissants, pour ouvrir les prisons, il y aura liberté pour tout. Quand le Gouvernement verra ces bouleversements, il fera comme l'oiseau, il s'envolera et passera dans un autre pays et la France se verra libre dans sa révolution. **C'est à ce moment qu'il faudra fuir PARIS.**

Les révolutionnaires seront pires que les dirigeants actuels, et instaureront la mise en place d'un pouvoir totalitaire avec son régime de justice expéditive des opposants, le tout sur fond de disette du fait des calamités. La France sera en grand désarroi, puis elle connaîtra la guerre et sera envahie par les troupes venant de RUSSIE, dossier sur lequel nous reviendrons dans les pages suivantes, afin de traiter largement ce sujet qui concerne les principaux Pays Européens que n'occupera pas la COALITION ARABE.

Il y aura divers avertissements du CIEL pendant ces épreuves, mais ce n'est qu'après ces semonces que le Grand Châtiment universel des trois jours de ténèbres mettra un terme aux hostilités, faute de combattants. Il est important d'effleurer ce sujet, uniquement pour en situer la position dans le cours des évènements qui vont s'enchaîner.

Cette grande crise révolutionnaire bouleversera l'EUROPE un peu plus de TROIS ANS, se soldant par l'arrivée des trois jours de ténèbres.

Beaucoup de prophètes ou de visionnaires ont signalé qu'à la fin des temps, il se passerait des choses importantes. L'une d'elles porte sur l'infiniment grand, car dans notre système solaire, tout se réorganise, à savoir que très bientôt, nous aurons d'autres planètes qui en feront partie. Il y aura un autre Soleil que nous pourrons percevoir. Vous comprenez bien que lorsque tout bouge, les sphères bougent, donc il faut qu'il y ait des puissances suffisamment fortes pour tenir l'ensemble en équilibre, non seulement dans notre système solaire, mais également dans d'autres systèmes afin que ce changement considérable se fasse dans l'équilibre. Pendant que ces changements s'opèrent, il y aura une occultation du Soleil, une occultation pour la planète TERRE, mais aussi pour d'autres sphères. Les trois jours de nuit concernent la terre entière. L'humanité sera alertée, il se passera des choses dans le ciel, nous verrons des couleurs étranges, des sortes d'éclairs différents des éclairs habituels, nous verrons beaucoup de phénomènes et par ces signes, nous prendrons conscience que quelque chose de très important se prépare pour toute l'humanité.

Quand arriveront ces jours, les Guerres et les conflits n'auront absolument plus aucune importance. Il va sans dire que des changements aussi importants, ne vont pas s'opérer sans générer de grandes peurs, mais ce ne sera pas la fin du Monde, mais bien au contraire, la Naissance d'un Monde Nouveau, un monde où tous les hommes auront DIEU dans leur Cœur.

Aborder dans cet ouvrage le Nouveau Monde, NOTRE TERRE en PAIX pour Mille Années est prématuré, car Michel de NOSTREDAME ne s'est pas étendu sur ce sujet, privilégiant les évènements graves qui vont précéder les trois jours de basculement dans cette nouvelle ère. L'amour qu'il avait pour son prochain l'a poussé à se muer dans la peau du PLUS GRAND LANCEUR D'ALERTE des TEMPS MODERNES, prions pour que son message ***aujourd'hui devenu plus clair*** soit entendu.

Levons maintenant le voile sur L'EUROPE dans son ensemble, qui va être gravement impactée par la GUERRE.

Nous avons déjà abordé de nombreux quatrains qui parlaient de l'ITALIE, où les forces de la coalition Arabe seront très présentes, bien qu'en certains endroits, les RUSSES apporteront leur contribution au désastre, comme à ROME par exemple.

Voyons ce qu'en dit Michel de NOSTREDAME.

QUATRAIN IX – 99 –

Vent Aquilon fera partir le siège

Par mur jetter centre, platras, chaulx et poussière :

Par pluye apres qui leur fera bien piège,

Dernier secours encontre leur frontière

TRADUCTION

Le mouvement des forces russes fera partir le Pape de ROME. Ils détruiront les peintures sur toiles, et les fresques, ainsi que les sculptures, qu'ils transformeront en poussière, détruisant le VATICAN de fond en comble, ce qui se retournera contre eux par la suite. Un dernier secours attendra le Pape à la frontière.

QUATRAIN V – 57 –

Istra du mont Gaulsier et Aventin

Qui par le trou advertira l'armée,

Entre deux rocs sera prins le butin

De SEXT mansol faillir la renommée

TRADUCTION

Le Pape partira du Mont Aventin à ROME pour se rendre en France près de ST REMY de PROVENCE – (repère Mont GAUSSIER situé sur la commune) Par analogie, Michel de NOSTREDAME parle de TROU, comme pour confirmer la position au ROCHER des DEUX TROUS. Le PAPE avertira l'Armée de sa présence à ST REMY – Entre deux rocs, deux Châteaux qui se font face à TARASCON et BEAUCAIRE, près du Rhône ou sur le Rhône, seront saisis les biens du PAPE. La renommée du Pape faillira.

Le docteur MICHEL DE NOSTREDAME devait CODER ses quatrains. Pour y parvenir, il devait utiliser toutes les RUSES, en laissant une opportunité à celui qui aurait la charge de décoder ses écrits, de comprendre le message.

Il n'a pas utilisé le terme DE POL MANSOL et SEXT MANSOL au hasard. Il savait qu'un Pape devait s'enfuir près de ST REMY de PROVENCE, région qu'il connaissait parfaitement, car il y habitait.

Il n'ignorait donc pas qu'au pied des Alpilles, à côté des Ruines de GLANUM, il y eut, depuis l'AN MILLE, un monastère où des moines de différentes congrégations se succédèrent, et comme par hasard il s'agissait du MONASTERE SAINT PAUL DE MAUSOLE. Il a donc fait une analogie entre St REMY de PROVENCE, le MONASTERE, et LE PAPE qui en a pris le nom.

QUATRAIN IX – 85 –

Passer Guienne, Languedoc et le Rosne,

D'agen tenans de Marmande et la Roole :

D'ouvrir par foy parroy Phocen tiendra son trosne.

Conflit aupres saint pol de Manseole.

TRADUCTION

Le Débarquement des troupes RUSSES se fera dans la région de BORDEAUX, en Guyenne. Elles prévoient de se diriger vers le RHONE, en passant dans la région du Languedoc. Pour cela, elles passeront près de LANGON, LA REOLE près de MARMANDE et AGEN, suivant très certainement l'autoroute A 62 qui relie toutes ces villes pour aboutir à TOULOUSE, ouvrant la route de la cité Phocéenne, Marseille, par la force rapprochant le conflit de l'endroit où est réfugié le Pape.

QUATRAIN X – 29 –

De Pol MANSOL dans caverne caprine,

Caché et pris extrait hors par la barbe :

Captif mené comme beste mastine,

Par Begourdans amenée près de Tarbe.

Michel de NOSTREDAME précise que le Pape, n'est pas seul, qu'il est accompagné de son personnel qui s'est échappé avec lui. Caché dans une caverne où habituellement s'abritent les chèvres (caprine) d'où il est extrait par la barbe, il est mené captif et traité comme un chien pour être amené près de TARBES par des soldats stationnés à TOULOUSE (Begourdans)

QUATRAIN II – 97 –

Romain Pontife garde de t'approcher

De la cité que deux fleuves arrose :

Ton sang viendra auprès de là cracher,

Toy et les tiens quand fleurira la Rose.

TRADUCTION

Michel de NOSTREDAME envoie un avertissement au Pape, Garde-toi de t'approcher de LYON, car ta vie sera en danger, et ton sang sera répandu ainsi que celui des personnes qui t'accompagnent. Michel de NOSTREDAME évoque les cinq sépales, verts, qui s'ouvrent peu à peu et laissent entrevoir la couleur rouge des pétales cachées derrière, le COMMUNISME, laissant supposer que les ROUGES arriveraient à partir du mois de MAI en France.

QUATRAIN III – 46 –

Le ciel (de plancus la cité) nous présage

Par clers insignes et par estoilles fixes,

Que de son change subit s'approche l'aage

Ne pour son bien ne pour ses malefices.

TRADUCTION

Le ciel nous annonce par des signes (insignes) clairs (clers) et par satellites (estoiles fixes) que le moment est venu d'un changement (s'approche l'âge) à LYON, non pour le malheur de la Ville, mais pour l'action qui vise à nuire à une ou plusieurs personnes en particulier. (Maléfice).

Dans ce quatrain, Michel de NOSTREDAME dit que dans le Ciel apparaîtront des signes lumineux sur des étoiles fixes, laissant à penser que la Ville de LYON sera suivie par Satellite. Cette observation devrait correspondre à l'arrivée du Pape sur la Ville de LYON.

QUATRAIN VIII – 2 –

Condom et Aux et autour de Mirande,

Je vois du ciel feu qui les environne :

Sol, Mars conjoint au Lyon, puis Marmande

Foudre grand gresle, mur tombe dans Garonne.

TRADUCTION

Les alentours de Condom, Auch et Mirande, sont à priori bombardés par l'Aviation Russe, arrivée en grand nombre dans le secteur de Bordeaux et se dirigeant vers Toulouse et Narbonne pour faire la jonction avec les troupes musulmanes. Le Pape sera envoyé à LYON. A Marmande, les deux ponts routiers sur la Garonne seront détruits par des bombardements, ainsi certainement que le Pont ferroviaire.

QUATRAIN XII – 65 –

A tenir fort par fureur contraindra,

Tout cœur trembler. Langon advent terrible :

Le coup de pied mille pieds se rendra ;

Guirond, Guaron, ne furent plus horribles

TRADUCTION

Par la contrainte et la fureur, tout cœur tremblera. Ce qui se passe à LANGON près de BORDEAUX est terrible. Longeant la Garonne (Guaron) depuis Bordeaux (Guirond), les Russes franchiront la France en passant de villes en villes, MARMANDE, AGEN, MONTAUBAN, TOULOUSE, CARCASSONNE, pour arriver à NARBONNE, en empruntant l'Autoroute A62 qui longe la Garonne, d'où l'expression de Michel de NOSTREDAME le coup de pied mille pieds se rendra.(Entre Bordeaux et Narbonne à vol d'oiseau, il y a 370 kms environ. Le grand port maritime de BORDEAUX a le statut de grand port maritime. Ses installations s'étirent le long de la GIRONDE sur 100 kms et couvrent environ 1500 hectares.

QUATRAIN IX – 63 –

Plaintes et pleurs, cris et grands hurlements,

Près de Narbon à Bayonne et en Foix :

O quels horribles calamitez changements,

Avant que MARS revolu quelques fois.

TRADUCTION

On entendra des plaintes et des pleurs, des cris et de grands hurlements près de Narbonne et de Foix, où les Troupes Musulmanes feront de grands dégâts, ainsi qu'à Bayonne, où les troupes Russes agiront de même. Les habitants subiront de vraies calamités avant que la guerre ne soit terminée.

QUATRAIN II – 43 –

Durant l'estoille chevelue apparante,

Les trois grands princes seront faits ennemis

Frappez su ciel paix terre trémulent

Pau, Timbre undans, serpent sur le bord mis.

TRADUCTION

Au moment où l'Astéroïde et sa chevelure seront apparents, Trois grands Pays deviendront les ennemis de l'EUROPE. Frappée par des bombardements, alors que l'EUROPE était en PAIX, la terre tremble. Le Quartier Général commun des troupes Russes et musulmanes sera situé entre PAU et TARBES. (Serpente sur le bord).

Ces trois pays doivent être l'IRAN, la RUSSIE, et la CHINE, qui seront alliés contre l'EUROPE dans cette TROISIEME GUERRE MONDIALE qui concernera ensuite bien d'autre NATIONS, dont l'IRAK, la SYRIE, LA TURQUIE, et Certaines NATIONS d'AFRIQUE DU NORD.

La CHINE devrait soutenir diplomatiquement et financièrement la RUSSIE et l'IRAN, sans pour autant intervenir militairement. N'oublions jamais que la CHINE est COMMUNISTE – ROUGE -

QUATRAIN IX – 68 –

Du mont Aymar sera noble obscurcie,

Le mal viendra au joinct de Saone et Rosne :

Dans bois cachez soldats jour de Lucie,

Qui ne fut onc un si horrible throsne

TRADUCTION

Depuis MONTELIMAR, on pourra considérer que la vie du Pape est en danger alors qu'il cherche à se rapprocher de LYON. L'attaque sur sa personne sera effectivement à la jonction du RHONE et de la SAONE, précisant que ces deux fleuves arrosent la ville. Des soldats seront cachés dans les bois le jour de Lucie, le 13 décembre. Que ne fût donc un si horrible trône –

QUATRAIN V – 15 –

En naviguant captif prins grand pontife ;

Grand apres faillir les clercs tumultuez

Second esleu absent son bien debife,

Son favori bastard a mort tué

TRADUCTION

En naviguant, ce qui accrédite le fait que le Pape se déplace bien captif sur le Rhône en direction de Lyon. Après le départ du Pape de ROME, Les clercs, les religieux feront du tumulte à ROME. Celui qui aura été élu second PAPE (il s'agit bien du Pape en exercice actuellement, car il a été effectivement élu après la démission du Cardinal Ratzinger devenu Benoît XVI) étant absent de ROME, ses actions seront critiquées et son favori, sera tué.

Ce quatrain parle du Second élu, ce qui a tendance à confirmer le fait que nous parlons bien du Pape en poste actuellement, car il y a bien eu deux Papes à ROME avant le décès de Benoît XVI) Il est très rare d'avoir deux Papes vivant à une même époque.

QUATRAIN VIII – 93 –

Sept mois sans plus obtiendra prélature

Par son décez grand schisme fera naistre :

Sept mois tiendra un autre la préture,

Près de Venise paix, union renaistre

TRADUCTION

Un Nouveau Pape devrait être élu au VATICAN et s'asseoir sur le Trône de ST PIERRE pendant une durée de 7 mois. Ce Pape décèdera en faisant naître un grand schisme dans l'Eglise. La gestion du VATICAN sera ensuite confiée à un administrateur qui en assurera la prêture pendant 7 autres mois Michel de NOSTREDAME utilise le terme prêture, comme si le Trône de ST PIERRE lui était confié, mais qu'il n'est pas le VICAIRE DU CHRIST, laissant supposer que sa nomination sera contestée au sein de l'Eglise. L'église de ST PIERRE restera vacante pendant de longs mois. Il est difficile d'y voir clair dans tous ces changements à la tête de l'Eglise Catholique

La première phrase mentionne qu'un Pape prendra la prélature pendant 7 mois seulement, mais ne précise pas si sa nomination est effective avant ou pendant le conflit, car une fois ces 7 mois pris en compte, un administrateur règnera pendant 7 autres mois laissant le trône de ST PIERRE vacant, alors que la Ville Eternelle, ROME sera occupée. Dans tout ce désordre, devait être élu un Nouveau et Saint Pontife dont l'élection devrait être totalement différente des conclaves précédents. Entre l'administrateur qui assure la prêture et la venue du Saint Pontife désigné par Dieu *Pierre le Romain*, un Pape devrait assurer la prélature pour une durée de trois années avant que Dieu ne le rappelle à lui.

Ce qui présage de la venue du SAINT PONTIFE dans les derniers temps de l'occupation de l'Italie et du Saint Siège, personnage dont les actes ont été largement commentés.

QUATRAIN V – 46 –

Par chapeaux rouges querelles et nouveaux scismes

Quand on aura esleu le Sabinois

On produira contre lui grands sophismes

Et sera Rome lésée par Albannois.

TRADUCTION

Depuis 1975, seuls les CARDINAUX de moins de 80 ans peuvent voter et le nombre de cardinaux électeurs est limité à cent-vingt. Ils doivent élire le Pape à la majorité des deux tiers. Le Pape qui devrait succéder au Pape actuel, qui n'exercera la prélature que pendant 7 mois, fera naître à son décès, au sein des CARDINAUX électeurs, un grand schisme dans l'EGLISE de ROME, quand sera placé à la Tête du VATICAN, un administrateur qui n'assurera la prêture que pendant sept mois, pendant lesquels il voudra briser l'unité entre le Saint Père et les prêtres, les séparer du Chef de l'Eglise de ROME, afin que chacun demeure libre de soi et sans aucune surveillance brisant de fait la Direction des affaires de l'Eglise par un gouvernement central placé au VATICAN, d'où cette notion de SCHISME. On produira contre lui de grands sophismes, des raisonnements ayant l'apparence de la vérité, mais en réalité faux, avancés avec mauvaise foi pour tromper et obtenir leur indépendance. En fait, les CARDINAUX devraient manipuler le SABINOIS, cet administrateur pour avoir plus de pouvoir au sein de la CURIE ROMAINE, tout en laissant les prêtres agir à leur guise en France, en Italie, en Belgique, et bien d'autres Nations. La CURIE ROMAINE en subira les conséquences et ROME sera lésée.

QUATRAIN X – 65 –

O Vaste Rome ta ruine s'approche

Non de tes murs de ton sang et substance :

L'aspre par lettres fera si horrible coche,

Fer pointu mis à tous jusqu'au manche.

TRADUCTION

Michel de NOSTREDAME prévient les CARDINAUX que la ruine approche, non celle des murs du VATICAN. Les écrits émanant du clergé, feront frémir le petit peuple de la terre, lorsqu'ils aspireront à une large liberté, brisant la concorde qui unissait le Pape et les prêtres. Le peuple sera invité à prêter concours et accord à l'autorité si coupable de ce temps. Jamais tempête ne sera si forte contre aucun représentant de l'Eglise de ROME, provoquant le schisme qui est évoqué ci-dessus. Ce complot se retournera totalement contre ses instigateurs. – évoquant jusqu'au manche –

QUATRAIN VIII – 34 –

Apres victoire du Lyon au Lyon,

Sur la montagne de JURA secatombe

Delues et brodes septièsme million

Lyon, Ulme a Mausol mort et tombe.

TRADUCTION

Après la victoire des troupes Russes, il y aura une hécatombe près des monts du JURA. La destruction de la ville de GENEVE, située à quelques encablures des monts du JURA fera Sept cent mille morts. C'est à ce moment que le Pape trouvera la mort et sera mis en terre à LYON.

QUATRAIN V – 62 –

Sur les rochers sang on verra pleuvoir.

Sol Orient, Saturne Occidental :

Pres d'Orgon guerre, à Rome grand mal voir,

Nefs parfondrées et prins le Tridental

TRADUCTION

Venant du Moyen Orient pour piller l'Occident (Saturne porte malheur quand il est Occidental) les Troupes Musulmanes feront couler le sang à MONACO (rocher) puis elles prendront l'autoroute A8 pour passer les villes suivantes sur l'A8 - les ARCS, AIX EN PROVENCE, SALON de PROVENCE- Elles quitteront l'Autoroute du SOLEIL pour arriver à ORGON, un peu avant CAVAILLON, pour finaliser leur parcours à ST REMY DE PROVENCE, ce qui sera mal vu à ROME.

Si nous suivons le parcours emprunté par le Pape qui s'est enfui de ROME pour aller se réfugier à ST REMY de PROVENCE, il s'agit exactement de la même route, et nous pouvons comprendre que cela inquiète la CITE DU VATICAN.

Les Eglises seront détruites, par l'action du DIABLE (le trident est associé aussi au Diable, à SATAN. On peut le voir représenté avec un costume rouge, des cornes, et la queue en forme de TRIDENT).

Ce quatrain semble indiquer qu'une action est menée depuis MONACO pour se rendre à ST REMY De PROVENCE, ville qui n'est pourtant pas indiquée dans ces quatre phrases, toutefois, la ville d'ORGON représente le point le plus proche de ST REMY DE PROVENCE

QUATRAIN VIII – 46

Pol mensolée mourra à trois lieues du Rosne

Fuis les deux prochains tarasc détroits :

Car Mars fera le plus horrible trosne,

De Coq et d'Aigle de France frère trois.

TRADUCTION

Le Pape, mourra à trois lieues du RHONE. Michel de NOSTREDAME parle de deux détroits, près de TARASCON. A cet endroit, le RHONE se divise en deux bras, l'un s'orientant vers la ville de BEAUCAIRE sur la Gauche, et l'autre partant sur la droite vers TARASCON, pour se rejoindre à la sortie de l'île Vanel, ce qui confirme que le Pape se déplace par bateau sur le RHONE, en captif

MARS est le Dieu des Guerriers, ce qui stipule que le Commandant en Chef des Armées, veut absolument détruire les symboles de la Chrétienté, et le Pape en est un. Prions pour que le Pape entende ce message, et ne se rende pas à LYON. La FRANCE, les ETATS UNIS, et L'EGLISE de ROME agiront à partir de là comme trois frères.

QUATRAIN II – 35 –

Dans deux logis de nuict le feu prendra

Plusieurs dedans estouffez et rostis :

Près de deux fleuves pour seul il adviendra

Sol, l'Arq et Caper, tous serons amortis.

TRADUCTION

Le feu prendra la nuit dans deux bâtiments où sont logés le Pape et les personnes qui l'accompagnent. Plusieurs personnes mourront étouffées et brûlées. Le Pape arrivera seul à LYON, mais toujours captif. La Chrétienté perdra alors le serviteur de l'Eglise car la cruauté de l'envahisseur atteindra son paroxysme.

Il y a de grandes probabilités que les Autorités Religieuses du VATICAN, s'insurgent contre l'interprétation donnée aux quatrains de Michel de NOSTREDAME, qui annoncent des évènements d'une gravité extrême, mais elles doivent comprendre qu'il ne s'agit que d'une lecture ordonnée d'un message qui nous est parvenu codé, sans aucune volonté de déformer son contenu.

Toutefois, au cas où certains esprits sectaires seraient tentés d'y voir autre chose, qu'ils appliquent cette recommandation qui a été donnée par Jésus.

« **Jésus disait : La paille qui est dans l'œil de ton frère, tu la vois. Mais la poutre qui est dans ton œil, tu ne la vois pas. Lorsque tu ôteras la poutre de ton œil, alors tu verras clair pour ôter la paille qui est dans l'œil de ton frère.** »

QUATRAIN X – 12 -

Esleu en Pape d'esleu sera mocqué,

Subit soudain esmeu prompt et timide

Par trop bon doux à mourir provoqué,

Crainte estreinte la nuit de sa mort guide.

TRADUCTION

Celui qui aura été élu Pape sera moqué par ses électeurs qui l'auront pourtant désigné en CONCLAVE dans la chapelle SIXTINE. Ce personnage, doux et timide, surnommé le Pape au sourire sera assassiné (provoqué) car jugé trop bon et trop doux, donc incapable d'assurer la fonction sacerdotale pour certains. Dans la crainte, Il sera guidé à la mort la nuit. –Peut être voulait t'il révéler le Troisième Secret de FATIMA ? -

Dans ce quatrain, Michel de NOSTREDAME évoque L'Election et la Mort du Pape, JEAN PAUL 1ER, ALBINO LUCIANI, né le 17 octobre 1912 en Italie, et mort le 28 septembre 1978 au VATICAN. Son pontificat ne dure que 33 Jours.

NOSTRADAMUS insiste sur le caractère violent de son décès, en prenant le soin d'écrire que sa mort a été provoquée, et comme si cela ne suffisait pas, il dit qu'il a été guidé dans sa mort la nuit. Il n'en faut pas plus pour conclure qu'il a été assassiné.

Le corps du défunt Pape ne sera d'ailleurs jamais autopsié.

Il y a 40 ans, la mort soudaine du pape Jean-Paul Ier

Le 26 août 1978, après sa cérémonie d'intronisation, le pape Jean-Paul 1er donne première bénédiction à la ville et au monde depuis la loggia de Saint Pierre de Rome, au Vatican.Patrick Jarnoux / Paris Match

<u>Dans la nuit du 28 au 29 septembre 1978</u>

Jean-Paul Ier décède brusquement, 33 jours seulement après son élection, faisant de lui l'un des papes les plus éphémères de l'Église catholique. Le corps d'Albino Luciani, ancien cardinal de Venise, ne sera pas autopsié… provoquant de nombreuses théories sur la mort du "pape au sourire".

À Rome et dans le cœur de la chrétienté, pour beaucoup, la mort si rapide de Jean-Paul Ier, qui en fit l'un des pontificats les plus courts de l'Histoire, reste une énigme. Peu d'éléments, en effet, laissaient prévoir une telle issue. Pourtant, à peine trois jours après son élection, une rumeur macabre avait couru dans les couloirs du Vatican et les salles de rédaction romaines. Qui ne s'était pas vérifiée, Dieu soit loué !

Néanmoins, le nouveau pape avait eu un malaise, immédiatement démenti, bien sûr. Il avoua aussi lors de sa dernière audience publique avoir subi nombre d'opérations… Il est vrai que de retour d'un voyage au Brésil, Mgr Luciani avait, suite à une thrombose, temporairement perdu l'usage d'un œil. Sa tension fit alors l'objet de commentaires entraînant même les cardinaux votants à s'intéresser ouvertement à sa santé.

Enfin, la façon dont a été gérée l'annonce de son décès a rendu plus mystérieux encore ce triste événement. C'est l'une des quatre religieuses de l'appartement, la Vénitienne sœur Margherita Marin qui, n'entendant pas de bruit le matin, entre dans sa chambre après avoir frappé et découvre Jean-Paul Ier sans vie, la main crispée sur trois feuillets dactylographiés. Mais il est parfaitement inconvenant, inconcevable même pour certains, qu'une femme, fût-elle bonne sœur, ait pu s'approcher du lit d'un pape.

Si les autorités Religieuses du VATICAN veulent mettre en cause les écrits de Michel de NOSTREDAME, elles sont en droit de le faire, mais il n'est plus là pour comparaître une quatrième fois devant le tribunal de l'inquisition, alors que ceux qui ont assassiné JEAN PAUL 1ER sont très certainement toujours en vie.

Apporter la lumière sur ce crime donnerait à l'Eglise une crédibilité fortement mise en cause par cette sombre affaire.

QUATRAIN VIII – 62 –

Lorsqu'on verra expiler le sainct temple,
Plus grand du Rhosne et sacres prophanes :
Par eux naistra pestilence si ample
Roy faict injuste ne fera condamner

TRADUCTION

Au moment où le VATICAN, siège de l'EGLISE DE ROME et demeure du PAPE sera pillé, l'ensemble des choses considérées comme sacrées par l'Eglise de ROME, sera saccagé. Les musulmans feront naitre une telle infection, par des comportements si ignobles, que même le Président de la République Italienne n'osera en parler. Michel de NOSTREDAME emploie le mot EXPIER pour parler DU VATICAN pour ne pas employer le terme CURIE ROMAINE, difficile à Coder.

Les membres de la CURIE ROMAINE seront très certainement maltraités lors de ce pillage, en expiation de quelque chose dont ils se seraient rendus coupables. Eux seuls connaissent la nature de leurs actes L'exemple de l'assassinat du Pape ALBINO LUCIANI ne représentant qu'un exemple des errements de la CURIE ROMAINE. Les CARDINAUX laissent très souvent les choses se faire dans le plus grand silence et la plus grande Opacité.

Maintenant que les évènements qui concernent l'Eglise de ROME, ont été évoqués, nous allons observer le comportement de nos DIRIGEANTS, principalement en France, qui n'ignorent rien des conséquences de l'application des Directives du Nouvel Ordre Mondial.

L'application des directives du NOUVEL ORDRE MONDIAL, prôné par de grands dirigeants Européens, tels que l'ancien Président Nicolas SARKOZY, le Président actuel de la France Emmanuel MACRON, la Présidente de la Banque Centrale Européenne Christine LAGARDE, ou encore la Présidente de la Commission Européenne Ursula Von der LEYEN, tous membres du Groupe de

BILDELBERG, vise à atteindre une gouvernance Mondiale dont le premier objectif est de centraliser le Pouvoir au sein d'une élite, dont le siège social est aux ETATS-UNIS, en prenant le contrôle de la puissance financière et monétaire des ETATS, par un transfert de Souveraineté.

Pour y parvenir, il faut que le périmètre de leur influence soit agrandi en déplaçant les frontières des Etats Européens, ce qu'ils ont fait depuis des décennies, par l'adhésion à la Communauté Européenne et à l'OTAN de nombreux Etats.

ELARGISSEMENT DE L'UNION EUROPEENNE

L'**élargissement de l'Union européenne** décrit les vagues successives d'intégration économique et politique des États européens environnants dans l'Union européenne. L'Union européenne est aujourd'hui composée de 27 États membres, au terme de sept élargissements (adhésion de trois nouveaux pays en 1973, un pays en 1981, deux en 1986, trois en 1995, douze en deux vagues en 2004 et 2007 — dix en 2004 et deux en 2007 — et un en 2013) et le retrait du Royaume-Uni en 2020, depuis sa création en 1957 par six pays. Cinq autres pays (l'Albanie, la Macédoine du Nord, le Monténégro, la Serbie et la Turquie) ont le statut de pays candidats à l'intégration européenne. Deux autres pays (la Bosnie-Herzégovine et l'**Ukraine**) ont par ailleurs déposé leur candidature. L'Islande a été candidate de 2009 à 2015 et a retiré cette candidature le 12 mars 2015, tout comme pour la Suisse et la Norvège dans les années 1990. Le Kosovo, pour sa part, ne s'est pas encore manifesté auprès de l'Union, mais est considéré comme un candidat potentiel[1].

Vous n'aurez pas manqué de voir apparaître dans cette liste L'UKRAINE, qui cristallise aujourd'hui toutes les tensions en EUROPE et risque de déclencher la TROISIEME GUERRE MONDIALE, comme l'a précisé le

PRESIDENT BIDEN, qui n'ignore rien du cahier des charges qui lui a été remis.

L'invasion de l'Ukraine par la RUSSIE en 2022 aussi appelée guerre d'UKRAINE ou guerre russo-ukrainienne est une campagne militaire déclenchée le 24 février 2022 sur ordre du Président Russe VLADIMIR POUTINE.

Le Président Vladimir Poutine invoque principalement l'avancée de l'OTAN aux frontières de la RUSSIE, raison que personne ne peut contester, mais est-ce là la principale raison, ce n'est pas certain comme nous le verrons ultérieurement.

Dans le cahier des charges remis au Président BIDEN et au PENTAGONE, figure la gestion de la crise russo-ukrainienne. Vous n'aurez pas manqué de constater que depuis le début de cette crise, les Etats-Unis d'Amérique, jettent sans cesse de l'huile sur le feu et n'affichent aucune volonté de trouver un compromis acceptable pour la RUSSIE. A cette enseigne, on envoie le Président MACRON au charbon pour donner le change et vérifier que le Président Vladimir Poutine agit bien comme ils l'ont prévu, afin de le désigner comme seul et unique responsable d'un conflit qu'ils préparent en coulisse depuis bien des années, ce qui leur permettra d'écrire l'histoire à leur avantage comme ils sont habitués à le faire. Ils emploient toujours le même principe, ils brûlent Rome et ensuite ils accusent les Chrétiens. C'est un mécanisme qui marche à chaque fois.

Le Cartel financier qui tire les ficelles en coulisse, totalement invisible et apatride, veut la guerre, raison pour laquelle ils allument la mèche en UKRAINE pour ensuite propager l'incendie sur l'ensemble du territoire Européen.

Le Président Vladimir POUTINE n'ignore rien du plan des Mondialistes qui veulent s'approprier de nouveaux territoires en éliminant les dirigeants qui s'y opposent. Il refuse de transmettre la souveraineté de l'Ukraine et de la Russie à l'Union Européenne et indirectement Aux Etats-Unis d'Amérique pour finir entre les mains du Cartel Financier actionnaire de la Banque Centrale Américaine – FED-, dont tous les actionnaires sont privés.

A ce niveau nous touchons au sommet de la Pyramide, qu'ils n'ont pas hésité à imprimer sur la monnaie Américaine, dissociant la Pointe de la Pyramide à laquelle ils s'identifient.

L'ordre issu du chaos : comment le conflit ukrainien est conçu pour bénéficier aux mondialistes (Brandon Smith)

PAR THE WOLF LE 01/03/2022

PAR JADE · PUBLIÉ 25 FÉVRIER 2022 · MIS À JOUR 25 FÉVRIER 2022 Aube Digitale

Dans les deux prochains mois, il est probable qu'il y aura une implication militaire directe des États-Unis en Ukraine, la Russie soutenant et reconnaissant désormais ouvertement les groupes séparatistes dans la région du Donbass, à l'est du pays, et s'apprêtant apparemment à les aider militairement à se séparer. Ce n'est pas la première fois que la Russie envoie des unités militaires en Ukraine, mais c'est la première fois depuis 2014 et l'annexion de la Crimée que la menace d'une action militaire est manifeste plutôt que secrète.

Lorsque le conflit éclatera, vous verrez un essaim d'histoires médiatiques dans les nations occidentales, qui tenteront d'exposer la complexité de la relation entre la Russie et l'Ukraine depuis la chute de l'Union soviétique, tout en ignorant certaines vérités gênantes. Vous verrez beaucoup de ces articles construire un récit qui simplifie à l'extrême la situation et dépeint la Russie comme le monstrueux agresseur. L'objectif sera de convaincre le public que notre implication en Ukraine est une nécessité morale et géopolitique. Il y aura des tentatives pour gagner la faveur des Américains et un appel à l'envoi de troupes américaines sur le terrain.

<u>Joe Biden sera à l'avant-garde de cette campagne.</u>

L'élément déclencheur de la confrontation est évidemment la décision prise en 2009 par les puissances occidentales et les responsables ukrainiens d'envisager l'adhésion du pays à l'OTAN. La plupart des actions de la Russie vis-à-vis de l'Ukraine sont dues à l'implication de l'OTAN dans la région, y compris l'invasion russe de la Crimée en 2014. D'un point de vue stratégique, cela a du sens. Imaginez que le Mexique annonce soudainement qu'il rejoint une alliance militaire avec la Chine et que des moyens militaires chinois vont être transférés près de la frontière sud des États-Unis ? Cela ne se terminerait probablement pas bien.

Certes, la Russie a un passé de comportement hypocrite lorsqu'il s'agit de son implication dans les affaires de ses voisins. Par exemple, il y a quelques mois à peine, le Kazakhstan était confronté à des manifestations de masse qui, selon le gouvernement, étaient dues à une « manipulation étrangère ». Aucune preuve n'a été présentée pour justifier cette affirmation. Toutefois, cette affirmation a suffi à justifier le déploiement de 2 300 soldats russes à la frontière pour mettre fin aux manifestations.

En réalité, les citoyens du Kazakhstan étaient en colère à cause d'un pic d'inflation et des prix élevés de l'essence qui continuent de broyer la classe moyenne et les personnes en situation de pauvreté (ça vous dit quelque chose ?). En 2019, seulement 4 % de la population vivait sous le seuil de pauvreté officiel. En 2020, ce chiffre a explosé pour atteindre 14% de la population. Il est difficile de trouver des chiffres précis pour 2021, mais il est probable que les niveaux de pauvreté soient maintenant plus proches de 16%-20%. Les raisons des troubles civils sont évidentes et justifiées, mais les Kazakhs qui protestent sont accusés d'être les pions d'ennemis étrangers. Comme je l'ai noté dans de nombreux articles ces derniers temps, il s'agit d'une stratégie typique des gouvernements corrompus qui tentent de conserver le pouvoir lorsque le peuple se soulève et se rebelle pour des raisons légitimes.

Encore une fois, imaginez si le gouvernement canadien de Trudeau avait demandé l'aide de l'armée américaine pour disperser les manifestations des camionneurs contre ses mandats draconiens en matière de vaccins ? Nous devons examiner ces décisions dans leur contexte afin de saisir à quel point elles sont insensées.

Ironiquement, la Russie est heureuse de soutenir l'agitation des séparatistes en Ukraine tout en aidant à faire taire l'agitation au Kazakhstan. Gardez ce schéma à l'esprit, car il vous aidera à comprendre comment les événements entourant la Russie reflètent une tendance mondiale qui pourrait affecter les Américains à l'avenir.

Le désordre diplomatique entre l'Ukraine et la Russie peut être imputé en partie aux deux parties, et c'est dans ce genre d'ambiguïté historique que les mondialistes ont tendance à prospérer.

Le brouillard de la guerre contribue à masquer les activités de l'establishment et il est souvent difficile pour les gens de voir qui profite vraiment du chaos jusqu'à ce qu'il soit trop tard. Je suis convaincu que le problème ukrainien est au moins partiellement conçu et qu'il s'agit du premier domino d'une chaîne de crises prévues.

Je ne pense pas que le conflit ukrainien soit unique pour les mondialistes ; ils auraient tout aussi bien pu essayer de déclencher une guerre régionale à Taïwan, en Corée du Nord, en Iran, etc. Il y a de nombreux pays qui sont des poudrières et qu'ils cultivent depuis quelques décennies.

Nous ne devrions pas nous focaliser sur la question de savoir qui est à blâmer entre l'Ukraine ou la Russie, mais plutôt sur les effets qui résulteront de tout désastre régional majeur et sur la manière dont les mondialistes exploitent de telles catastrophes pour faire avancer leur programme de centralisation totale du pouvoir.

Le scénario de l'Ukraine pourrait être facilement désamorcé si les deux parties prenaient quelques mesures diplomatiques de base, mais cela ne va pas se produire. Les responsables de l'OTAN pourraient faire un pas en arrière dans leur quête d'ajouter l'Ukraine à leurs rangs. Les États-Unis pourraient cesser de déverser de l'argent et des armes en Ukraine pour un montant de 5,4 milliards de dollars depuis 2014. Plus de 90 tonnes d'équipements militaires ont été envoyées au pays rien qu'en 2022. La Russie pourrait cesser d'envoyer des unités d'opérations spéciales secrètes dans le Donbass et être plus disposée à venir à la table pour discuter de solutions diplomatiques.

La raison pour laquelle ces choses ne se produisent pas est qu'elles ne sont pas autorisées par les courtiers en pouvoir derrière le rideau.

Nous sommes tous conscients des influences mondialistes derrière les dirigeants des États-Unis et de l'OTAN, nous en présentons régulièrement les preuves indéniables. Le penchant de Biden pour les institutions mondialistes est bien connu. Mais qu'en est-il de la Russie ?

Certains, dans les médias alternatifs et le mouvement pour la liberté, croient à tort que la Russie est anti-mondialiste – Rien n'est plus faux. Comme de nombreux dirigeants politiques, Poutine utilise parfois une rhétorique antimondialiste, mais ses relations racontent une autre histoire.

Dans sa première autobiographie, intitulée « First Person », Poutine évoque avec tendresse sa première rencontre avec le mondialiste du Nouvel ordre mondial Henry Kissinger, alors qu'il était membre du FSB (anciennement le KGB). Au fur et à mesure que Poutine gravissait les échelons politiques, <u>il a entretenu une amitié constante avec Kissinger</u>. Aujourd'hui encore, ils déjeunent régulièrement ensemble et Kissinger a été conseiller auprès de plusieurs branches du Kremlin.

Mais cela ne s'arrête pas là. Poutine et le Kremlin ont également entretenu un dialogue constant avec le Forum économique mondial, le projet du mondialiste désormais notoire Klaus Schwab. En fait, l'année dernière encore, la Russie <u>a annoncé</u> qu'elle rejoignait le « réseau de la quatrième révolution industrielle » du FEM, qui se concentre sur la socialisation économique, l'intelligence artificielle, l'»internet des objets » et une foule d'autres intérêts mondialistes qui mèneront tous à la technocratie et à la tyrannie mondiales.

Encore une fois, le gouvernement russe n'est PAS anti-mondialiste. Cette affirmation est absurde et l'a toujours été. J'attribue le fantasme de l'opposition russe à un flux constant de propagande et à ce que j'appelle le faux paradigme Est/Ouest – la notion frauduleuse que l'agenda mondialiste est un agenda purement occidental ou américain et que des pays comme la Chine et la Russie s'y opposent. Si vous observez les interactions étroites entre l'Est et les mondialistes, cette idée s'effondre complètement.

Il est important de comprendre que la plupart des conflits entre l'Est et l'Ouest sont des conflits artificiels et que les dirigeants des DEUX COTES ne sont pas vraiment en désaccord les uns avec les autres. Ces guerres sont plutôt du théâtre Kabuki ;

Ce sont des guerres de convenance pour atteindre des objectifs cachés tout en hypnotisant les masses avec des moments de terreur et de calamité.

Pour ceux qui en doutent, je leur recommande vivement de lire les travaux de recherche et de preuve de l'historien et économiste professionnel Antony Sutton, qui a découvert par hasard les faits entourant la conspiration mondialiste et a poursuivi en exposant ***leur habitude de jouer sur les deux tableaux*** dans presque toutes les guerres du siècle dernier, de la révolution bolchevique à la Seconde Guerre mondiale et au-delà.

La stratégie de l'ordre à partir du chaos n'a rien de nouveau, c'est quelque chose que les mondialistes font depuis très longtemps. Le nombre de révélations ouvertes post-Covid sur la « Grande Réinitialisation » que les mondialistes ont publiquement admises est si stupéfiant que leurs plans ne peuvent plus être niés. Tout sceptique à ce stade devrait être soupçonné d'avoir un QI à un chiffre.

Donc, maintenant que nous avons établi la réalité de l'implication des globalistes à la fois en Occident et en Russie, nous devons nous demander comment ils bénéficient du déclenchement d'une crise entre ces puissances à propos de l'Ukraine ? Qu'en retirent-ils ?

Comme je l'ai noté dans des articles récents, il me semble que l'Ukraine est une tentative de plan B pour produire plus de fumée et de miroirs là où la pandémie de covid n'a pas satisfait le plan de la Grande Réinitialisation. Comme Klaus Schwab et le FEM l'ont constamment affirmé, ils ont vu dans la pandémie l' »occasion » parfaite d'imposer au monde la quatrième révolution industrielle. Comme le mondialiste Rahm Emanual l'a dit un jour à la suite du krach économique de 2008 :

« Vous ne voulez jamais qu'une crise grave soit gâchée. Et ce que je veux dire par là, c'est que c'est une opportunité de faire des choses que vous pensez ne pas pouvoir faire avant. »

Le FEM est un habitué de cette tactique. Klaus Schwab a également utilisé exactement le même langage juste après le krach du crédit de 2008 que celui qu'il a utilisé après la propagation du covid, en essayant toujours de vendre la gouvernance mondiale comme la solution à chaque catastrophe :

« Ce que nous vivons est la naissance d'une nouvelle ère, un appel au réveil pour revoir nos institutions, nos systèmes et, surtout, notre façon de penser, et pour adapter nos attitudes et nos valeurs aux besoins d'un monde qui attend, à juste titre, un degré beaucoup plus élevé de responsabilité et de reddition de comptes », a-t-il expliqué. *« Si nous reconnaissons que cette crise est réellement transformatrice, nous pouvons jeter les bases d'un monde plus stable, plus durable et même plus prospère. »*

– Klaus Schwab sur l'initiative de refonte mondiale, 2009

Schwab a sauté le pas à l'époque, tout comme il a sauté le pas en 2020 lorsqu'il a déclaré que la Grande Réinitialisation était inévitable face au covid. Les mondialistes devaient s'attendre à un taux de mortalité beaucoup plus élevé à cause du virus, car ils dansaient pratiquement dans les rues, exaltés par la quantité de pouvoir qu'ils pouvaient voler au nom de la « protection du public contre une menace sanitaire mondiale. » Si vous regardez la simulation du FEM et de la Fondation Gates d'une pandémie de covid, l'événement 201 qui s'est tenu seulement deux mois avant que la VRAIE CHOSE ne se produise, ils s'attendaient clairement à ce que le covid fasse beaucoup plus de dégâts, prédisant un nombre initial de décès de 65 millions. Cela ne s'est jamais produit ; c'est loin d'être le cas.

Il est difficile de dire pourquoi une arme biologique évidente comme le covid n'a pas réussi à faire le travail. Les virus ont tendance à muter rapidement dans la nature et à se comporter différemment de ce qu'ils font dans un laboratoire. J'envisagerais même la possibilité d'une intervention divine. Quelle que soit la raison, les mondialistes n'ont pas obtenu ce qu'ils voulaient et ils ont maintenant besoin d'une nouvelle crise pour huiler les engrenages de la machine Reset. Avec le taux de mortalité déjà minuscule du covid qui baisse encore plus avec la variante Omicron et la moitié des États des États-Unis qui défient totalement les mandats de vaccination, ce n'est qu'une question de temps avant que le reste du monde ne se demande pourquoi il est toujours sous l'autoritarisme médical.

La guerre en Ukraine et la simple menace d'une extension de cette guerre au-delà de la région pourraient accomplir un certain nombre de choses que la covid n'a pas accomplies. Elle fournit une couverture permanente pour l'effondrement stagflationniste qui bat son plein aux États-Unis, les problèmes de chaîne d'approvisionnement qui se poursuivent au niveau mondial ainsi que la déstabilisation de l'économie européenne. En particulier, l'UE est fortement dépendante du gaz naturel russe pour chauffer les maisons et maintenir son économie. La Russie a étranglé les approvisionnements en gaz naturel de l'Europe dans le passé et elle le fera à nouveau. Les exportations de pétrole russe comblent également les lacunes de la demande mondiale, et ces exportations seront étranglées par les sanctions ou par le Kremlin qui coupe délibérément les approvisionnements de certaines nations.

La guerre est toujours une distraction pour le sabotage économique. Même si les banques centrales plantent et arrosent souvent les graines des krachs financiers bien à l'avance, les banques ne sont jamais blâmées parce que les conflits internationaux occupent commodément le devant de la scène.

Par extension, la crise économique provoque la pauvreté de masse, le désespoir de masse et l'hystérie de masse, et les mondialistes diront que ces dangers exigent une solution internationale qu'ils fourniront volontiers sous la forme de la centralisation.

Aux États-Unis et dans de nombreuses autres nations occidentales où un grand nombre de personnes défendent encore la liberté individuelle, les mondialistes veulent clairement utiliser les tensions avec la Russie comme un moyen de faire taire la dissidence publique sur les politiques autoritaires. Je vois déjà de nombreux cas de fonctionnaires de l'establishment et de gauchistes sur les médias sociaux suggérant que les défenseurs des libertés sont des « pions des Russes » et que nous sommes utilisés pour « diviser pour régner ».

Ce sont des absurdités qui ne sont soutenues par rien, mais ils essaient quand même ce récit pour voir s'il tient la route.

Je ne doute pas que toute rébellion aux États-Unis contre les mondialistes sera imputée à une ingérence étrangère. Comme nous l'avons mentionné précédemment, la dernière chose que les élites veulent, ce sont des mouvements de personnes libres qui font obstruction à la Réinitialisation au nom de la liberté. Nous en avons été témoins au Canada où Trudeau a annoncé des pouvoirs d'urgence unilatéraux contre les manifestations des camionneurs, se donnant ainsi des niveaux de contrôle totalitaires. Même le gouvernement russe est intervenu dans de telles actions publiques pour empêcher toute forme d'élan militant. Biden va essayer de faire la même chose, et la guerre, même une petite guerre régionale, lui donne une raison d'opprimer la dissidence au nom de la sécurité publique.

Il est intéressant de noter que la loi martiale aux États-Unis est également beaucoup plus facile à justifier légalement et historiquement pour le gouvernement, tant qu'elle est appliquée en réponse à l'invasion d'un ennemi étranger. Le récit de l'influence russe pourrait très bien être une préparation à la loi martiale en Amérique. Que cela réussisse ou non est une autre question.

Les conséquences d'une fusillade en Ukraine iront bien au-delà d'une distraction pour le public américain ; mon intention ici n'est pas de suggérer que seuls les Américains seront touchés. Mon propos n'est pas de suggérer que seuls les Américains seront affectés. Ce que je veux dire, c'est que certains endroits dans le monde sont naturellement résistants au projet mondialiste, et que les Américains épris de liberté constituent un obstacle majeur. S'il y a une rébellion à grande échelle contre la Grande Réinitialisation, elle commencera ici. Les mondialistes le savent aussi, c'est pourquoi les États-Unis seront sans aucun doute impliqués de manière centrale dans le bourbier ukrainien.

Alors que l'événement serait désastreux pour les Ukrainiens et probablement pour de nombreux Russes, il existe des menaces sous-jacentes plus profondes et plus dangereuses destinées aux États-Unis et une guerre en Ukraine sert de bouc émissaire efficace pour nombre d'entre elles.

Cet article résume en quelques lignes le pouvoir qui a été mis entre les mains de Banques totalement privées qui décident et ordonnent aux Etats qu'elles tiennent entre leurs mains par le simple jeu de la dette, une dette virtuelle, où un argent imaginaire est prêté aux Etats, moyennant un remboursement réel du capital majoré des intérêts.

A ce jeu, il est très facile d'imaginer la Puissance économique qu'ils peuvent avoir sur les ETATS, les rendant littéralement dépendants de la DETTE, dette qu'ils nous transmettent intégralement s'assurant ainsi un contrôle total des masses en nous maintenant en Esclavage.

Avant que le conflit ne prenne une autre dimension, et que l'OTAN soit impacté par la Crise entre la Russie et l'Ukraine l'Etat Profond semble avoir pris des dispositions pour un transfert des réserves en OR des Pays Européens vers les Etats-Unis. Miche de NOSTREDAME ne précise pas à quelle période sera fait ce transfert.

QUATRAIN II – 60 –

La foy Punique en Orient rompue
Grand lud, et Rosne Loire, et Tag changeront
Quand du mulet la faim sera repue
Classe espargie, sang et corps nageront.

TRADUCTION

La Perfidie de nos dirigeants va rompre la propriété de l'OR, toutes ces richesses accumulées en EUROPE, vont changer de main et être transportées par Camions puis sur des navires stationnés sur le RHONE, la LOIRE, et le TAGE. Une fois les navires chargés dans la hâte, Michel de NOSTREDAME semble vouloir dire que les personnels dédiés à cette tâche seront éliminés et leurs corps nageront. Le Secret le plus total semble de mise dans ce genre d'opération, où l'on ne doit pas laisser de traces. Deux Fleuves mentionnés sont en France, le troisième prend sa source en Espagne et traverse le Portugal. Ces navires chargés de richesses, doivent converger vers l'Océan Atlantique. La zone euro détient environ 12000 tonnes d'or dans ses coffres, alors que les Etats Unis n'en possèdent que 8133 tonnes.

A titre d'exemple, dans le quatrain V – 71 – il est dit que dix-sept bateaux chargés d'or vont naviguer sur le RHONE

QUATRAIN présage 41 Juillet

Predons pillez chaleur, grand seicheresse,
Par trop non estre cas non veu, inoui :
A l'estranger la trop grande caresse,
Neuf pays Roy. L'Orient esblouy.

TRADUCTION

Les pillards, mandatés pour effectuer ce transfert, agiront en été, au moment d'une grande sécheresse. Ce Pillage des richesses est un évènement qui ne constituera que trop un évènement inouï jamais vu par le passé. Le transfert de ces richesses vers l'étranger se fera de la manière la plus secrète. Neuf Nations vont transférer leurs réserves d'or.

Afin qu'il soit possible d'appréhender à minima les conséquences de ce conflit, Michel de NOSTREDAME a codé les évènements. La Boîte de PANDORE a été ouverte le 24 février 2022 ce qui permet aujourd'hui de voir ce que nous a légué NOSTRADAMUS sur la continuité des opérations.

Nous avons parlé de l'entrée en guerre de l'IRAN aux côtés de la RUSSIE, mais nous n'avions pas parlé d'ISRAEL, pourtant en première ligne, l'animosité de l'IRAN à l'encontre de cette nation étant bien connue.

QUATRAIN VI – 88 –

Un regne grand demourra desolé,
Auprés de l'Hebro se seront assemblées.
Monts Pyrénées le rendront consolé,
Lorsque dans May seront terres tremblées.

TRADUCTION

Près d'HEBRON en ISRAEL, se seront rassemblées de nombreuses troupes de TSAHAL, qui sentiront que le vent de la Guerre va être porté par l'IRAN sur leur sol. Les grandes nations n'agiront pas pour défendre Israël. Michel de NOSTREDAME mentionne que les terres vont trembler, le pluriel apportant de la puissance – L'IRAN va-t-il utiliser l'arme Atomique ? Rien n'est moins sûr, car l'IRAN a toujours dit qu'il le ferait et les dirigeants d'Israël le savent.

QUATRAIN II – 95 –

Les lieux peuplez seront inhabitables,

Pour champs avoir grande division :

Regnes livrez à prudens incapables,

Entre les frères mort et dissension.

Des lieux à forte densité de population seront rendus inhabitables par la pollution atomique pour des territoires très divisés en PALESTINE. Le Pouvoir aura été donné à des dirigeants incapables La mort et les dissensions règneront entre Arabes et Juifs

QUATRAIN III – 12 –

Par la tumeur de HEB, Po, Tag Timbre et Rome,
Et par l'estang Leman et Aretin :
Les deux grands chefs et citez la Garonne,
Prins, morts, noyez. Partir butin humain

TRADUCTION

Les troubles de l'HEBRON gagneront l'Italie, Rome, l'Espagne et le Portugal, en passant par la région du lac LEMAN en Suisse, comme cela a été explicité par les quatrains précédents. Les dirigeants Russe et Arabe feront la jonction près de la Garonne. Les prisonniers seront soit noyés, lors des batailles navales qui vont avoir lieu, soit déportés. L'invasion musulmane s'étend à toute la partie sud de l'Europe

QUATRAIN II – 86 –

Naufrage à classe près d'onde Hadriatique,
La terre tremble, esmüe sus l'air en terre mis,
Egypte tremble augment Mahométique,
L'Héraut soy rendre à crier est commis.

TRADUCTION

Un TSUNAMI fera couler des navires alors que la Terre Tremble et que l'air devient irrespirable par la pollution qui été déposée sur le sol. Ces deux phrases viennent confirmer si besoin était l'utilisation d'une bombe atomique, qui a pour effet de créer un tremblement important du sol, d'engendrer un tsunami, par l'onde de choc, et de polluer l'air. Cela fait beaucoup à la fois pour douter du contenu de ce quatrain. La Nation d'Israël subira l'irréparable. Le Tremblement de Terre engendré par l'IRAN se fait ressentir jusqu'en Egypte et l'onde parcourt la Méditerranée.

Il faut souligner, et cela a son importance que la République Islamique d'IRAN ne possède pas l'arme atomique. Comment vont t'ils se la procurer, Dieu seul le sait, mais leur allié Russe pourrait potentiellement faire le travail pour eux à partir de l'IRAN, ce qui est imparable – L'avenir apportera la réponse -

QUATRAIN Présage 60 – Avril –

Le temps purge, pestilence, tempeste,

Barbare insult. Fureur, invasion :

Maux infinis par ce mois nous appreste,

Et les plus Grands, deux moins, d'irrision.

TRADUCTION

Le temps sera ordurier et l'air sera irrespirable. La Barbarie des troupes musulmanes sera une insulte au Monde Libre. De grandes calamités accompagneront cet acte terrible. Les musulmans se moqueront d'une manière désagréable et arrogante des condamnations unanimes des grands de ce Monde.

Le 13 mars 2022, la tension est encore une fois palpable avec l'IRAN, et cela se terminera mal selon Michel de NOSTREDAME.

Missiles tirés sur ERBIL en Irak : les Gardiens de la Révolution d'Iran disent avoir ciblé «un centre stratégique» israélien

Par Le Figaro avec AFP 13 mars 2022

Publié il y a 14 heures, mis à jour il y a 24 minutes

Douze missiles balistiques ont visé dimanche le consulat américain à Erbil, la capitale du Kurdistan d'Irak, sans faire de victime, ont affirmé les forces de sécurité kurdes.

Les Gardiens de la Révolution, armée idéologique de la République islamique d'Iran, ont affirmé dimanche avoir ciblé un « *centre stratégique* » israélien peu après l'annonce par les autorités du Kurdistan en Irak d'une attaque de missiles visant le consulat américain. « *Le "centre stratégique de la conspiration et du vice des sionistes" a été visé par de puissants missiles de pointe du Corps des Gardiens de la Révolution islamique* », a indiqué un communiqué publié sur *Sepah News*, le site des Gardiens.

Quelques heures plus tôt, les forces de sécurité kurdes ont affirmé que des « *missiles balistiques* » tirés « *hors des frontières de l'Irak, et plus précisément de l'est* », ont visé dimanche le consulat américain à Erbil, la capitale du Kurdistan d'Irak, sans faire de victime.

Paris a condamné « *avec la plus grande fermeté* » les tirs de missiles sur Erbil, dans la nuit de samedi à dimanche, **estimant qu'ils menaçaient la stabilité de toute la région**. Cette attaque « *menace la stabilité de l'Irak et de la région* », selon un communiqué du ministère français des Affaires étrangères, qui rappelle son « *attachement à la souveraineté de l'Irak, ainsi qu'à sa stabilité et celle de la Région autonome du Kurdistan en son sein* ».

L'Irak partage sa longue frontière orientale avec l'Iran, qui exerce chez son voisin irakien un rôle incontournable sur le plan politique et économique. Mais en Irak, ce sont généralement des tirs de roquettes ou des drones piégés, jamais revendiqués et d'une ampleur moindre, qui visent les intérêts américains et les troupes de la coalition internationale antidjihadistes. Washington accuse des factions irakiennes pro-Iran, qui réclament le départ des soldats américains.

Dimanche avant l'aube, un correspondant de l'AFP à Erbil, dans le nord de l'Irak, a entendu trois explosions. L'attaque a été menée avec « *douze missiles balistiques tirés contre un quartier d'Erbil et qui visaient le consulat américain* », selon un communiqué de l'unité de lutte antiterroriste du Kurdistan. « *Les missiles ont été tirés hors des frontières de l'Irak et du Kurdistan, (venant) plus précisément de l'est* » du pays. « *Il n'y a pas de pertes humaines, que des dommages matériels* », ajoute le communiqué. De son côté, un porte-parole du département d'État américain a assuré qu'il n'y avait «*ni dommage, ni victime dans aucune des installations du gouvernement américain* ».

La chaîne de télévision locale Kurdistan24, dont les studios se trouvent non loin de nouveaux locaux du consulat américain, a publié sur ses réseaux sociaux des images de ses bureaux endommagés, avec des pans effondrés du faux plafond et du verre brisé.

« *Nous condamnons cette attaque terroriste lancée contre plusieurs secteurs d'Erbil, nous appelons les habitants à garder le calme* », a indiqué dans un communiqué le premier ministre du Kurdistan Masrour Barzani.

Tensions régionales

Les tirs contre Erbil interviennent près d'une semaine après la mort en Syrie de deux hauts gradés des Gardiens de la Révolution, armée idéologique de la République islamique d'Iran, tués dans une attaque imputée à Israël. «*Le régime sioniste (Israël, NDLR) paiera pour ce crime*», promettaient mardi les Gardiens dans un communiqué. En janvier 2020, l'Iran avait tiré des missiles en Irak sur des bases abritant des soldats américains, en représailles à l'assassinat par Washington du général iranien Qassem Soleimani mené quelques jours plus tôt sur le territoire irakien. En une demi-heure, 22 missiles sol-sol iraniens s'étaient ainsi abattus sur les bases de Aïn al-Assad (ouest) et Erbil (nord).

Les tensions régionales et les aléas géopolitiques se répercutent régulièrement sur l'actualité irakienne. Le pays avait connu en début d'année une recrudescence d'attaques à la roquette ou aux drones armés. Téhéran et plusieurs groupes alliés dans la région commémoraient le deuxième anniversaire de la mort du général Soleimani et de son lieutenant irakien Abou Mehdi al-Mouhandis, tués par un tir de drone américain. Fin janvier, six roquettes ont été tirées sur l'aéroport international de Bagdad, sans faire de victimes. À Erbil, la dernière attaque du genre remonte à septembre, quand des « *drones armés* » ont visé l'aéroport.

L'attaque de dimanche intervient aussi au moment où les négociations sur le nucléaire iranien, sur le point d'aboutir, ont été brutalement suspendues, à la suite de nouvelles exigences de Moscou. Conclu par l'Iran d'un côté, et les États-Unis, la Chine, la France, le Royaume-Uni, la Russie et l'Allemagne de l'autre, ce pacte était censé empêcher Téhéran de se doter de la bombe atomique en échange de la levée des sanctions qui asphyxient son économie. Mais il s'est délité en 2018 après le retrait de Washington, décidé par Donald Trump, qui a rétabli ses mesures contre l'Iran.

En réaction, l'Iran s'est progressivement affranchi des limites imposées à son programme nucléaire.

QUATRAIN III – 90 –

> Le grand Satyre et Tigre d'Hircanie,
>
> Don présenté à ceux de l'Occean,
>
> Un chef de classe istra de Carmanie
>
> Qui prendra terre au Tyrenn Phocean

TRADUCTION

Le Grand Pervers d'IRAN présentera un don à ceux de l'océan Atlantique. Un Militaire de la Marine de la république islamique d'IRAN partira du GOLFE PERSIQUE dans la même période pour se rendre en Mer Tyrrhénienne et débarquer à MARSEILLE –

Michel de NOSTREDAME emploie le terme GRAND SATYRE. Il s'agit donc d'un grand personnage ou d'une grande Nation. Le Terme Satyre précise que cette Nation n'est pas fiable, et agit avec perversité. L'HIRCANIE est une région placée sous l'autorité des Perses, l'IRAN actuel.

Il est dit que L'IRAN fera un don à ceux de l'OCEAN ATLANTIQUE. Actuellement les Etats-Unis, s'emploient diplomatiquement pour empêcher à temps l'IRAN de se doter de l'ARME NUCLEAIRE, seul dossier où l'IRAN peut offrir quelque chose à l'Occident.

Si l'on se fie à ce quatrain, l'IRAN signera cet accord, le présentant comme un don à ceux de l'Océan Atlantique, mais Michel de NOSTREDAME alerte sur le fait que l'IRAN agirait avec tromperie, n'ayant aucun besoin de cet accord, si ce n'est pour lever les sanctions économiques qui fragilisent l'IRAN, alors que dans le même temps, l'IRAN envoie un militaire depuis le Golfe Persique à MARSEILLE pour photographier les installations portuaires située dans le SUD de la France

Les Etats-Unis prêts à des « décisions difficiles » pour empêcher l'Iran de se doter de l'arme nucléaire

Les Etats-Unis vont-ils pouvoir empêcher à temps l'Iran de se doter de l'arme nucléaire ? Washington espère sauver l'accord de Vienne de 2015, visant à l'en empêcher. Pour cela, les Etats-Unis se disent « prêts à prendre des décisions difficiles pour ramener le programme nucléaire iranien dans ses limites », a déclaré le porte-parole de la diplomatie américaine Ned Price. Ce dernier à toutefois refuser de détailler « quelles sanctions nous sommes prêts ou non à lever ».

De son côté, Téhéran exige le retrait des Gardiens de la révolution (l'armée idéologique de la République islamique iranienne) de la liste noire américaine des « organisations terroristes étrangères ». Cette demande est l'un des tout derniers obstacles à un compromis pour ressusciter l'accord de Vienne, qui avait permis la levée des sanctions économiques contre l'Iran en échange de restrictions claires à ses activités nucléaires pour assurer, sous supervision internationale, qu'elles restent strictement civiles et pacifiques.

« Un accord n'est ni imminent ni certain »

Israël et la droite américaine s'alarment d'un retrait des « Gardiens » de cette liste noire très symbolique. Mais d'un autre côté, la France, cosignataire de l'accord, a insisté sur « l'urgence » à conclure un accord en raison

[des avancées majeures du programme nucléaire iranien.](#)

Depuis l'arrivée de Joe Biden à la Maison-Blanche l'an dernier, des négociations sont en cours à Vienne pour sauver cet accord. « Il y a eu des progrès significatifs ces dernières semaines, mais je veux dire clairement qu'un accord n'est ni imminent ni certain », a dit Ned Price, comme pour tempérer l'optimisme qui prévalait depuis début mars parmi les négociateurs.

« Nous nous préparons de la même manière à tous les scénarios, avec ou sans retour mutuel à un respect total » de l'accord, a-t-il prévenu. « Le président Biden s'est engagé à ce que l'Iran, tant qu'il sera au pouvoir, ne soit pas autorisé à détenir une arme nucléaire, et cet engagement est réel et solide, que ce soit avec l'accord ou sans accord. »

Sixain 8

>**Un peu devant l'ouvert commerce,**
>
>**Ambassadeur viendra de Perse,**
>
>**Nouvelle au franc pays porter,**
>
>**Mais non receu, vaine espérance**
>
>**A son grand Dieu sera l'offence,**
>
>**Feignant de le vouloir quitter**

TRADUCTION

Un peu avant de signer des accords commerciaux, maintenant semble t'il que les sanctions économiques imposées à l'IRAN sont devenues caduques, un Ambassadeur sera envoyé en France afin de porter une nouvelle. Il ne sera pas reçu et son espoir sera vain. Il considèrera cela comme une offense portée à l'encontre de la nation Iranienne, et fera semblant de quitter le Pays. Il est à noter que ce quatrain sonne comme le précédent, où la tromperie anime l'IRAN dans toutes ses démarches. L'Occident semble ne pas être dupe, cet Ambassadeur n'étant pas reçu. Cela semble être une rupture diplomatique avec l'IRAN, La France ayant peut-être pris conscience de la volonté de cette nation derrière le traité sur le NUCLEAIRE.

QUATRAIN III - 78 –

Le chef d'Escosse, avec six d'Allemagne,

Par gens de mer Orientaux captif :

Traveseron le Calpre et Espagne,

Present en Perse au nouveau Roy craintif.

TRADUCTION

Le chef du Gouvernement d'Ecosse, avec six hauts Responsables politiques Allemands, seront détenus par les Arabes. A priori, ils auraient été capturés en MER, certainement sur des bateaux arraisonnés par les Troupes Musulmanes. Ils passent par le détroit de GIBRALTAR, puis ils traversent l'Espagne par la Région de VALENCE (CALPE). Il est dit qu'ils traversent l'Espagne, ce qui semble préciser qu'ils remontent par BARCELONE pour se rendre en France. Ils devraient passer par le PASSAGE DE LA JUNQUERA et arriver au PERTHUS en utilisant l'autoroute A9.

A priori, les IRANIENS comptent s'en servir comme monnaie d'échange avec un Président craintif. Le fait qu'ils arrivent en France laisse supposer que c'est avec le Président Français qu'ils vont négocier. Michel de NOSTREDAME ne donne aucune indication sur l'objet de cette négociation.

QUATRAIN VIII – 86 –

Par arnani, Tholoser Ville Franque,

Bande infinie par le mont Adrian,

Passe rivière, Hutin par pont la planque,

Bayonne entrer tous Bichoro criant.

TRADUCTION

Michel de NOSTREDAME utilise le mot ARNANI à double sens – parlant à la fois de l'ITALIE, et de l'IRAN.

Des troupes IRANIENNES arrivant de Gênes en ITALIE arrivent en France par VILLEFRANCHE sur MER pour se diriger vers TOULOUSE. Ils forment une COLONNE (bande infinie) qui franchit la FRONTIERE entre l'Italie et la France en franchissant les rivières, le secteur du PONT ST LUDOVIC (frontière) pour se diriger vers MONACO (la planque). Elles utilisent très certainement l'autoroute E 80 en Italie, pour arriver par l'A8 en France.

La Frontière se situe près du TUNNEL qui passe d'Italie en France, à la hauteur du Pont St Ludovic.

Lorsque cela arrivera, les habitants de la BIGORRE pourront crier d'effroi, car des Troupes Russes arriveront à BAYONNE. L'opération sera très certainement conjointe, car Michel de NOSTREDAME dans ses quatrains, ne franchit jamais de telles distances sans qu'il y ait un dénominateur commun, en l'occurrence une volonté de synchronisation de la part des Envahisseurs.

QUATRAIN III – 61 –

La grande bande et secte crucigère,

Se dressera en Mésopotamie :

Du proche fleuve compagnie lege,

Que terre loy tiendra pour ennemie

TRADUCTION

La grande bande et Secte ANTI-CHRETIENNE des Musulmans se dressera en IRAK et en SYRIE près de l'EUPHRATE avec de gros bataillons de soldats endoctrinés et désignera la FOI CHRETIENNE comme son ENNEMIE.

QUATRAIN VII – 22 –

Les Citoyens de Mésopotamie

Irez encontre amis de Tarragone :

Jeux, ritz, banquets, toute gent endormie,

Vicaire au Rosne, prins cité, ceux d'Ausone.

TRADUCTION

Les IRAKIENS rejoindront leurs alliés en Espagne (Tarragone en CATALOGNE) pendant que les gens s'amuseront, riront, feront des banquets, tout le peuple étant endormi. Il est facile d'en déduire que leur attaque conjointe de l'ESPAGNE se fera en fin de soirée quand il fera Nuit. Pendant ce temps, en Italie le Pape s'enfuit au bord du RHONE (St REMY de PROVENCE comme nous l'avons vu à maintes reprises), la cité du VATICAN ayant été prise ainsi que l'Italie.

Ce quatrain est important dans la mesure où il précise que l'IRAK sera associé avec l'IRAN, faisant démentir les quelques tensions récentes qu'il y pu avoir entre ces deux NATIONS. L'article ci-dessous prouve à quel point la convocation de l'ambassadeur IRANIEN est de principe.

L'Irak convoque l'ambassadeur d'Iran après les tirs de missiles sur ERBIL

2022/3/13

L'Irak convoque l'ambassadeur d'Iran après les tirs de missiles sur Erbil

Le ministère irakien des Affaires étrangères a annoncé dimanche avoir convoqué l'ambassadeur d'Iran, pour protester contre les tirs de missiles qui ont touché Erbil, capitale du Kurdistan irakien.

Le ministère dénonce dans un communiqué "la violation flagrante de la souveraineté" de l'Irak et indique avoir "convoqué l'ambassadeur en Irak de la République islamique d'Iran" pour "lui communiquer les protestations du gouvernement sur les frappes de missiles" qui ont entraîné des "pertes matérielles" et des "dommages dans des installations civiles et les habitations des citoyens".

L'agence de presse des étudiants iraniens a rapporté que l'Irak avait remis à l'ambassadeur iranien une note de protestation dans le contexte de l'attaque qui a visé les environs de l'aéroport d'Erbil, à l'aube dimanche, avec des missiles tirés par la milice des gardiens de la révolution iraniens.

De l'autre côté du continent, la RUSSIE s'active en UKRAINE, et la PAIX tarde à venir, mais viendra-t-elle réellement, où allons-nous vers un conflit généralisé en EUROPE. Voyons ce qu'en pense Michel de NOSTREDAME.

QUATRAIN X – 3 –

En après cinq troupeau ne mettre hors,

Un fuytif pour Penelon laschera

Faux murmurer secours venir par lors ;

Le chef, le siège lors abandonnera.

TRADUCTION

Cinq bataillons de l'Armée Rouge sortiront de leurs frontières pour envahir la Pologne. L'OTAN lâchera les Polonais en leur disant que les secours vont arriver et que l'OTAN va s'impliquer, ce qui sera faux. Le Président de la République de POLOGNE quittera son siège à l'Otan et à l'Union Européenne.

L'entrée de la RUSSIE en POLOGNE marque la fin de la neutralité de L'OTAN, pour autant, il semble que l'Alliance Atlantique rechigne à appliquer l'article 5 du traité de Washington qui dit que si les efforts diplomatiques échouent, elle dispose de la puissance militaire nécessaire pour entreprendre des opérations de gestion de crise.

L'article 5 stipule que si un pays de l'OTAN est victime d'une attaque armée, chaque membre de l'Alliance considèrera cet acte de violence comme une attaque armée dirigée contre l'ensemble des membres et prendra les mesures qu'il jugera nécessaires pour venir en aide au pays attaqué.

Michel de NOSTREDAME dit clairement que l'OTAN après l'attaque de la POLOGNE par la RUSSIE, ne réagira pas et fera de vaines promesses, ce qui n'est pas très surprenant. Le Président de la France E. MACRON, disait il y a peu que l'OTAN est en état de mort cérébrale, ce que Vladimir Poutine exploitera à son avantage, car même si l'OTAN se restructure complètement pour renaître de ses cendres, les Nations Européennes sont en rupture complète d'armement et de munitions après avoir transmis la plupart de ces matériels à l'UKRAINE.

Les gesticulations diplomatiques, les menaces, les représailles économiques, les sanctions internationales, toute cette panoplie à laquelle Vladimir Poutine s'attendait avant d'entrer en UKRAINE, n'auront aucun effet sur sa détermination d'après NOSTRADAMUS.

Guerre en Ukraine : Les Rafale français assurent la police de l'air en Pologne

Mickaël Bosredon
Publié le 11/03/22 à 08h05

Guerre en Ukraine : Depuis Mont-de-Marsan, les Rafale français assurent la police de l'air en Pologne — *20 Minutes*

- Une mission de surveillance de l'espace aérien de l'Otan à l'est de l'Europe a été déclenchée quelques heures après l'invasion russe en Ukraine.
- La France assure la police de l'air au-dessus de la Pologne, avec des Rafale qui décollent chaque jour de la base de Mont-de-Marsan.
- S'il s'agit d'une mission de surveillance, les avions de chasse sont tout de même équipés de missiles, pour se défendre en cas d'acte hostile.

La mission a été déclenchée « dès le 24 février, juste après la déclaration de guerre de la Russie », souligne le lieutenant-colonel Antoine, commandant de la 30e escadre de chasse de Mont-de-Marsan (Landes). Depuis, **deux Rafale** effectuent chaque jour un aller-retour entre la base aérienne 118 et la Pologne, pour effectuer des missions de « police du ciel » sur le flanc est de l'Europe.

« Détecter une éventuelle intrusion » Si la France intervient au-dessus de la Pologne, « d'autres armées de l'air, européennes et américaine, sont également mobilisées et peuvent aller au-dessus de la Roumanie », insiste le lieutenant-colonel Antoine. L'idée est de maintenir une présence permanente le long de la frontière avec l'Ukraine, afin d'écarter toute éventuelle menace.

L'objectif de cette mission « est de surveiller l'espace aérien de ces pays, de détecter une éventuelle intrusion de forces aériennes étrangères, pour soit les raccompagner, soit les dérouter, détaille le lieutenant-colonel Antoine. Nous y allons avec des avions armés, car s'il y a des actes hostiles à l'encontre des avions de la coalition de l'Otan, il faut être en mesure de se défendre. »

Equipés de missiles « capables de détruire un avion à longue portée »

L'armement est constitué de six missiles Mica à guidage infrarouge et Meteor, « capables de détruire un avion à longue portée, soit à plusieurs dizaines de kilomètres », ajoute le commandant de l'escadre de chasse. Ces Rafale sont « en mission d'interception et de défense aérienne, précise le colonel Herpin. En plus de leurs six missiles air-air, ils sont équipés de trois réservoirs de carburant supplémentaires afin d'avoir l'endurance la plus importante possible. »

Comme nous le voyons, les moyens mis en place par la France dans l'observation du territoire POLONAIS sont faibles, et les avions partent de Base Aérienne de Mont de Marsan BA 118 avec un avion ravitailleur qui part de la base d'Istres, qui doit les ravitailler en vol au moins quatre fois pour une mission qui dure au total de 9 heures au total. Pour atteindre la frontière Ukrainienne, ils parcourent environ 2000 kms, c'est dire de la capacité d'intervention que nos avions peuvent avoir à une telle distance, d'autant que Michel de NOSTREDAME évoque clairement l'entrée en Allemagne des troupes Russes sur le sol allemand d'où auraient pu éventuellement décoller nos appareils à partir des bases Américaines implantées en Allemagne, comme celle de RAMSTEIN par exemple qu'il faudrait d'ores et déjà activer pour recevoir les avions de chasse, cette base ayant été recentrée sur le transport et la logistique, ce qui est une grave erreur, comme quoi, l'OTAN n'a pas du tout anticipé les tensions actuelles avec la RUSSIE, alors qu'elles étaient totalement prévisibles depuis des années.

Les Etats-Unis devraient d'ores et déjà envoyer massivement des Chasseurs et des bombardiers sur cette base, ne serait-ce que pour prouver la détermination militaire des forces de l'Otan au-delà des mesures économiques engagées qui n'auront aucun effet, la RUSSIE ayant un allié de poids pour la soutenir économiquement, LA CHINE. Posons-nous la question de savoir pourquoi ils n'agissent pas. Les conséquences seront graves pour les Nations Européennes.

PRESAGE 26

> Par la discorde effaillir au défaut,
>
> Un tout à coup le remettra en sus :
>
> Vers l'Aquilon seront les bruits si haut,
>
> Lésions, pointes à travers, par-dessus.

TRADUCTION

Par la discorde, la Nation sera mise en défaut. Un personnage subitement remettra tout en ordre et relèvera le Pays. Vers la Russie on entendra alors de grands bruits de guerre. Il y aura des dommages par l'utilisation massive de missiles pointées vers le ciel, qui passeront au travers du Pays et par-dessus.

Ce quatrain évoque la période où Boris ELTSINE dirigeait l'URSS après le départ de Michaël GORBATCHEV. Par la discorde, il a précipité la fin du régime communiste en RUSSIE et la fin de l'URSS. Son successeur, VLADIMIR POUTINE a tout mis en œuvre pour redresser la Nation et redorer le blason de la Russie, tout au moins sur le plan MILITAIRE, ce qu'il a parfaitement réussi. Le Président

V.POUTINE refusera l'avancée de L'OTAN à ses frontières et entre comme nous le savons maintenant en Ukraine en Février 2022, pointant ses missiles au travers de la Russie, l'Ukraine étant une ancienne dépendance de l'URSS. Cependant, il n'hésitera pas à franchir la frontière pour attaquer – par-dessus – les forces de l'OTAN.

Vladimir Poutine : comment il a réussi à restaurer le statut de la Russie en tant que puissance mondiale après l'effondrement de l'URSS il y a 30 ans
28 décembre 2021

Il y a trente ans, le 25 décembre 1991, Mikhaïl Gorbatchev, le dirigeant de l'Union soviétique de l'époque, démissionnait de ses fonctions et remettait ses pouvoirs présidentiels à Boris Eltsine, le nouveau président de la Fédération de Russie.

Cette nuit-là, le drapeau soviétique rouge avec les symboles du marteau et de la faucille est descendu du Kremlin et remplacé par le tricolore russe. Le lendemain, le Soviet suprême reconnaît l'indépendance des républiques soviétiques et dissout officiellement l'Union des républiques socialistes soviétiques (URSS).

L'effondrement soudain de l'URSS, un empire géant qui, pendant 70 ans, avait contrôlé divers États alliés et étendu son influence géopolitique sur la moitié du monde, a été un événement sismique qui a changé le monde. Et il a laissé la Fédération de Russie nouvellement créée embourbée dans une crise d'identité.

"La Russie n'a jamais été un État-nation au sens occidental du terme. La Russie avait été un empire, mais elle n'avait jamais été un État-nation", explique à BBC Mundo Mira Milosevich, analyste de la Russie et de l'Eurasie au Real Instituto Elcano (Espagne).

"Ainsi, avec la désintégration de l'Union soviétique, la Russie a essayé de créer une identité nationale russe, mais c'est un processus très complexe car la Russie est un pays multiethnique, multinational, avec de grandes traditions et très marqué par son passé impérial", ajoute-t-elle.

Au cours des années 1990, la Russie a cherché à définir non seulement son identité nationale, mais aussi sa relation avec l'Occident. Mais après l'effondrement de l'URSS dans la période de l'après-guerre froide, les États-Unis et leurs alliés occidentaux ont cessé de considérer la Russie comme une "grande puissance", comme l'URSS l'avait été.

Et la manifestation la plus importante de cette dégradation a été l'expansion de l'OTAN en Europe de l'Est, région qui était considérée comme la zone d'influence de Moscou. Selon les observateurs, c'est ce que le président russe Vladimir Poutine veut dire lorsqu'il déclare que l'effondrement de l'Union soviétique est "la plus grande catastrophe géopolitique du XXe siècle".

"C'était la désintégration de la Russie historique sous le nom d'Union soviétique", explique Poutine.

"Nous sommes devenus un pays complètement différent. Et ce qui avait été construit pendant 1 000 ans a été en grande partie perdu."

M. Poutine est devenu le président par intérim de la Russie en 1999, après la démission de Boris Eltsine

Ainsi, depuis son arrivée au pouvoir en 2000, Poutine n'a jamais caché sa détermination à restaurer le statut de puissance mondiale de la Russie après des années d'humiliation supposée par les États-Unis et leurs alliés de l'OTAN.
Et comme le souligne Mira Milosevich,

Poutine a réussi à redonner à la Russie son rôle stratégique de puissance mondiale.

"Poutine se voit comme le sauveur de la Russie", dit-elle. "Parce que la tentative de transition démocratique de la Russie dans les années 1990 a échoué et qu'il y a eu un effondrement et une faillite absolue du pays."

"Poutine a sauvé la Russie et restauré le rôle de la Russie en tant qu'acteur stratégique sur la scène internationale", ajoute-t-elle. En effet, après ce qui a été considéré comme la "décennie perdue" de la Russie dans les années 1990, M. Poutine a fait en sorte que le pays soit à nouveau entendu sur la scène internationale.

Une ascension fulgurante

Poutine a travaillé comme espion du KGB pendant 16 ans avant de démissionner en 1991 pour entamer une carrière politique. Après la démission d'Eltsine en 1999, M. Poutine est devenu président par intérim et, moins de quatre mois plus tard, il a été élu à une large majorité pour son premier mandat à la présidence de la Russie.

À la suite de cette ascension fulgurante, il est devenu le chef du Kremlin qui a occupé le poste le plus longtemps depuis le dirigeant soviétique Joseph Staline, décédé en 1953.

Un vote national controversé sur les réformes constitutionnelles en avril de cette année lui donne la possibilité de rester au pouvoir au-delà de son quatrième mandat actuel, qui se termine en 2024.

Ainsi, Poutine, 69 ans, pourrait rester au Kremlin jusqu'en 2036.

Les critiques disent qu'il a acquis les traits qui ont façonné sa vision du monde pendant l'ère soviétique.

"Il est clair que la Russie est de retour sur l'agenda international, mais pas pour des raisons positives", déclare à BBC World Natasha Kuhrt, maître de conférences au département des études sur la guerre du King's College de Londres et experte en politique étrangère et en questions de sécurité russes et eurasiennes.

"Il est intéressant de noter qu'il y a dix ans (au Kremlin), on parlait de la nécessité pour la Russie de se rendre plus attractive. Qu'elle devait utiliser le 'soft power'".

CR
"Eh bien, maintenant, ils ont totalement changé. Personne (à Moscou) n'est intéressé par le fait de se rendre plus attrayant. Tout ce qu'ils veulent, c'est que la Russie devienne un acteur, que la Russie obtienne une place à la table, que le monde reconnaisse la Russie".

"Si c'est ce que Poutine voulait, je pense qu'il y est parvenu, si l'on ne pense qu'en termes de calculs stratégiques", dit-elle.

La puissance mondiale de la Russie

- C'est le plus grand pays du monde avec plus de 17 millions de km2 de territoire.
-
- C'est le deuxième plus grand producteur de pétrole au monde (après les États-Unis) avec 10,27 millions de barils par jour.
-
- Elle possède le deuxième plus grand arsenal nucléaire du monde (après les États-Unis), avec 6 375 ogives.
-

- Ses dépenses de défense sont les quatrièmes plus importantes au monde, avec des augmentations régulières ces dernières années : en 2020, elles ont atteint 66,84 milliards de dollars US.
-
- Elle est un membre permanent du Conseil de sécurité de l'ONU (l'un des cinq) avec un droit de veto.

Comme le soulignent les experts, la priorité absolue de M. Poutine pour inverser le déclin post-soviétique de la Russie était de stopper l'avancée des puissances étrangères dans l'ancienne région soviétique.

En 2008, l'armée russe a envahi la Géorgie pour empêcher le président pro-occidental Mikheil Saakashvili de reconquérir militairement le territoire géorgien sécessionniste d'Ossétie du Sud, un protectorat russe.

Si Saakashvili avait réussi à réunifier son pays fracturé, il aurait pu se rapprocher de son objectif déclaré de faire de la Géorgie un candidat viable à l'adhésion à l'OTAN.

Le Kremlin a déployé plus de 114 000 soldats à la frontière ukrainienne

De même, en 2014, en Ukraine, après que des manifestations pro-occidentales ont renversé le président Viktor Ianoukovitch, un allié de Moscou, la Russie est intervenue militairement, d'abord pour annexer la péninsule de Crimée, puis pour soutenir les rebelles anti-Kiev dans le Donbas, la région russophone de l'est de l'Ukraine.

Comme l'explique Mira Milosevich, ces incursions ne s'inscrivent pas dans la volonté de Poutine de rétablir l'Union soviétique. Il s'agissait, selon elle, d'un "principe historique de la sécurité nationale russe."

"Cette impulsion pour préserver les zones d'influence vient du concept de sécurité nationale de la Russie, pour protéger ce qu'elle considère comme son intérêt national et est très façonnée par son expérience historique d'être envahie", dit-il.
"Ce que la Russie veut, ce sont des espaces entre elle et l'ennemi potentiel. Et la Russie perçoit l'OTAN comme la plus grande menace pour sa sécurité nationale et ne veut pas de l'OTAN à ses propres frontières", dit-elle.

Puissance armée

Après l'effondrement de l'Union soviétique, la Russie a hérité de la grande majorité de l'arsenal nucléaire soviétique. Bien que le pays ait considérablement réduit son stock, il contrôle toujours la deuxième plus grande force nucléaire du monde.
En 2018, dans son discours annuel sur l'état de la nation, Poutine se vantait de nouvelles armes nucléaires puissantes.

Devant des centaines de hauts fonctionnaires et de législateurs, quelques jours avant une élection qui lui donne un nouveau mandat de six ans, M. Poutine fixe des objectifs nationaux ambitieux et lance des avertissements défiants à l'Occident, qu'il accuse de "tenter de réprimer la Russie".

M. Poutine explique que la Russie a testé un nouveau missile balistique intercontinental lourd, appelé Sarmat, et fait valoir que la Russie a été contrainte de moderniser son arsenal nucléaire après que les États-Unis se sont retirés du traité sur les missiles antibalistiques (ABM) en 2002.

M. Poutine affirme avoir averti l'Occident en 2004 qu'il allait prendre une telle mesure, mais que l'Occident "n'avait pas voulu parler à la Russie".
"Personne ne voulait vraiment nous parler à l'époque. Personne ne nous écoutait alors. Alors, écoutez-nous maintenant", dit M. Poutine sous un tonnerre d'applaudissements lors de ce discours qui a été retransmis en direct dans tout le pays.

Depuis lors, la Russie continue à moderniser son arsenal nucléaire.
Selon l'Institut international de recherche sur la paix de Stockholm (SIPRI), la Russie dispose d'environ 50 ogives nucléaires de plus en déploiement opérationnel en 2021 qu'un an plus tôt.

La Russie augmente également son arsenal nucléaire militaire global d'environ 180 ogives, principalement en raison du déploiement d'un plus grand nombre de missiles balistiques intercontinentaux terrestres à ogives multiples et de missiles balistiques lancés depuis la mer. Ainsi, aujourd'hui, le monde non seulement écoute la Russie, mais la craint également.

Liens internationaux

Dans sa course à la restauration de la puissance mondiale de la Russie, Poutine prend également sur lui de renforcer les liens dans des régions qui avaient déjà été stratégiques pour l'URSS, comme l'Amérique latine.

"Toutes les représentations au niveau diplomatique et dans les institutions internationales qui étaient auparavant exercées par l'Union soviétique le sont désormais par la Russie", déclare Mira Milosevich.

"Et sans aucun doute, la Russie a profité et poursuivi les relations historiques traditionnelles de l'Union soviétique qu'elle a eues, par exemple, en Amérique latine.

Comme le souligne l'expert, la présence de la Russie en Amérique latine fait partie d'une stratégie internationale plus large dont l'objectif principal est de "saper le leadership américain dans la région" et de "concurrencer l'autre grande puissance émergente, la Chine".

"Poutine est un stratège fantastique, comme il l'a montré", déclare l'analyste de l'Institut royal Elcano.

"Il a pu, par exemple, faire entrer la Russie sur l'échiquier du Moyen-Orient avec beaucoup moins de pouvoir économique, militaire ou politique que les États-Unis".
"Aujourd'hui, la Russie est un acteur indispensable, le seul acteur stratégique au Moyen-Orient qui parle à tout le monde, du Hezbollah au roi d'Arabie saoudite", ajoute Mira Milosevich.

En outre, la Russie est l'un des cinq membres permanents du Conseil de sécurité des Nations unies - une place qu'elle a également héritée de l'Union soviétique - ce qui lui confère un droit de veto.

Poutine et le président brésilien Jair Bolsonaro

Faiblesses
Mais les succès diplomatiques, militaires et stratégiques de M. Poutine n'ont pas réussi à masquer les faiblesses intérieures fondamentales de la Russie : une économie trop dépendante des recettes d'exportation de l'énergie (la Russie est la onzième économie mondiale en termes de PIB), une corruption généralisée, des infrastructures et des prestations sociales médiocres et un mécontentement politique et social croissant.

Comme le souligne Natasha Kuhrt, Poutine définit largement sa politique étrangère en s'opposant aux États-Unis et à l'Union européenne, en soutenant des régimes "atypiques" et en vendant des armes à qui en fait la demande.

"Tout comme l'Union soviétique, qui a vendu des avions et des armes aux pays africains en prévoyant de payer en cinq ans, cela ne signifie pas nécessairement que vous avez de l'influence", dit Kuhrt.

"La Russie vend beaucoup d'armes et cela ne vous rend pas influent en soi. Vous pouvez construire une centrale nucléaire pour un pays, mais cela ne signifie pas qu'il vous sera loyal. Il faut donc être prudent quand on parle d'influence et de puissance mondiales."

"Parce qu'en termes d'influence, (la Russie) ne fait pas ce que la Chine fait, par exemple, en Afrique, où elle engrange d'énormes bénéfices à long terme en termes d'investissements."

Plus de tensions

Les tensions avec l'Occident sont aujourd'hui à leur comble. L'Occident accuse la Russie de masser des dizaines de milliers de soldats près de l'Ukraine en vue d'une éventuelle attaque.
Le Groupe des Sept met en garde Moscou contre des "conséquences massives" s'il attaque l'Ukraine

Le Kremlin souligne que la Russie n'a pas l'intention de lancer une nouvelle attaque contre l'Ukraine et que l'Occident semble avoir été convaincu des intentions agressives de Moscou sur la base de ce qu'il appelle de fausses histoires dans les médias occidentaux.

Pour l'instant, il est peu probable que les divisions entre la Russie et l'Occident soient résolues de sitôt.

Poutine a peut-être déjà atteint son objectif de faire de la Russie un acteur respecté - et craint - dans le monde, mais comme le souligne Kuhrt, il est peu probable qu'il trouve une place durable pour la Russie dans le nouvel ordre mondial, une place où elle serait traitée comme un partenaire égal.

"Je pense que la Russie essaie toujours de se positionner dans le monde. Et maintenant, avec la montée de la Chine, ce ne sera pas si facile", déclare l'expert du King's College.

"Poutine peut penser qu'il sait comment faire, mais cela ne signifie pas qu'il sera capable de le faire."

Cet article date de décembre 2021, et comme nous avons pu le constater, VLADIMIR POUTINE est entré en UKRAINE. La dernière phrase de ce commentaire nous projette dans un avenir très proche, car nous n'allons certainement pas manquer d'avoir la réponse bientôt. Sera-t-il capable de tenir tête à l'EUROPE entière, même en s'alliant économiquement avec la CHINE et militairement avec l'IRAN, l'avenir le dira, mais Michel de NOSTREDAME semble ne pas avoir de doutes là-dessus.

QUATRAIN V – 85 –

Par les Sueves et lieux circonvoisins,

Seront en guerre pour cause des nuées :

Camp marins locustres et cousins,

Du Leman fautes seront bien desnuées.

TRADUCTION

L'Allemagne ainsi que les Pays limitrophes, Suisse, Belgique, Pays Bas, France, seront en Guerre, le ciel étant envahi d'Avions de Chasse, de bombardiers, d'hélicoptères, ces cousins du ciel. Les Ports maritimes seront couverts de Navires de Guerre. Les Russes ne tiendront absolument pas des conventions de Genève. L'Europe sera envahie de tous les côtés. Michel de

NOSTREDAME disait d'ailleurs dans un précédent quatrain que la France serait envahie de Cinq côtés pour donner l'ampleur de ce débarquement de troupes, alors qu'actuellement en Ukraine, on veut nous faire croire que l'Armée Rouge n'est pas en capacité de tenir le Pays, ce qui relève du mensonge si l'on observe le périmètre des opérations de l'Armée Rouge.

QUATRAIN I – 82 –

Quand les colonnes de bois grande tremblée,

D'Austere conduicte, couverte de rubriche,

Tant vuidera dehors grande assemblée

Trembler Vienne et le pays d'Autriche.

TRADUCTION

Sous le grondement des divisions blindées, les grands arbres trembleront dans les forêts Allemandes - 11 millions d'hectares – qui seront envahies par l'Armée Rouge. Ils entreront en Autriche, vidant le Parlement Européen de Vienne. Michel de NOSTREDAME alerte les Viennois sur la gravité que représente l'entrée des troupes Russes en Autriche. VIENNE et L'Autriche seront envahies.

QUATRAIN V – 94 –

Translatera en la Grand Germanie,

Brabant et Flandres, Gand, Bruges et Bologne :

La trefve feinte, le grand Duc d'Arménie

Assailira Vienne et la Cologne.

TRADUCTION

La Marine RUSSE contourne les Pays-Bas par la Mer du NORD et débarque dans les Villes Portuaires de GAND, BRUGES, et très certainement ANVERS, où tous les équipements peuvent accueillir les Navires de Guerre. Cette RUSE consiste à entrer en Allemagne par la MER en utilisant les équipements portuaires de la BELGIQUE.

Le Commandant en Chef des troupes Russes, VIENDRA (Vienne) en ALLEMAGNE par la Ville de COLOGNE. Par cette stratégie, l'Allemagne sera attaquée sur terre, par des troupes venant de POLOGNE, et sur mer par des troupes venant de la mer du Nord.

SIXAIN – 46 –

> Le pourvoyeur mettra tout en desroutte
>
> Sangsuë et loup, en mon dire n'escoutte
>
> Quand Mars sera au signe du Mouton
>
> Joint à Saturne, et Saturne à la Lune,
>
> Alors sera ta plus grande infortune
>
> Le Soleil lors en exaltation

TRADUCTION

Celui qui alimente le chaos, la RUSSIE, mettra l'Occident en déroute. Le Pape alertera sur les risques de révolution et de guerre pendant son pontificat, au mois de Mars, quand LE FEU menace de se répandre à toute l'EUROPE. Le Message de Michel de NOSTREDAME ne sera guerre entendu. Dès lors l'incendie va se propager.

Ukraine : « Au nom de Dieu, je vous le demande : arrêtez ce massacre ! », supplie François

Anna Kurian - publié le 13/03/22 - mis à jour le 13/03/22

"Au nom de Dieu, je vous le demande : arrêtez ce massacre !" s'est écrié le pape François avec véhémence lors de l'Angélus du 13 mars 2022, soutenu par les applaudissements de la foule place Saint-Pierre. Il a appelé à mettre fin à cette "inacceptable agression armée" en Ukraine.

Après la traditionnelle prière de midi à la Vierge Marie, le pape François s'est affligé dimanche 13 mars que la ville qui porte son nom, Marioupol, soit devenue « une ville martyre de la guerre épouvantable qui est en train de dévaster l'Ukraine ». Alors que les bombardements ont touché un hôpital pédiatrique de cette cité portuaire du sud-est du pays, il a condamné « la barbarie du meurtre d'enfants, d'innocents et de civils sans défense ».

Intensifier la prière pour la paix

Pour le chef de l'Église catholique qui a exprimé sa « douleur », « aucune raison stratégique ne tient ».

La seule issue est de miser « avec décision sur les négociations », a-t-il martelé, demandant aussi des couloirs humanitaires « effectifs et sûrs ».

Unissant sa voix « à celle des gens ordinaires qui implorent la fin de la guerre », l'évêque de Rome a une nouvelle fois appelé à écouter « le cri de ceux qui souffrent », et à

« cesser cette inacceptable agression armée avant qu'elle ne réduise les villes à des cimetières ».

Depuis sa fenêtre du palais apostolique, le pape François a plaidé la cause des réfugiés, saluant « le grand réseau de solidarité qui s'est formé ». Il a aussi demandé à toutes les communautés diocésaines et religieuses d'intensifier leur prière pour la paix.

Prier pour que Dieu convertisse les cœurs à une ferme volonté de paix.

« Dieu est seulement le Dieu de la paix, pas le Dieu de la guerre, et celui qui approuve la violence en profane le nom », a déclaré François, avant d'inviter la foule à prier en silence « pour que Dieu convertisse les cœurs à une ferme volonté de paix ».

Depuis le début de la guerre, le pape et le Saint-Siège multiplient les appels et les gestes pour l'Ukraine, en offrant, comme l'a rappelé le cardinal secrétaire d'État Pietro Parolin le 12 mars, « la totale disponibilité du Saint-Siège pour tout type de médiation ».

QUATRAIN V – 12 –

Auprès du Lac Leman sera conduite,

Par garse estrange cité voulant trahir,

Avant son meurtre a Augsbourg la grande fuite,

Et ceux du Rhin la viendront invahir.

TRADUCTION

Dans ce quatrain, si nous le prenons par la fin, nous observons que les Russes arrivent du RHIN avec des Navires de Guerre. Il s'agit donc des troupes qui sont arrivées par BATEAU en BELGIQUE et qui descendent le Rhin inférieur, puis le Rhin moyen en passant par COLOGNE, pour atteindre le Rhin supérieur et s'approcher du LAC LEMAN, ce que confirme la première ligne qui précise que l'ARMEE sera conduite près de GENEVE. La République Allemande sera prise de force, et subira de grands dommages. Les habitants de la BAVIERE s'enfuiront vers AUGSBOURG et MUNICH.

QUATRAIN VI – 79 –

Pres du Tesin les habitants de Loyre

Garonne et Saone, Seine, Tain, et Gironde

Outre les monts dresseront promontoire,

Conflict donné, Pau granci, submergé onde.

TRADUCTION

Dans ce quatrain, Michel de NOSTREDAME cite 5 Fleuves en France, la Loire, la Seine, le Rhône, la Garonne et la Saône, mais ne cite pas le RHIN. Ces 5 fleuves ont accès à la Mer, L'océan Atlantique, La Mer Méditerranée, et la Manche. Il précise qu'outre les Monts du TESSIN en Suisse, qui culminent à leur point le plus haut à 3402 Mètres ils dresseront Promontoire. La différence d'altitude entre les fleuves et le Tessin, et l'évocation de promontoires, laisse à penser qu'ils doivent se protéger de la montée des eaux, sans quoi le quatrain n'a pas de sens, d'autant que Michel de NOSTREDAME parle de submersion par l'onde, qui ne peut correspondre qu'à une montée importante des eaux provoquée par un TSUNAMI – onde – Il précise que cela se passera pendant le conflit.

Lorsque nous avons traité certains quatrains qui parlaient de la Ville de PARIS, vous n'aurez pas manqué d'observer que la Chevelure d'un Astéroïde touche deux grandes Cités, PARIS et GENEVE, pour autant, une énorme masse embrasée de la taille d'une MONTAGNE, fût projetée dans la MER. Compte tenu de la position des FLEUVES, cet Astéroïde doit très certainement tomber dans l'OCEAN ATLANTIQUE, et provoquer un TSUNAMI ravageur qui entrera d'après certains écrits 50 kms dans les côtes de France et remontera les FLEUVES en polluant les eaux qui deviendront insalubres.

QUATRAIN II – 26 –

Pour la faveur que la cité fera,

Au grand qui tost perdra camp de bataille

Puis le rang Pau Thesin versera,

De sang, feux mors noyez de coups de taille

TRADUCTION

Le Gouvernement de PARIS sera en colère à l'encontre des AMERICAINS qui dès le début de l'entrée en Guerre déserteront le champ de bataille, laissant l'EUROPE se débrouiller seule face aux Russes et aux Musulmans. L'Armée Rouge depuis la SUISSE se dirigera vers les Basses-Pyrénées faire la liaison avec ses troupes débarquées dans la région de BORDEAUX, et les Troupes Musulmanes. Le sang coulera par les armes et par les coups de taille.

La différence des armes utilisées prouve que les Arabes sont sur place, car ce sont de grands utilisateurs d'armes blanches, ce qui n'est pas le cas des Russes qui utilisent les armes à feu.

Le Président des Etats Unis aura contribué très largement à l'extension de ce conflit, mandaté qu'il est par de grands financiers qui sont à la manœuvre, mais une fois que l'incendie sera allumé, si l'on se réfère au Propos de Michel de NOSTRADAME, les troupes Américaines basées en

EUROPE quitteront le champ de bataille pendant plus de 3 ans.

QUATRAIN VIII – 7 –

Verseil, Milan donra intelligence,

Dedans Tycin sera faite la playe :

Courir par Seine, eau, sang, feu par Florence,

Unique cheoir d'hault en bas faisant maye.

TRADUCTION

Les Troupes Musulmanes remonteront du Sud de l'Italie vers MILAN, où le passage pour traverser le Tessin – La Plaie ouverte – leur sera communiqué au départ de VARESE. Un précédent quatrain stipulait que les Tunnels du Saint Gothard seraient encombrés, fermant cette porte d'entrée sur la Suisse, d'où la nécessité d'emprunter un autre chemin pour arriver en Suisse, l'Unique Choix étant de choisir un passage par la Montagne, dont l'itinéraire sera donné à MILAN. Venant de FLORENCE, les musulmans se seront comportés comme des sauvages, en précipitant les cadavres des Florentins dans l'ARNO certainement en crue à ce moment-là.

Ils utiliseront très certainement le célèbre PONTE VECCHIO pour marquer de leur empreinte leur passage, brûlant ensuite la Ville - Michel de NOSTREDAME parle de la SEINE à FLORENCE, afin de citer le fleuve qui traverse la Ville, l'ARNO –

ANGLETERRE

Quatrain IV – 33 –

Jupiter joinct plus Venus qu'à la Lune,

Apparoissant de plénitude blanche :

Venus cachée sous la blancheur Neptune,

De Mars frappée par la gravée blanche.

TRADUCTION

Le Monde sera plus attiré par le sourire éloquent, le doux parler, le soupir le plus persuasif, le silence expressif et l'éloquence des yeux, en gros tout ce qui s'apparente à la Luxure, plutôt qu'aux choses Naturelles. La débauche se cachera sous la candeur en ANGLETERRE. Les îles Britanniques, la Grande Bretagne et L'Irlande seront frappée par l'importante extension du Conflit.

Comme nous avons pu le constater dans les quatrains précédents, la France sera envahie en partie par la MER, sur les côtes de la Mer du Nord et de l'Atlantique. Par voie de conséquence, les RUSSES ne manqueront pas d'envahir ces deux îles afin de ne pas laisser aux Anglais, l'opportunité d'agir comme ils ont pu le faire pendant la deuxième Guerre Mondiale, en préparant le débarquement du 6 Juin 1944.

Certains pourront douter de la présence de la GRANDE BRETAGNE dans ce quatrain. Afin de lever le doute, observons celui qui suit, qui est sans équivoque.

PRESAGE 12, Octobre

Venus, Neptune poursuivra l'entreprise,

Serrez pensifs, troublez les opposans :

Classe en Adrie, citez vers la Tamise,

Le quart bruit blesse de nuict les reposans.

TRADUCTION

La Société Anglaise poursuivra et entretiendra ce côté malveillant, méchant, calomnieux et prétentieux qu'elle a à l'encontre des autres, dont l'origine est certainement due à leur insularité, mais leur tendance à la débauche ne devrait pas changer, ce qui n'a rien à voir avec l'insularité cette fois. Les Philosophes et les Opposants seront arrêtés. Venant de la Mer du Nord, les Navires se dirigeront vers la TAMISE porte d'entrée sur LONDRES, où les équipements du Port en eaux profondes à TILBURY situé à 40 kms de la Capitale peuvent les accueillir. Le bruit que feront les Navires de Guerre, sortira de leur sommeil les habitants.

SIXAIN 50

Un peu devant ou après l'Angleterre

Par mort de loup mise aussi bas que terre,

Verra le feu resister contre l'eau,

Le ralumant avec telle force

Du sang humain, dessus l'humaine escorce

Faute de pain, bondance de couteau.

TRADUCTION

L'Angleterre sera attaquée un peu après que les RUSSES soient entrés en Allemagne par la MER en passant par les installations portuaires de la Belgique faisant chuter l'Allemagne pour la mettre plus bas que terre. La guerre remplacera la révolution et n'en sera que plus dévastatrice, faisant couler le sang humain. Les armes remplaceront le pain, créant la FAMINE.

Michel de NOSTREDAME confirme dans ce quatrain que les Nations Européennes, Allemagne, France, Italie, Angleterre seront toutes secouées par des heurts internes très certainement liés à une Inflation Galopante qui précipite les peuples dans la pauvreté. Pour autant, la REVOLUTION n'est pas une solution, car elle participe à l'effort de destruction plutôt qu'à la quête de solutions. Il est à souhaiter que l'avertissement de NOSTRADAMUS éveille les esprits.

Guerre en Ukraine: Moscou fait monter la pression sur les câbles sous-marins, l'internet européen menacé

Par Antoine Izambard le 15.03.2022

Alors que l'armée russe accentue ses bombardements en Ukraine, l'inquiétude grandit sur la possibilité de voir Moscou couper des câbles sous-marins et priver d'internet une partie de l'Europe.

Vladimir Poutine peut-il couper l'internet européen en sabotant des câbles sous-marins? L'hypothèse est jugée plausible au sein de la Direction générale de la sécurité extérieure (DGSE) et à l'État-major des armées où ce scénario fait l'objet d'analyses approfondies. Et pour cause, alors que le chef du Kremlin a déjà brandi la menace nucléaire, il pourrait aussi causer des dégâts considérables en s'attaquant à ces tuyaux de fibre optique de deux centimètres de diamètre qui assurent 99% des liaisons intercontinentales, qu'il s'agisse d'Internet ou de téléphonie mobile - le reste passe par le satellite. Cette inquiétude a été nourrie ces derniers mois par une certaine agressivité de Moscou.

En août 2021, au large de l'Irlande,

le navire espion Yantar, a ainsi suivi le tracé des câbles sous-marins Celtic Norse et AEConnect-1 **qui relient l'Irlande aux États-Unis.**

Rattaché à ce bâtiment, le mini sous-marin de type AS-37, a fait la démonstration à cette occasion qu'il pouvait s'immerger jusqu'à 6.000 mètres de profondeur. Ces craintes sont aussi étayées par les coupures de câbles sous-marins imputées à la Russie lors de l'annexion de la Crimée en 2014.

Le 13 septembre dernier, ce bateau présenté par la marine russe comme menant des opérations "océanographiques" <u>a aussi croisé dans les eaux de la Manche</u>, au large du Cotentin. En riposte, la marine nationale a dépêché un patrouilleur afin de surveiller ses activités.

<u>Il semble à la lecture de cet article que VLADIMIR POUTINE prépare déjà le terrain, comme le confirme le quatrain ci-dessous</u>

QUATRAIN III – 70 –

La Grande Bretagne comprise l'Angleterre,

Viendra par eaux si haut inonder,

La ligne neusve d'Ausonne fera guerre,

Que contre eux ils se viendront bander

TRADUCTION

Michel de NOSTREDAME dans cette première phrase, sous-entend que l'Angleterre n'est pas en Grande Bretagne, voulant tout simplement dire qu'il y a L'Angleterre, et la Bretagne. Lui qui connaît parfaitement la géographie a marqué la différence.

La BRETAGNE et l'ANGLETERRE passeront par les eaux, pour transmettre à Très haut débit (si haut inonder), l'information (eaux) en utilisant les câbles sous-marins (la ligne d'Aussonne-SON) Ces câbles ayant été tirés (bander) la RUSSIE s'acharnera contre eux.

QUATRAIN II – 68 –

De l'Aquilon les efforts seront grands,

Sur l'Océan sera la porte ouverte :

Le regne en l'Isle sera réintégrand,

Tremblera Londres par voile descouverte.

TRADUCTION

La RUSSIE mettra tout en œuvre pour avoir accès à l'Océan Atlantique et y parviendra, la porte lui étant ainsi ouverte sur les mers chaudes. Les Navires de Guerre stationnés à Mourmansk dans la mer de Barents ont de moins en moins de difficultés à passer en mer de Norvège pour atteindre la Mer du Nord, par les effets du Réchauffement Climatique.

Le principe de la Royauté en Angleterre sera aboli. Londres tremblera, craignant que le voile soit levé sur les errements de la Couronne d'Angleterre.

QUATRAIN III – 71 –

Ceux dans les Isles de long temps assiegez

Prendront rigueur force contre ennemis,

Ceux par dehors morts de faim profligez

En plus grand faim que jamais seront mis.

TRADUCTION

L'ANGLETERRE sera occupée pendant de longs mois. Ils mettront à profit cette occupation pour reprendre de la vigueur et se renforcer. L'Anglais est un combattant dans l'âme et fera tout pour se nourrir. Ceux qui n'habiteront pas les Iles, au dehors, mourront de faim et connaîtront la famine, alors que dans les îles, le quatrain précise qu'ils devraient pouvoir réussir à nourrir leur population.

QUATRAIN VIII – 37 –

La forteresse aupres de la Tamise,

Cherra par lors, le Roy dedans serré,

Auprès du pont sera veu en chemise,

Un devant mort, puis dans le fort barré.

TRADUCTION

A LONDRES, près du Palais de WESTMINSTER (la forteresse, siège du Parlement Britannique) se trouve LA CHAMBRE DES LORDS (lors) qui tombera (cherra) alors que le ROY (le premier Ministre qui dirige le Pays), devrait être à l'intérieur. En fait, il sera vu en chemise près du Pont de Westminster prenant soin d'un parlementaire décédé. Il fermera la Chambre des Lords où ils se sont barricadés. On peut supposer que l'observation de l'endroit se fera par satellite, car pour voir un homme en chemise sur un trottoir et le reconnaître, il faut soit être sur place, soit être un observateur derrière un écran. Compte tenu du quatrain qui suit, l'analyse laisse à penser que les évènements seront suivis par satellite.

QUATRAIN VI – 22 –

Dedans la terre du grand temple Celique,

Neveu à Londres par paix faincte meurtry :

La barque alors deviendra scismatique

Liberté faincte sera au corn et cry

TRADUCTION

La mer Celtique est la partie de l'océan Atlantique qui borde le sud de l'IRLANDE, les deux pointes sud-ouest de la GRANDE BRETAGNE et la façade ouest de la BRETAGNE – Michel de NOSTREDAME parle donc de L'ANGLETERRE (à l'angle de la TERRE = Angleterre.)

Le Grand Temple Celtique est le PARLEMENT du ROYAUME-UNI de **Grande** Bretagne, et d'IRLANDE du NORD, Le Parlement siège au PALAIS de WESTMINSTER à LONDRES.

Le Premier ministre, sera menacé à LONDRES, et feindra d'avoir été tué ce qui mettra un terme à la paix. L'Angleterre devrait par cet acte entrer en Guerre contre la RUSSIE

La MONARCHIE BRITANNIQUE deviendra alors schismatique. La liberté disparaîtra (feindre la liberté) et le peuple hurlera.

QUATRAIN II – 78 –

Le grand Neptune du profond de la mer,

De gent Punique et sang gaulois meslé :

Les Isles à sang pour le tardif ramer,

Plus luy nuire que l'occult mal celé.

TRADUCTION

Un sous-marin dont l'équipage sera composé de Français de souche et de musulmans naturalisés fera surface dans les eaux Anglaises. Michel de NOSTREDAME mixe les deux origines pour mentionner le PORT de DEPART du sous-marin, la France. Si les Français ne perdent pas trop de temps (occulte mal) et s'ils savent recueillir les bonnes informations à temps, ils devraient pouvoir récupérer le Premier Ministre à LONDRES, alors que le pays est mis à feu et à sang. Le Message adressé aux services de renseignements de la France ne peut être plus clair.

QUATRAIN II – 1 –

Vers Aquitaine par insults Britanniques,

De par eux mesmes grandes incursions :

Pluyes, gelées feront terroirs iniques,

Port Selyn fortes fera invasions.

TRADUCTION

Venant des Iles Britanniques, les RUSSES débarqueront en AQUITAINE. Ils feront de grandes incursions en FRANCE à partir de cette région. Ce débarquement sera accompagné de fortes pluies, de gelées, qui rendront leurs conditions de débarquement difficiles. De grandes troupes musulmanes les rejoindront en AQUITAINE où ils font jonction pour envahir la partie sud de la France. Ces faits semblent se dérouler en Hiver.

QUATRAIN I - 91 –

Les Dieux feront aux humains apparences,

Ce qu'ils seront autheurs de grand conflict.

Avant ciel veu serein, éspée et lance,

Que vers main gauche sera plus grande affliction

TRADUCTION

Les Dieux apparaîtront aux hommes, qui seront auteurs de grands conflits. Le ciel était serein avant que n'apparaissent des missiles de toutes sortes. En principe, c'est de la main gauche que l'on règle l'organe de visée alors que la main droite se concentre sur l'organe de déclenchement du tir.

Michel de NOSTREDAME prend en référence des armes classiques, afin que par analogie nous puissions adapter ces armes aux temps modernes, qu'il qualifie d'épée et de lances.

Missiles hypersoniques c'est quoi ces missiles « KINJAL » que la Russie nie avoir utilisé en Ukraine

Le ministère russe de la Défense a déclaré samedi avoir utilisé la veille des missiles hypersoniques « Kinjal » pour détruire un entrepôt souterrain d'armements dans l'ouest de l'Ukraine.

Ju.M. Avec Afp | Publié le 19/03/2022 ,

La Russie n'avait jusque-là jamais fait état de l'emploi de ce missile balistique dans les deux conflits où elle est belligérante, l'Ukraine et la Syrie. Il a été déployé de nombreuses fois en exercices depuis le premier test réussi

en 2018. Selon l'agence d'État Ria Novosti, son emploi est une première. « *Le 18 mars, le complexe aéronautique Kinjal avec ses missiles balistiques hypersoniques a détruit un important entrepôt souterrain de missiles et de munitions de l'aviation de l'armée ukrainienne dans la localité de Deliatine, dans la région d'Ivano-Frankivsk* », a annoncé le porte-parole du ministère de la Défense, Igor Konachenkov.

Des Missibles difficilement détectables

Les missiles hypersoniques sont des armes caractérisées par leur capacité à se déplacer et à maintenir des vitesses supérieures à Mach 5, c'est-à-dire cinq fois la vitesse du son, soit à plus de 10 000 km par heure. Ce qui les rend difficilement détectables alors qu'elles sont manœuvrables sur la quasi-totalité de leur vol. D'après Capital, pour atteindre sa cible, cet engin peut être lancé par un aéronef à plus de 12 000 kilomètres d'altitude avant d'entamer une descente rapide en planant, avec une trajectoire difficile à prévoir pour éviter de se faire intercepter... même si certains experts militaires occidentaux ont estimé que la Russie pouvait exagérer les capacités de cette arme air-sol.

Les armes hypersoniques

Ces missiles, pouvant transporter des ogives conventionnelles ou nucléaires, sont considérés comme la prochaine génération d'armes, difficiles à détecter

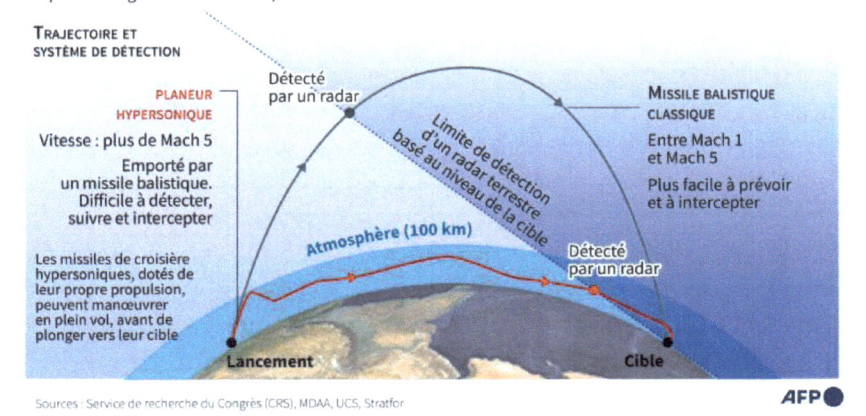

TRAJECTOIRE ET SYSTÈME DE DÉTECTION

PLANEUR HYPERSONIQUE
Vitesse : plus de Mach 5
Emporté par un missile balistique. Difficile à détecter, suivre et intercepter

Les missiles de croisière hypersoniques, dotés de leur propre propulsion, peuvent manœuvrer en plein vol, avant de plonger vers leur cible

Détecté par un radar
Limite de détection d'un radar terrestre basé au niveau de la cible
Atmosphère (100 km)
Détecté par un radar
Lancement
Cible

MISSILE BALISTIQUE CLASSIQUE
Entre Mach 1 et Mach 5
Plus facile à prévoir et à intercepter

Sources : Service de recherche du Congrès (CRS), MDAA, UCS, Stratfor

AFP

Les missiles balistiques hypersoniques « Kinjal » (poignard en russe) et ceux de croisière « Zircon » appartiennent à une famille de nouvelles armes développées par la Russie et que M. Poutine qualifie d'« invincibles ». Ils sont longs d'environ 7,4 mètres pour un poids de 4 tonnes.

Testés avec succès en 2018, les Kinjal (« poignard » en russe) ont atteint, lors des essais, toutes leurs cibles à une distance pouvant atteindre plus de 1000 km, selon le ministère russe de la Défense. Ils équipent les avions de guerre Mig-31.

« Il est probable qu'on voulait utiliser le Kinjal dans des conditions de combat, c'est une première mondiale », relève auprès de l'AFP Vassili Kachine, analyste militaire et directeur d'un centre de recherche de la Haute école d'économie de Moscou. Et la cible frappée vendredi, un entrepôt souterrain, semble tout indiquée pour les tester selon M. Kachine.

«De telles infrastructures sont difficiles à détruire avec des missiles classiques. Le missile hypersonique a lui une capacité de pénétration et une puissance destructrice plus importantes du fait de sa très haute vitesse », note-t-il.

Des armes qui peuvent être équipées d'ogives nucléaires développées par la Russie depuis 2017.

Ce missile hypersonique fait partie des armes « invincibles » annoncées en grande pompe en 2018 par Vladimir Poutine, comme une façon d'avertir les pays occidentaux que la Russie avait rattrapé son retard et menait désormais la course en tête sur l'armement : la Russie est alors devenue le premier pays au monde à avoir développé des armements hypersoniques. À l'époque, rappelait Capital dans un article au mois de février, « *les nouveaux missiles hypersoniques de la Russie* » avait été décrits par le porte-parole du Pentagone, John Kirby, comme « *potentiellement déstabilisants* » et capables de poser « *des risques importants* » car ils peuvent transporter des charges nucléaires. Un responsable de l'Otan avait, pour sa part, dénoncé auprès de l'AFP des missiles qui « *créent un risque accru d'escalade et d'erreur de calcul* », assurant que l'Alliance atlantique « *ne reproduira pas ce que fait la Russie* ».

La mise en service des missiles russes a conduit d'autres pays à accélérer leurs programmes hypersoniques, entraînant une course aux armements dans ce domaine. La Corée du Nord a dit en développer et en avoir testé, tout comme la Chine, laquelle a pris de court les Occidentaux avec l'essai d'un planeur hypersonique, capable de se déplacer à une vitesse supérieure à Mach 5 – soit plus de 6 000 km/h –, qui a fait le tour de la Terre en orbite avant de descendre vers sa cible.

« *Nous sommes les premiers à avoir déployé ces armements, les Chinois l'ont fait aussi il y a peu. Mais les Etats-Unis n'ont pas cette arme pour l'instant* », note Vassili Kachine.

Il est clairement fait mention de la menace qui pèse sur les Occidentaux si les Etats-Unis déploient en Europe de nouveaux systèmes. VLADIMIR POUTINE, comme le relate l'article de l'AFP du mercredi 20.02.2019 menace de déployer de nouveaux missiles. C'est maintenant chose faite, ce dernier n'ayant pas hésité à utiliser le missile hypersonique KINJAL dont il dispose. Ce n'est d'ailleurs pas la seule technologie dont dispose la RUSSIE.

De manière totalement ANODINE, Michel de NOSTREDAME mentionne une phrase qui passe totalement inaperçue, mais dont l'importance est ENORME.

Les Dieux feront aux Humains apparences

Il est difficile pour l'homme d'admettre aujourd'hui l'existence de DIEU, et voilà que NOSTRADAMUS parle des DIEUX, et qu'en plus, ils se montreront aux humains, en plusieurs endroits de la TERRE (apparences au pluriel).

Non seulement il atteste formellement de l'existence de DIEU, mais il ajoute que Les Dieux apparaîtront sur TERRE **pour arrêter la folie destructrice des hommes**, qui possèdent maintenant de quoi réduire la Terre en Poussière en utilisant de nouvelles technologies qui non seulement se déplacent très vite, mais aussi très loin, mettant gravement en danger la VIE sur cette TERRE.

« Satan 2 » : le missile nucléaire russe pouvant rayer de la carte un territoire de la taille de la France

Le missile nucléaire SS-18 Satan. | OKB-586

La Russie possède désormais dans son arsenal militaire un missile nucléaire surnommé Satan 2. Ce dernier pourrait entièrement détruire un territoire de la taille de la France.

Le 23 octobre dernier, la Russie a présenté son plus grand missile balistique nucléaire à ce jour : le RS-28 Sarmat. Il a pour mission de remplacer le SS-18 Satan, conçu par l'Union soviétique dans les années 1960 (et qui n'est plus compatible avec les systèmes de défense actuels).

Ce nouveau missile nucléaire, surnommé Satan 2, est le plus puissant jamais conçu et aucune technologie de défense antimissile ne serait en mesure de l'arrêter. En plus de sa puissance, il est équipé d'une technologie furtive pour tromper les systèmes radars ennemis.

Développé par le Bureau d'étude Makeïev (ou Makeyev), il était prévu pour 2020, mais a finalement été mis au point plus rapidement.

C'était en 2014 déjà que l'armée russe annonçait l'accélération du projet. Le missile RS-28 Sarmat est clairement une réponse au programme américain Prompt Global Strike, qui a pour but de pouvoir atteindre n'importe quelle cible sur la planète en moins d'une heure. Une véritable course aux armements.

Le missile ss-18 (Satan).

De plus, le président russe a décidé récemment de suspendre l'accord nucléaire sur le plutonium avec ces derniers. Les États-Unis n'envisagent pas de recycler le plutonium (ce qui est prévu par le traité), mais de le mêler à d'autres matériaux et ainsi l'envoyer dans des centres de stockage de déchets radioactifs, violant de ce fait les termes du traité. La loi a été publiée sur le site officiel gouvernemental russe des informations légales.

Le missile nucléaire RS-28 Sarmat, surnommé Satan 2. © Makeyev Rocket Design Bureau

Quelques caractéristiques du nouveau missile nucléaire russe Satan 2:

- RS-28 Sarmat peut posséder 10 (lourdes) à 15 (plus légères) têtes nucléaires en son bord : cela lui donne la capacité de détruire en quelques secondes un territoire « *de la taille du Texas ou de la France* », selon les informations de la télévision russe.
- Le missile peut parcourir jusqu'à 10 000 kilomètres.
- Sa vitesse de pointe est de 7 kilomètres par seconde : à cette vitesse, il pourrait faire le trajet Moscou-Londres en 6 minutes seulement.
- La puissance maximale du missile est d'environ 50 mégatonnes : il est par conséquent 2000 fois plus puissant que les bombes nucléaires lâchées sur Hiroshima et Nagasaki durant la Seconde guerre mondiale.

Prévu pour être déployé en 2018, il s'agit sans conteste d'un missile plus que redoutable.

Il est évident qu'avec un ARSENAL tel que le détiennent les grandes Nations, le MONDE est en danger et avant que n'arrive l'impensable, **les DIEUX feront aux- Humains apparence**, c'est-à-dire qu'ils se montreront et qu'ils empêcheront les hommes de détruire la Terre, leur folie n'ayant aucune limite.

Ce quatrain est certainement, et de très loin le quatrain le plus important de tous.

De manière pragmatique, une telle Révélation, induit qu'ils savent se déplacer pour franchir les immenses Espaces qui séparent leurs Mondes du Nôtre, et qu'ils utilisent pour ce faire une technologie que nous ne maîtrisons pas.

Cela sous-entend également et c'est un détail d'une importance énorme, qu'ils sont pacifiques, et ne veulent en aucun cas aggraver la situation sur terre. Ils interviendront pour mettre un terme à l'utilisation d'armes de destruction massives qui vont détruire la Terre, mais aussi perturber l'équilibre de notre galaxie. Ils ne le permettront pas, c'est d'ailleurs le propos de Michel de NOSTREDAME dans ce quatrain.

Les Dieux utilisent une technologie que nous ne maîtrisons pas encore pour se déplacer, et bien souvent nous avons eu l'occasion de les observer lors de leurs incursions dans notre espace aérien, où ils se déplacent à des vitesses énormes.

Nous donnons à ces appareils le nom D'objets Volants Non Identifiés ou OVNIS.

Si ce sujet est abordé dans cet ouvrage aujourd'hui, c'est uniquement pour expliciter le quatrain I – 91 – qui ne doit pas rester OBSCUR, car il est d'une importance capitale que l'homme commence à intégrer l'existence d'autres civilisations totalement pacifiques dans l'Univers et démystifier l'existence des Dieux.

La seule PLANETE qui présente un DANGER pour l'équilibre de l'UNIVERS, est la planète TERRE.

Préalablement à l'intervention Divine dans les affaires du MONDE, l'EUROPE connaîtra une période de SEPT MOIS pendant lesquels l'Armée de LIBERATION interviendra pour mettre un terme aux exactions commises par les Troupes Russes et leurs alliés Musulmans. Au terme de ces 7 mois, il sera certainement nécessaire de trouver une équation pour sortir de la menace proférée par la RUSSIE le 23 MARS 2022.

Lors de son allocution télévisée annonçant le début de l'invasion de l'Ukraine, le président russe, Vladimir Poutine avait assuré que ceux qui « tenteraient d'interférer avec nous doivent savoir que la réponse de la Russie sera immédiate et conduira à des conséquences que vous n'avez encore jamais connues ». Ce qui a été perçu comme une allusion à l'arme nucléaire.

Cette perception a d'ailleurs été renforcée quelques jours plus tard, quand le chef du Kremlin ordonna la mise en alerte des forces stratégiques russes, estimant que les « hauts responsables des principaux pays de l'Otan » venaient de faire des « déclarations agressives » contre la Russie.

D'où la question que beaucoup se posent : M. Poutine pourrait-il déclencher le feu nucléaire ?

En février 2020, l'US Navy mit en service une nouvelle tête nucléaire de faible puissance [5 kilotonnes 5.000 tonnes de TNT], à bord de l'un de ses sous-marins nucléaires lanceurs d'engins [SNLE] de la classe Ohio. Et cela afin de répondre à la doctrine « escalade-désescalade » de la Russie. Celle-ci avait été décrite dans la dernière version de la « Nuclear Posture Review », publiée deux ans plus tôt par le Pentagone.

« La stratégie et la doctrine russes mettent l'accent sur les utilisations coercitives et militaires potentielles des armes nucléaires. Elle évalue à tort que la menace d'une escalade nucléaire ou d'un premier usage effectif des armes nucléaires servirait à 'désamorcer' un conflit à des conditions qui seraient favorables. Ces perceptions erronées augmentent les risques d'erreur de calcul et d'escalade », était-il expliqué dans ce document.

En clair, selon cette NPR, la Russie pourrait faire l'usage en premier d'une arme nucléaire tactique en cas de conflit avec l'Otan, en tentant le pari que les États-Unis ne pourraient pas adapter leur riposte, leur arsenal ne comptant que des armes stratégiques.

« Nous voulons nous assurer que la Russie ne fait pas d'erreur de calculs. Elle doit comprendre que lancer une attaque nucléaire, même limitée, ne lui permettra pas d'atteindre son objectif, modifiera fondamentalement la nature du conflit et aura un coût incalculable et intolérable pour Moscou », avait alors expliqué Robert Soofer, le secrétaire adjoint à la Défense chargé de la politique nucléaire.

La Russie a toujours démenti vouloir mettre en œuvre cette logique d'escalade/désescalade. Cependant, dans la dernière version de sa doctrine nucléaire, sortie en 2020, il y est affirmé que, « en cas de conflit militaire, la politique de l'État dans le domaine de la dissuasion nucléaire visera à empêcher l'escalade des hostilités et y mettre fin dans des conditions acceptables pour la Fédération de Russie et [ou] ses alliés ».

Pour le quotidien Kommersant, ce passage, pris au « sens large », pourrait être interprétée comme une « confirmation officielle que les autorités russes considèrent qu'il est possible d'utiliser des armes nucléaires à une échelle limitée pour obtenir une percée dans le cadre de conflits utilisant des armes classiques ».

Par ailleurs, cette doctrine précise que la Russie se réserve « le droit d'utiliser son arsenal nucléaire en réponse à l'utilisation d'armes nucléaires ou d'autres armes de destruction massive contre elle et [ou] ses alliés, ainsi que dans le cas d'une agression contre la Fédération de Russie avec des armes conventionnelles, dès lors que l'existence même de l'État serait menacée ».

Interrogé par CNN, le 22 mars, sur la possibilité que Vladimir Poutine ait recours à l'arme nucléaire [une option qu'il avait envisagé au moment de l'annexion de la Crimée], le porte-parole du Kremlin, Dmitri Perskov, a renvoyé vers la doctrine des forces russes.

« Nous avons une doctrine de sécurité. Cela est public, vous pouvez y lire toutes les raisons pouvant motiver l'utilisation des armes nucléaires. Et s'il s'agit d'une menace existentielle pour notre pays, alors elles peuvent être utilisées, en accord avec notre doctrine », a répondu M. Peskov.

D'après la doctrine publiée en 2020, la Russie pourrait avoir recours à son arsenal nucléaire en cas « d'informations fiables sur le lancement de missiles balistiques attaquant le territoire de la Russie et [ou] de ses alliés », « d'utilisation d'armes nucléaires ou d'autres armes de destruction massive par l'ennemi et ses alliés », d'un « impact d'une attaque ennemie sur les installations critiques et militaires du pays au point que la capacité de riposter avec des armes nucléaires est perturbée » et d'une agression avec des armes classiques susceptible de menacer l'existence même de l'État ».

« L'utilisation d'armes nucléaires ou d'autres armes de destruction massive par l'ennemi et ses alliés » est un point important… Le 10 mars, la Russie avait en effet accusé les États-Unis d'avoir aidé l'Ukraine à développer des armes biologiques. « L'objectif de ces recherches biologiques financées par le Pentagone était de créer un mécanisme de propagation furtive de pathogènes meurtriers », avait insité le ministère russe de la Défense.

« Tout cela est un stratagème évident de la part de la Russie pour tenter de justifier sa nouvelle attaque préméditée, non provoquée et injustifiée contre l'Ukraine », avait rétorqué Jen Psaki, la porte-parole de la Maison Blanche. En effet, le partenariat entre Washington et Kiev dans ce domaine visait à « sécuriser les agents pathogènes et les toxines préoccupants pour la sécurité des installations gouvernementales ukrainiennes, tout en permettant la recherche pacifique et le développement de vaccins ».

Michel de NOSTREDAME a largement fait étalage d'informations détaillées et précises concernant la LIBERATION de l'EUROPE au travers de ses quatrains, mais il a utilisé pour cela un CODE de langage, une manière de s'exprimer totalement différente des sujets précédents, mélangeant allègrement le passé et le présent dans des prophéties hermétiques très difficiles à pénétrer.

Ce qui est certain, c'est que cette libération s'étalera sur une durée de sept mois, or nous savons que le conflit dure 42 mois, incluant la libération de l'Europe, ce qui laisse 3 années à la RUSSIE et aux MUSULMANS pour atteindre leurs objectifs.

Vu l'urgence de Publication de cet ouvrage, il n'a pas été possible de décrypter les quatrains portant sur la Libération de L'Europe, sachant que les quatrains détaillés et décodés qui figurent dans ce livre, ne pouvaient en aucun cas être compris avant la date du 24 Février 2022.

Le Docteur Michel de NOSTREDAME demande dans le QUATRAIN III – 26 - que ses PROPHETIES soient expliquées, et ajoute qu'au moment où les hommes politiques et les économistes feraient des pronostics vides de sens, la société de consommation en serait victime et la violence succèderait à la Paix. Nous sommes bien obligés de constater que nous venons de franchir en Europe un seuil que nous n'avons plus franchi depuis la deuxième Guerre Mondiale.

IL AJOUTE QUE SES PROPHETIES SERONT EXPLIQUEES

Toutes ces révélations sont que des projections dans le temps, et ne commettons pas l'erreur de leur donner trop d'importance. Elles sont là pour alerter et prévenir, mais dans l'esprit, prions le Ciel pour qu'elles ne se réalisent jamais.

Michel de NOSTREDAME a demandé dans une lettre adressée à son fils CESAR, en 1555, que ses prophéties soient expliquées. Personne ne peut savoir à qui s'adressait cette requête, mais force est de constater qu'aujourd'hui, les Quatrains sont décodés comme ils ne l'ont jamais été. Plaise à DIEU que ce travail soit le reflet de sa volonté sans quoi l'inspiration nécessaire à l'ouverture des quatrains n'eût été possible.

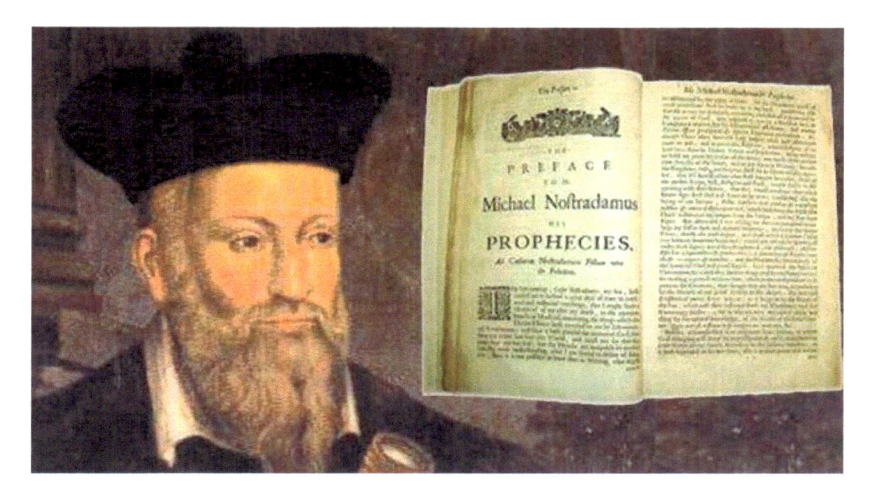

Lettre de NOSTRADAMUS

A mon fils César Nostredame

Ton arrivée tardive, César NOSTREDAME mon fils, m'a fait passer un long temps par continuelles veilles nocturnes pour te rapporter par écrit et te laisser ce mémoire, après la mort de ton progéniteur, pour le commun profit des hommes (particulièrement des Français), à partir de ce que la divine essence m'a donné à connaître avec l'aide du mouvement des astres. Et depuis qu'il a plu au Dieu immortel que tu ne sois pas né dans cette région (La Provence), et je ne veux pas parler ici des années qui n'ont pas encore suivi, mais de tes mois de guerre pendant lesquels tu ne seras pas capable, dans ton débile entendement de comprendre ce que je serai contraint après ma mort, de t'abandonner : *étant donné qu'il ne m'est pas possible de te laisser par écrit ce qui serait détruit par l'injustice de l'époque (1555).* Car la parole de la prédiction cachée dont tu hériteras, sera enfermée dans mon cœur.

Considérant aussi que les aventures ici définies ne sont pas déterminées ; et que le tout est régi et gouverné par la puissance incommensurable de Dieu, nous inspirant non par ivresse, ni par des mouvements de délire, mais par des affirmations astronomiques : ils ont fait des prédictions animées par la seule volonté divine et particulièrement par l'esprit de prophétie. Combien depuis longtemps, à plusieurs reprises, j'ai prédit longtemps auparavant ce qui depuis est arrivé. et cela dans des régions particulières, attribuant le tout à l'action de la vertu et de l'inspiration divine, ainsi que d'autres aventures heureuses ou malheureuses annoncées à l'avance dans leur soudaineté accélérée qui sont arrivées depuis sous diverses latitudes du monde.

Mais j'ai voulu me taire et abandonner mon oeuvre à cause de l'injustice, non seulement du temps présent (L'inquisition), mais aussi de la plus grande part des temps futurs : ne pas mettre par écrit parce que les gouvernements, les sectes et les pays subiront des changements si opposés; voire diamétralement opposés à ceux du présent, que si je venais à rapporter ce que sera l'avenir (sous-entendu en clair), les gens de gouvernements, de secte et de religion et convictions, le trouveraient si mal accordé à leurs oreilles fantaisistes, qu'ils seraient amenés à condamner ce que l'on saura voir et reconnaître dans les siècles à venir.

Considérant aussi la sentence du vrai sauveur :

"Ne donnez pas aux chiens ce qui est sacré et ne jetez pas les perles aux porcs, de peur qu'ils ne les <u>foulent aux pieds</u> et se retournent ensuite contre vous" Raison pour laquelle j'ai retiré mon langage de devant le populaire, et ma plume du papier, puis j'ai voulu étendre ma déclaration au sujet de l'avènement du commun (**le communisme**), par des phrases cachées et énigmatiques au sujet des causes à venir, même les plus proches, et celles que j'ai aperçues, quelque changement humain qui advienne, ne scandaliseront pas les oreilles fragiles, le tout ayant été écrit sous une forme nébuleuse, plus qu'à partir de toute la prophétie;

A tel point que cela a été caché aux savants et aux sages, aux puissants et aux rois, et révélé aux petits et aux humbles : et par le moyen de Dieu immortel,

aux prophètes qui ont reçu l'esprit de vaticination, par lequel ils voient des choses lointaines et arrivent à prévoir les évènements futurs : car rien ne peut s'accomplir sans lui; si grande est la puissance et la bonté pour les sujets à qui elles sont données que, pendant qu'ils méditent en eux-mêmes, ces sujets sont soumis a d'autres effets ayant comme même origine le bon esprit; cette chaleur et cette puissance vaticinatrice s'approchent de nous : comme le font les rayons du soleil, qui vont jeter leur influence aux corps simples et composés. Quant à nous qui sommes humains, nous ne pouvons rien par notre connaissance naturelle et notre inclination d'esprit, pour connaître les secrets cachés de Dieu le Créateur. Parce qu'il ne nous appartient pas de connaître les temps, ni les moments, etc.

A tel point que des personnages à venir peuvent être vus dès à présent, parce que Dieu le Créateur a voulu les révéler par des images imprimées, avec quelques secrets de l'avenir, en accord avec l'astrologie judiciaire, comme ceux du passé, que certaine puissance et faculté voulue étaient données par eux, comme la flamme du feu apparaît, qui, en les lui inspirant, l'amenait à juger les inspirations divines et humaines. Car Dieu vient parachever les œuvres divines qui sont toutes absolues : la moyenne qui est au milieu des Anges, la troisième les méchants. Mais, mon fils, je te parle ici d'une manière un peu trop cachée. Mais quant aux vaticinations occultes que l'on reçoit de l'esprit subtil du feu, qui excite la compréhension en contemplant le plus haut des astres, comme en état de veille, de même que par des publications, étant surpris de publier des écrits sans crainte d'être atteint par une impudente loquacité : mais parce que tout procédait de la puissance divine du grand Dieu éternel de qui procède toute bonté.

Encore, mon fils, que je ne t'ai mis ici le nom de prophète, je ne veux pas m'attribuer un titre aussi sublime pour le temps présent, car, qui est dit prophète aujourd'hui, jadis était appelé voyant : car prophète, à proprement parler, mon fils, est celui qui voit les choses lointaines par la connaissance naturelle de toute créature. Et il peut arriver que le prophète, moyennant la parfaite lumière de la prophétie, fasse apparaître, d'une façon manifeste, des choses divines et humaines, parce que ça ne peut se faire autrement, vu que les effets de la prédiction future s'étendent loin dans le temps. Car les secrets de Dieu sont incompréhensibles, et la vertu causale touche à la longue étendue de la connaissance naturelle, prenant son origine la plus immédiate dans le libre arbitre, fait apparaître les causes qui ne peuvent d'elles-mêmes faire acquérir cette connaissance pour être révélées, ni par les interprétations des hommes, ni par un autre mode de connaissance, ou science occulte comme sous la voûte céleste, du fait présent jusqu'à la totale éternité qui embrasse la globalité du temps. Mais moyennant cette indivisible éternité, par une puissante agitation épileptiforme, les causes sont connues par le mouvement du ciel.

Je ne dis pas, mon fils, afin que tu le comprennes bien, que la connaissance de cette matière ne peut encore s'imprimer dans ton cerveau débile, à savoir que les causes futures bien lointaines ne soient à la portée de la connaissance de la créature raisonnable, si ces causes sont nonobstant portées à la connaissance de la créature de l'âme intellectuelle, des choses présentes et lointaines ne lui sont ni trop cachées, ni trop révélées : mais la parfaite connaissance de ces causes ne peut s'acquérir sans l'inspiration divine; vu que toute inspiration prophétique tire sa principale origine de l'émotion de Dieu le Créateur, puis de la chance et de la nature. Parce que les causes indifférentes sont produites et non produites indifféremment, le présage se réalise en partie tel qu'il a été prédit. Car la compréhension créée par l'intelligence ne peut être acquise de façon occulte ; sinon par la voix faite à l'aide du zodiaque, moyennant la petite flamme dans laquelle une partie des causes futures viendront se dévoiler.

Et aussi. mon fils, je te supplie de ne jamais employer ton entendement à de telles rêveries et vanités qui dessèchent le corps et entraînent la perdition de l'âme, troublant notre faible sens, et surtout la vanité de la plus qu'exécrable magie réprouvée jadis par les écritures sacrées et les divins Canons, en tête des quels est excepté le jugement de l'Astrologie judiciaire : par laquelle, avec le secours de l'inspiration et de la révélation divines, par continuelles supputations, j'ai rédigé par écrit mes prophéties. Et craignant que cette philosophie occulte ne soit condamnée, je n'ai donc pas voulu présenter leur terrible persuasion ;

craignant aussi que plusieurs livres cachés pendant de longs siècles ne soient connus, et redoutant ce qui pourrait en advenir, après les avoir lus, j'en ai fait présent à Vulcain (je les ai brûlés);

et pendant que le feu les dévorait, la flamme léchant l'air rendait une clarté insolite, plus claire qu'une simple flamme, comme la lumière d'un feu provenant d'un cataclysme fulgurant, illuminant soudain la maison, comme si elle eût été subitement embrasée. C'est pourquoi, afin qu'à l'avenir vous ne soyez abusés en recherchant avec attention la parfaite transmutation, tant républicaine que monarchique qui mettra sous terre les choses les plus pures, par des troubles occultes, je les ai réduits en cendres.

Mais quant au jugement qui vient se parachever avec l'aide du jugement céleste, je tiens à te le faire connaître : en rejetant au loin les imaginations fantasques, par le jugement on peut avoir la connaissance des causes futures qui se produiront en te limitant à la particularité des noms de lieux par l'inspiration surnaturelle en accordant aux figures du ciel, les lieux et une partie du temps par une vertu ayant une propriété cachée, a savoir, par la puissance et la faculté divines, en présence des quelles les trois temps (passé, présent et avenir) sont compris dans le Temps dont le déroulement est lié à la cause passée, présente et à venir : Parce que tout est simple et manifeste, etc.

C'est pourquoi, mon fils, tu peux facilement, malgré ton jeune cerveau, comprendre que les choses qui doivent arriver peuvent être prophétisées par les lumières nocturnes et célestes qui sont naturelles, et par l'esprit de prophétie : non que je veuille m'attribuer la dénomination et l'action du prophète, mais par une inspiration révélée, en tant qu'homme mortel, dont la perception est moins éloignée du ciel que les pieds de la terre. Je ne peux tromper, ni abuser, ni duper bien que je sois plus grand pécheur en ce monde que nul autre et sujet à toutes les afflictions humaines. Mais étant parfois surpris dans la semaine comme délirant, par un long calcul qui donnait aux études nocturnes une odeur agréable, j'ai composé des livres de prophéties contenant chacun cent quatrains astronomiques, que j'ai voulu un peu raboter obscurément, et qui constituent de perpétuelles vaticinations d'aujourd'hui à 3797. Il est possible que cela fasse retirer leur réflexion à quelques-uns en voyant une si longue étendue de temps, et cela se produira et sera compris sous toute la plénitude de la République : et les causes seront comprises universellement sur toute la terre, mon fils.

Car si tu vis l'âge moyen de l'homme, tu connaîtras sous ton propre climat, au propre ciel de ta naissance, les évènements futurs à prévoir. Car seul Dieu Eternel connaît l'Eternité de sa lumière qui procède de lui-même, et je dis franchement à ceux à qui sa grandeur incommensurable, immense et incompréhensible a bien voulu donner des révélations par une longue inspiration mélancolique, qu'à l'aide de cette cause cachée manifestée par Dieu, il y a deux causes principales qui sont comprises dans l'intelligence de celui qui prophétise : la première est incluse dans l'esprit de celui qui, en s'éclairant de la lumière surnaturelle, prédit par la science des astres, et la seconde lui permet de prophétiser par la révélation inspirée qui n'est qu'une part de la divine éternité; moyennant quoi le Prophète peut en juger grâce à ce que lui a donné l'esprit divin par le moyen de Dieu le Créateur et par un don naturel. A savoir que ce qui est prédit est vrai et a pris son origine dans le ciel.

Et une telle lumière et la petite flamme sont plus efficaces que tout et une telle élévation ne l'est pas moins que la clarté de la nature, car la lumière de la nature (humaine) rend les philosophes si sûrs d'eux-mêmes qu'avec les principes de la première cause (naturelle) ils atteignent par les plus hautes doctrines, les abîmes les plus profonds.

Mais, mon fils, afin que je ne sois pas entraîné trop loin pour la capacité future de ta perception, sache que les hommes de lettres feront une si grande et incomparable jactance sur la façon dont j'ai trouvé le monde, avant la conflagration mondiale qui doit apporter tant de bombardements et des révolutions si fortes qu'il ne sera guère de pays qui ne soit touché par les troubles et cela durera jusqu'à ce que tout soit mort hormis l'histoire (et les lieux. C'est pourquoi avant et après de telles révolutions en plusieurs pays, les pluies seront si réduites et il tombera du ciel une si grande abondance de feu et de projectiles incendiaires que rien n'échappera à l'embrasement. Et cela arrivera avant la dernière conflagration. Car, avant que la guerre achève son siècle et à la fin de sa dernière période elle tiendra ce siècle sous son règne. Les uns seront tenus par la Révolution pendant plusieurs années et d'autres par la ruine pendant d'encore plus nombreuses et plus longues années. Et maintenant que nous sommes conduits par la République, avec le secours de la toute-puissance de Dieu éternel, qu'avant qu'elle ait achevé son cycle complet, la monarchie reviendra, **puis l'âge d'or.**

Car selon les signes du ciel, l'âge d'or reviendra, après qu'ayant tout calculé, le monde s'étant approché d'une révolution qui renverserait tout de fond en comble : et que depuis le moment présent où j'écris il passera cent soixante-dix-sept ans trois mois et onze jours: seront la pestilence, une longue famine et des guerres, et plus encore des inondations entre maintenant et le terme fixé d'avance; avant et après l'humanité sera plusieurs fois si diminuée, et il y aura si peu de monde qu'on ne trouvera quiconque qui veuille occuper les champs qui seront devenus libres aussi longtemps qu'ils avaient été tenus en servitude. Et ceci après le jugement visible du ciel avant que nous ne soyons parvenus au septième millénaire qui parachèvera le tout, nous approchant du huitième où se trouve le firmament de la huitième sphère qui est de dimension étendue, où le grand Dieu éternel viendra parfaire la révolution, où les constellations reprendront leur mouvement, ainsi que le mouvement supérieur qui rend la terre stable et ferme, sa course ne durera pas dans les siècles des siècles : étant exclu que sa volonté ne soit faite. En dépit des opinions ambiguës dépassant toutes raisons naturelles par les rêveries de Mahomet ;

c'est pourquoi Dieu le Créateur par le ministère de ses envoyés de feu, avec leur flamme, vient proposer à nos perceptions ainsi qu'à nos yeux les causes des prédictions futures, significatives de l'événement futur qui doit se manifester à celui qui présage. Car le présage qui provient de la lumière extérieure parvient à juger infailliblement en partie avec elle et moyennant cette lumière extérieure. Si bien que la partie qui semble posséder le pouvoir de l'entendement n'est pas dû à une maladie de l'imagination. La raison doit être mise en évidence. Tout est prédit par un souffle divin et grâce à l'esprit angélique inspiré à l'homme qui prophétise, lui rendant des vaticinations consacrées par l'onction qui l'illuminent, lui enlevant toute fantaisie par diverses apparitions nocturnes, autant que par une certitude diurne, il prophétise par la science de l'astronomie, avec l'aide de la très sainte prédiction future, en ne considérant que son courage dans la liberté.

Viens à cette heure, mon fils, comprendre ce que j'ai trouvé par mes calculs qui s'accordent à l'inspiration révélée, parce que le glaive de la mort s'approche de nous maintenant, par épidémie, par guerre plus horrible qu'il n'en fut jamais de la vie, à cause de trois hommes, et par famine; et ce glaive frappera la terre et y reviendra souvent : car les astres s'accordent avec cette révolution, ainsi qu'a dit le Seigneur : Je les affligerai avec une verge de fer pour leurs iniquités et je les frapperai dans leurs paroles; car la miséricorde de Dieu ne se répandra plus pendant un certain temps, mon fils, jusqu'à ce que la plupart de mes prophéties soient accomplies et que cet accomplissement soit total. Alors, plusieurs fois, durant les sinistres tempêtes, je les frapperai donc, dira le Seigneur, et je les briserai et n'aurai point de pitié; et mille autres évènements qui se produiront par inondations et continuelles pluies (ou troubles et révolutions) comme je l'ai plus complètement rédigé par écrit dans mes autres prophéties qui sont composées tout au long, dans un discours sans ordre, limitant les lieux, les temps et le terme fixé d'avance que les hommes à venir verront en connaissant les évènements qui se produiront infailliblement, comme je l'ai noté pour les autres dans un langage plus clair, car malgré cette forme voilée, ces choses deviendront intelligibles : mais quand l'ignorance aura été dissipée, le cas sera alors plus clair.

Pour terminer, mon fils, prends donc ce don de ton père Michel Nostradamus en souhaitant que tu fasses connaître chaque prophétie mise ici dans chaque quatrain. Priant le Dieu immortel qu'il veuille bien te prêter longue vie, en bonne et prospère félicité.

De Salon, ce 1 de mars 1555

VIII, 66

> **Quand l'escriture D.M. Trouvée,**
> **Et cave antique à lampe descouverte.**
> **Loy, Roi & Prince Ulpian esprouvee,**
> **Pavillon Royne & Duc sous la couverte**

TRADUCTION

*Quand **DENYS** aura trouvé la manière de décoder les écrits de **MICHEL** de Nostredame mettant ainsi en lumière (lampe découverte) des événements considérés comme anciens, voire antiques, devant être relégués aux oubliettes, alors qu'ils font apparaître Le PLAN VU (Ulpian) (Loy, Structure du Plan) par Michel de Nostredame pour le XXIème Siècle, la connaissance cachée aux Rois et aux Princes de ce Monde sera publiée et éprouvée pendant que ceux qui représentent Le Pouvoir, et incarnent la Royauté,(Roi et Prince) ne tiendront pas compte du caractère de gravité que contiennent les quatrains une fois ces derniers décodés*

Michel de Nostredame a effectué la première publication de ses prophéties le 4 mai 1555. Ce quatrain y figure en bonne place, on peut ainsi entrevoir la continuité qui existe entre Michel Nostradamus, tous ceux qui l'ont précédé et, dans la continuité, son fils spirituel César Nostradamus. Le prophète a insisté sur ces lettres au point de les souligner en les faisant paraître jusque sur l'épitaphe inscrite sur sa tombe reprise dans l'édition de 1568. Encore faut t'il en comprendre le sens, car Michel de Nostredame ne s'adresse qu'à une seule personne, comme il le précise dans sa lettre à son fils César.

L'on retrouve plus tard, ces deux Lettres, D et M, à Shugborough-Hall gravées dans le marbre, sur un monument connu dans le monde entier depuis 1962, lorsque le livre le Saint-Sang et le Saint-Graal attire l'attention sur la mystérieuse inscription de Shugborough portant le nom de monument du berger.

Shugborough Hall est une demeure seigneuriale située près de Great Haywood, dans le Staffordshire, en Angleterre.

Le monument a été **construit entre 1748 et 1763**. Il a été commandé par Thomas Anson, payé par son frère, l'amiral George Anson, et façonné par le sculpteur flamand Peter Scheemakers. La copie en relief de la peinture de Poussin est contenue dans une Arche rustique, et montre une femme et trois bergers, dont deux pointent vers une tombe.

Nous reviendrons plus tard sur ce tableau de Nicolas poussin (1594-1665), les Bergers d'ARCADIE (1638-40)

Ce qui est plus surprenant réside dans le Cryptogramme situé sous le tableau

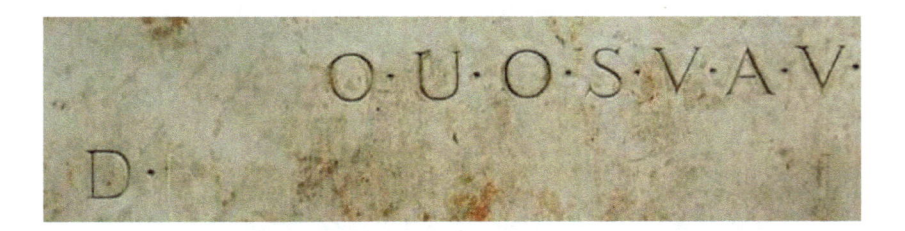

L'inscription de SHUGBOROUGH est une séquence de lettres, située au centre des lettres **D** and **M** sculptée dans le monument du berger du 18ème siècle

À ce jour, ces lettres n'ont jamais été expliquées de manière satisfaisante. Elles ont été qualifiées de l'un des meilleurs textes chiffrés au monde resté totalement incompris

Au moment où l'interprétation des lettres D et M sera comprise, il sera possible de comprendre le Cryptogramme, pas avant.

Il est impossible de faire des mots avec un assemblage de toutes ces lettres, car elles sont comme vous pouvez le constater incompatibles, pour autant, utilisées d'une autre manière, elles deviennent complémentaires et représentent le code qui permet d'ouvrir

La Porte qui mène au Jardin d'Arcadie

Supprimer les lettres en double est l'unique solution qui permet d'avoir le message en clair, soit 3 lettres, mais cette découverte n'apporte qu'une réponse partielle au Cryptogramme

O - UOSVA - V V

La question qui s'impose est la suivante

Ou vas

le chemin d'arcadie

Comprendre le sens des lettres **D et M** et le cryptogramme est une chose, encore faut il trouver le sens donné au Chemin d'Arcadie, car ce lieu indéfinissable n'a aucun aboutissement géographique. Il est lui-même codé. C'est une addition de 3 éléments auxquels, il faut cette fois ajouter 3 Lettres pour en comprendre le sens

ARC - A - DIE

ARC HE   A   DIE U

Ce chemin, mène à la découverte de **l'Arche D'Alliance**, mais la situation géographique du chemin d'Arcadie n'est pas mentionnée, car la vraie question est

Où vas le chemin qui mène à la découverte de l'Arche D'alliance, et où faut-il se rendre pour la trouver

TABLEAU

Les Bergers d'Arcadie

La mention ET IN ARCADIA EGO figurant sur le tableau de Nicolas Poussin (1594-1665) est très explicite, car elle précise- **Moi, j'existe aussi en ARCADIE** - ce qui sous-entend que l'ARCADIE abrite en son sein, à l'intérieur du mot lui-même, l'aboutissement du chemin, la découverte de l'ARCHE appartenant à **DIEU**

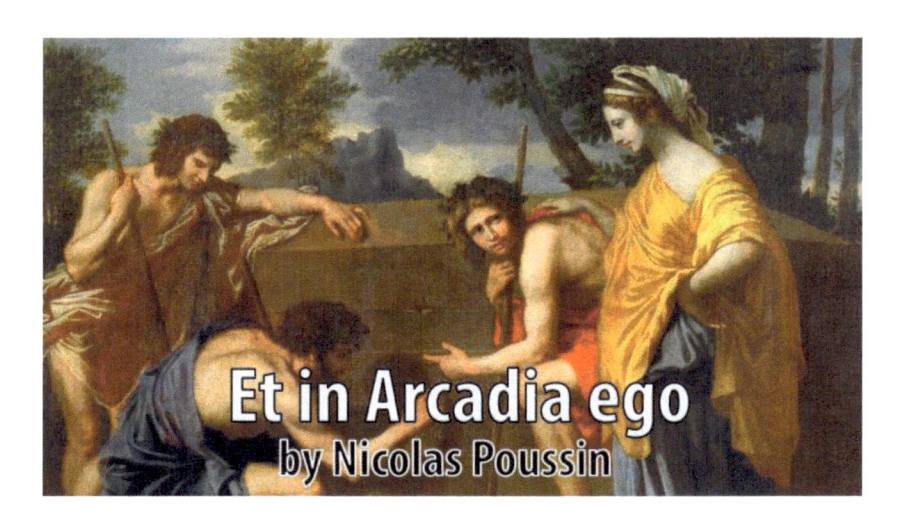

Les Bergers d'Arcadie

Découvrir l'aboutissement du Chemin d'ARCADIE fait partie intégrante de la **Quête du Saint Graal**, mais n'en représente pas pour autant la finalité, car la découverte de **l'Arche d'Alliance** est une composante d'un tout, mais ne représente pas l'ensemble. L'Arche d'Alliance est une technologie novatrice, spectaculaire, extraordinaire dès lors où l'utilisation qui en est faite sert l'intérêt général, pour autant si le secteur de l'armement s'empare et se réserve cette technologie, elle devient destructrice et n'entre plus dans cet ensemble.

Voilà maintenant que l'Arche d'Alliance est assimilée à une technologie alors que rien ne le laissait paraître, ce qui peut vous paraître surprenant et nécessite de plus amples explications qu'il nous faut reprendre chronologiquement pour en comprendre le sens.

Dans un premier temps, est apparue **l'Ecriture D.M**, dont il a fallu comprendre le sens.

Dans un deuxième temps, le décodage du **Cryptogramme** de Shugborough Hall a été nécessaire pour poursuivre le chemin qui mène au jardin d'Arcadie.

Dans un troisième temps, l'évocation d'un Jardin en ARCADIE n'a aucune position géographique connue et ne présente aucun intérêt, aussi a-t-il été important de découvrir le sens du mot Arcadie et le placer dans son contexte, ce qui a donné lieu à la découverte du terme Arche d'Alliance qui appartient à DIEU, d'autant que dans les Saintes Ecritures, il est fait mention à de maintes reprises de l'ARC, qui symbolise l'Arche Divine.

Dans l'exemple ci-dessous, il est clairement fait mention d'une ARCHE, en l'occurrence celle que DIEU utilise pour transporter Noé et ses fils, mais comme si cela ne suffisait pas comme preuve, il se sert de cette technologie pour sceller un pacte avec les hommes dès la Genèse, précisant que l'ARCHE servira D'ALLIANCE ETERNELLE avec eux, ajoutant que lorsque les hommes seront en capacité de tendre l'ARC dans le CIEL, il se souviendra de cette ALLIANCE

Gn 9:8- Dieu parla ainsi à Noé et à ses fils :

Gn 9:9- Voici que j'établis mon alliance avec vous et avec vos descendants après vous,

Gn 9:10- et avec tous les êtres animés qui sont avec vous : oiseaux, bestiaux, toutes bêtes sauvages avec vous, bref tout ce qui est sorti de l'arche, tous les animaux de la terre.

Gn 9:11- J'établis mon alliance avec vous : tout ce qui est ne sera plus détruit par les eaux du déluge, il n'y aura plus de déluge pour ravager la terre.

Gn 9:12- Et Dieu dit : Voici le signe de l'alliance que j'institue entre moi et vous et tous les êtres vivants qui sont avec vous, pour les générations à venir :

Gn 9:13- je mets mon arc dans la nuée et il deviendra un signe d'alliance entre moi et la terre.

Gn 9:14- Lorsque j'assemblerai les nuées sur la terre et que l'arc apparaîtra dans la nuée,

Gn 9:15- je me souviendrai de l'alliance qu'il y a entre moi et vous et tous les êtres vivants, en somme toute chair, et les eaux ne deviendront plus un déluge pour détruire toute chair.

Gn 9:16- Quand l'arc sera dans la nuée, je le verrai et me souviendrai de l'alliance éternelle qu'il y a entre Dieu et tous les êtres vivants, en somme toute chair qui est sur la terre.

Gn 9:17- Dieu dit à Noé : Tel est le signe de l'alliance que j'établis entre moi et toute chair qui est sur la terre.

Gn 9:18- Les fils de Noé qui sortirent de l'arche étaient Sem, Cham et Japhet; Cham est le père de Canaan.

Gn 9:19- Ces trois-là étaient les fils de Noé et à partir d'eux se fit le peuplement de toute la terre.

Dans un quatrième temps, après avoir passé ces TROIS PORTES, il reste UNE PORTE à franchir, connaître le LIEU où REPOSE l'ARCHE D'ALLIANCE, ce qui n'est pas mentionné car le chemin mène à l'Arche d'Alliance, mais n'en donne pas LA POSITION, l'Arcadie ne symbolisant pas un lieu géographique.

Dans le cadre de la Quête du Graal, la clé de la quatrième porte doit être apportée, elle n'est pas révélée, les trois premières portes cautionnant le crédit de celui qui possède la clé qui ouvre les quatre portes

Le Secret de l'Arche d'Alliance repose en

EGYPTE

Comme nous pouvons le constater, dans le Tombeau du Pharaon TOUTÂNKHAMON, un cartouche important présente un SINGE qui regarde un Rébus. Il faut comprendre que le Singe, c'est l'homme, et qu'en assemblant les dessins, une fois interprétés, ils permettent d'accéder au plafond couvert d'étoiles, en utilisant la barque Sacrée de Pharaon, ce qui sous-entend, que la découverte de cet assemblage complexe permet d'aller dans les étoiles.

Les Plans détaillés de cette Technologie sont sous nos yeux depuis des Siècles, sans que nous ne nous soyons préoccupés de chercher un sens aux Hiéroglyphes en rapport avec le travail gigantesque qui a été accompli par les Egyptiens pour nous transmettre à leur insu le **Secret permettant de se déplacer dans le vide spatial**

L'écriture hiéroglyphique égyptienne est d'abord un système d'écriture figurative, les caractères qui la composent représentent en effet des objets divers, mais il faudra après la découverte de la pierre de Rosette, le génie de Jean-François Champollion pour briser, après quatorze siècles, ce qui paraissait être un sceau mis sur les lèvres du désert.

En fait, Champollion n'a pas brisé le Sceau qui recouvre les lèvres du désert afin qu'il parle, conservant secrètement le véritable sens des Hiéroglyphes.

Les Hiéroglyphes représentent bien sûr des dessins, une écriture, mais surtout des pièces mécaniques et des mouvements qu'il faut assembler et interpréter, en utilisant les plans détaillés d'assemblage qui nous ont été transmis pour construire un mécanisme qui permet à la barque Sacrée de s'élever en s'appuyant sur elle-même et donner naissance au symbole caché par la barque Sacrée de Pharaon.

Ces plans dépassaient la capacité du savoir des prêtres Egyptiens, qui ont gravé sur les temples et sur les Papyrus, les plans que leur remettaient les ingénieurs venus de l'Espace afin qu'ils parviennent en bon état au XXIème Siècle.

La finalité de ce travail colossal visait à mettre à notre disposition la copie conforme des appareils que possédaient ces Ingénieurs, qui maîtrisent depuis des temps immémoriaux cette technologie.

États-Unis : le Pentagone évoque un "nombre croissant" d'objets non identifiés dans le ciel

JULIEN MOREAU PUBLIE LE 18 MAI 2022 A 8H37 / TF1 INFO

> **Pour la première fois en plus de 50 ans, le Congrès américain tenait une audition publique consacrée aux "phénomènes aériens non identifiés", mardi.**
>
> **Le Pentagone a souligné une augmentation significative du nombre de ces objets signalés dans le ciel depuis plusieurs années.**

Des responsables du Pentagone ont témoigné, ce mardi 17 mai, devant le Congrès américain, qui tenait une audition publique consacrée aux *"phénomènes aériens non identifiés"*, qu'ils ont remarqué une augmentation croissante du nombre d'objets volants non identifiés signalés dans le ciel depuis 20 ans.

Pour la première fois en plus de 50 ans, le Congrès américain tenait une audition publique à ce sujet. *"Depuis le début des années 2000, nous avons observé un nombre croissant d'objets non autorisés ou non identifiés"*, **a déclaré Scott Bray, le directeur adjoint du renseignement pour l'US Navy**. Le responsable a attribué cette hausse *"aux efforts considérables"* de l'armée américaine consacrés à *"déstigmatiser l'acte de signaler les observations"* et au progrès technologique.

Le Pentagone prend ces rapports au sérieux

Il a toutefois indiqué n'avoir rien détecté *"qui puisse suggérer une origine non terrestre"* à ces phénomènes. Mais n'a pas non plus définitivement exclu cette possibilité.

En juin 2021, le renseignement américain avait déjà affirmé dans un rapport très attendu qu'il n'existait pas de preuves d'existence des extraterrestres, tout en reconnaissant que des dizaines de phénomènes constatés par des pilotes militaires ne pouvaient pas être expliqués.

Il ne s'agit pas de trouver des vaisseaux spatiaux extraterrestres
Rick Crawford

"Lorsque nous repérons quelque chose que nous ne comprenons pas ou que nous ne pouvons pas identifier dans notre espace aérien, il incombe à ceux à qui nous confions notre sécurité nationale d'enquêter et de faire rapport", a ajouté Adam B. Schiff, le président du comité

du Renseignement de la Chambre des représentants des États-Unis

Le Pentagone a déclaré qu'il était en train de créer un nouveau groupe de travail chargé d'examiner les rapports, dans le but de recueillir davantage d'informations sur les incidents afin de pouvoir les identifier plus rapidement. Selon le sous-secrétaire au renseignement du ministère de la Défense, une partie de l'effort consistera à s'assurer que les capteurs militaires sont correctement calibrés pour enregistrer autant d'informations que possible sur les phénomènes inexpliqués.

L'ARCHE D'ALLIANCE est un OBJET VOLANT, dont l'existence est enfin reconnue par les services du PENTAGONE/DOD, sans qu'ils désignent officiellement l'origine de ces appareils déclarés comme non-identifiés. En fait, l'Armée Américaine ne possède pas plus qu'elle ne maîtrise cette technologie venue de l'extérieur d'origine extra-terrestre. Le problème n'est pas de reconnaître l'existence, ni même l'origine de ces appareils, car ils savent cela depuis des décennies, ce qu'ils ignorent totalement réside en deux points.

Le premier porte sur le système de Propulsion qui permet à ces appareils d'effectuer des vols à des vitesses énormes qu'aucun appareil militaire ou civil ne peut atteindre.

18 JUILLET 2021

Un scientifique de « technologie de pointe » calcule à quelle vitesse les ovnis filmés par l'US Navy se déplacent

18 JUILLET 2021

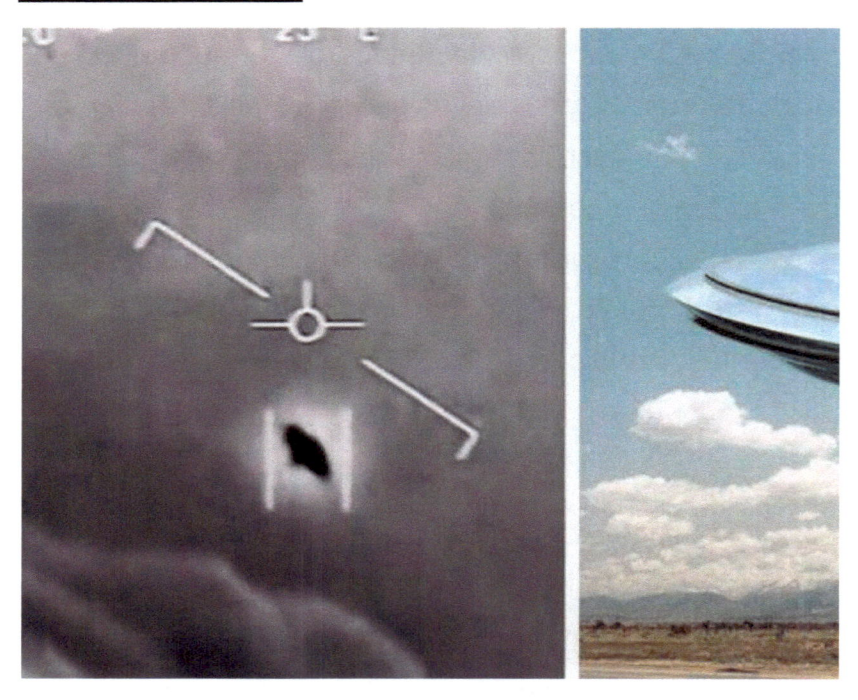

Extraterrestre ou non, les ovnis voltigent dans nos cieux et le gouvernement américain l'a reconnu. Le 25 juin, le Pentagone américain a publié les résultats de son enquête sur plus de 100 phénomènes aériens non identifiés ou PAN – jargon militaire pour OVNI. Beaucoup de ces observations d'OVNI ont été faites par le personnel militaire américain et ont été divulguées sur Internet au fil des ans.

Une de ces observations a vu le jour en 2016 et n'a été reconnue par le Pentagone que l'année dernière. La vidéo semblait montrer des pilotes de la marine américaine pourchassant un « engin étrange » au large de la côte est des États-Unis.

Un pilote peut être entendu dans la vidéo en train de crier « Qu'est-ce que c'est que ce truc ? L'OVNI se distinguait par ses schémas de vol bizarres, son « aura rougeoyante » **et son mépris apparent pour les lois de la physique.**

Le pilote Chad Underwood, qui a enregistré la rencontre depuis son avion de chasse F-18 de la Marine, a surnommé l'OVNI « Tic Tac ».Il a déclaré publiquement que **cela ne ressemblait à rien de ce qu'il avait jamais vu dans sa vie.**

En 2019, le pilote a déclaré à Intelligencer du New York Magazine : « **Il se comportait simplement d'une manière qui n'est pas physiquement normale.** C'est ce qui a attiré mon attention.

« Ils doivent avoir une source de portance, une source de propulsion. »

Le Tic-tac, pour autant qu'il puisse en juger, n'a rien fait de tout cela et est passé d'altitudes de plusieurs milliers de pieds à quelques centaines « en quelques secondes », ce que le pilote a soutenu « n'est pas possible ».Mais Tic-tac n'est pas le seul OVNI qui a défié toutes les conventions – c'est l'un des nombreux objets rapportés et enregistrés au fil des ans.

Pour mieux comprendre à quel point ces objets sont vraiment incroyables, **une équipe de scientifiques a conçu un outil calculant leurs vitesses.** Le soi-disant calculateur de voyage UFO calcule les vitesses des ovnis en appliquant des principes d'ingénierie et aéronautiques à ce qui pourrait très bien être une « technologie de pointe ».

Hébergé sur le projet Omni Calculator, le créateur et ingénieur en mécanique Rahul Singh Dhari a déclaré à Express.co.uk **que bon nombre des caractéristiques de**

ces ovnis ne pouvaient pas être reproduites par notre technologie moderne. Cela ne signifie pas que les ovnis sont extraterrestres ; après tout, le rapport du Pentagone a révélé qu'au moins une observation pouvait être expliquée par un ballon.

Cependant, M. Dhari pense que les ovnis peuvent être pris beaucoup plus au sérieux si nous les regardons à travers le prisme de la science et de l'ingénierie.

Il a dit : « Cette calculatrice considère les ovnis comme des objets volants d'une technologie avancée et les prend du point de vue de l'ingénierie de conception.« Comme avec nos avions modernes, j'ai essayé de les concevoir à partir de variables essentielles – comme la charge alaire et le rapport poussée/poids.« Sur la base de ces paramètres et de certaines hypothèses, nous pouvons essayer d'estimer leurs vitesses. »

Vous pouvez visiter le calculateur de voyage UFO ici, pour voir par vous-même à quelle vitesse ces objets voyagent.En utilisant l'outil, vous pouvez opposer l'un des nombreux types d'OVNI connus à des systèmes de propulsion conventionnels comme le moteur-fusée RD-0146.

Le Tic Tac en forme de soucoupe volante, par exemple, est estimé à plus de 47 000 livres (21 320 kg) avec une envergure de 44,6 pieds (13,6 m).

Armé d'un seul moteur d'origine inconnue, le vaisseau spatial pourrait atteindre des vitesses de plus de 11 800 mph.

À de telles vitesses, un trajet entre Londres et San Francisco – 5 351 milles – ne durerait que 27 minutes.

À titre de comparaison, un jet de passagers régulier prendrait un peu moins de 11 heures pour couvrir le voyage.**Un OVNI de forme triangulaire armé d'un seul** moteur mystérieux, d'autre part, est estimé atteindre une vitesse maximale de 5 196 mph.

Ce type d'OVNI prendrait environ une heure pour voler de Londres à San Francisco – 91 pour cent de temps en moins qu'un jet régulier.

M. Dhari a créé l'UFO Travel Calculator avec sa collègue, la mathématicienne Dr Anna Sczepanek.

L'un des principaux enseignements du projet est qu'il serait presque impossible de recréer ces engins mystérieux et ces systèmes de propulsion en utilisant la technologie à notre disposition.

Selon M. Dhari, il y a « plusieurs raisons » telles que la santé et la sécurité ainsi **que le manque de moteurs puissants et durables.**

Il a déclaré : « Je pense que le coût de développement et de construction de quelque chose est élevé étant **donné qu'il a besoin de beaucoup de nouvelles technologies du point de vue de la sécurité structurelle et de la propulsion** – en particulier du point de vue des vols de voyage : imaginez piloter un Concorde beaucoup plus rapide.

« L'impact environnemental doit également être évalué : la crise climatique devient un facteur massif avant même qu'un tel projet ne décolle de la planche à dessin. »

En ce qui concerne le rapport du Pentagone, M. Dhari a déclaré qu'il était révolutionnaire de le voir publié.Le rapport rendu public ne contenait que neuf pages d'un document beaucoup plus détaillé et classifié.Mais son arrivée plus tôt cette année a été considérée comme un très gros problème par les personnes impliquées dans la communauté ovni.

Même si les agences de renseignement américaines n'ont pas révélé l'existence d'extraterrestres, certains experts pensent que c'est révélateur qu'ils ne l'ont pas exclu non plus.

M. Dhari et ses collègues, quant à eux, considèrent le rapport comme une bonne source d'informations et de données pour les recherches futures.

Il a déclaré: « Je trouve intriguant de savoir ce qui pourrait en sortir. »

Le deuxième point porte sur l'identification des Pilotes, leur origine, et leur volonté.

Pour répondre tant que faire se peut à ces deux questions essentielles, il faut tout au moins pour ce qui concerne le point 1, se rapprocher de l'Egypte ancienne comme cela a été détaillé précédemment pour étudier et construire le Propulseur dont ces appareils volants non-identifiés sont équipés.

Pour répondre au point 2, il faut procéder à l'envers dans la réponse.

En ce qui concerne leur Volonté, ami ou ennemi, la réponse n'est que du bon sens. Imagineriez-vous ces êtres remettre aux hommes de la Terre le Secret de l'Espace en Egypte afin de nous permettre d'accéder à une partie de leur technologie s'ils avaient le moindre degré d'agressivité ?

Courant 2022, l'armée Américaine et le renseignement cherchaient à déterminer si ces phénomènes aériens non identifiés peuvent être liés à des menaces contre les Etats-Unis et par l'intermédiaire d'un élu démocrate, André Carson, chef de la commission parlementaire à l'origine de l'audition il a été déclaré que les phénomènes aériens non identifiés constituent une menace potentielle pour la sécurité nationale et qu'ils doivent être traités comme tels, ce qui est une énorme erreur, car les pilotes de ces appareils enfin reconnus par les services de l'Armée possèdent cette technologie depuis la nuit des temps, et il n'a jamais été relevé la moindre agressivité de leur part.

Le terme PARTIE a été glissé dans le paragraphe précédent, car les hommes prendront possession du système de Propulsion d'origine extra-terrestre, mais n'accèderont pas au principe qui permet de se soustraire à l'accélération, afin que nous n'ayons aucune possibilité de dépasser les limites de notre système Solaire et semer le désordre dans l'Univers, car nous n'avons pas encore atteint le degré d'évolution adéquat.

Pour ce qui concerne l'origine de ces appareils et leurs pilotes, il est évident qu'elle est d'origine extra-terrestre, et tout le monde le sait, mais notre connaissance est tellement partielle sur le sujet, que personne n'entre vraiment dans le débat, si ce n'est pour utiliser ce phénomène au travers de la désinformation pour le contrôle des masses, mais cette époque se terminera très bientôt.

Le décryptage et la compréhension des hiéroglyphes participera grandement à la démystification du phénomène extra-terrestre, car le principe de fonctionnement des propulseurs repose sur SEPT CROIX, qui sont toutes présentes dans le mécanisme et en assurent le bon fonctionnement.

Les ingénieurs qui participeront à l'élaboration des plans de construction des propulseurs, après le décodage de l'écriture hiéroglyphique seront les premiers à constater l'étendue des connaissances des êtres vivant dans l'Univers.

Il leur restera à reconnaître le phénomène comme étant l'expression d'un pouvoir et d'une connaissance extra-terrestre, ce qui n'est pas gagné, car l'égo des scientifiques dépasse parfois très largement le cadre de l'honnêteté intellectuelle et scientifique, pour autant le plus grand danger émane du PENTAGONE, où les militaires américains adorent tout ce qui touche à la notion d'ENNEMI, ennemi qu'ils ont l'art de fabriquer de toutes pièces selon leurs intérêts, nous le constatons aujourd'hui une fois de plus dans le conflit de la RUSSIE contre l'UKRAINE, où l'on essaie de mettre sous le tapis la progression de l'OTAN aux portes de la RUSSIE, qui a mené au conflit en UKRAINE, mais il s'agit là de pure fiction, vous l'aurez compris.

L'art de désigner les gentils et les méchants est une spécialité de l'ETAT PROFOND, dont tous les membres sont APATRIDES

La nation Américaine dans son ensemble est issue du continent Européen, et par voie de conséquence est alliée de l'EUROPE. Ce sont nos ancêtres qui ont fondé cette NATION qui se laisse dominer par un CARTEL FINANCIER que JOHN FITZGERALD KENNEDY dénonçait peu avant d'être assassiné le 22 novembre 1963 à DALLAS, raison qui n'est certainement pas étrangère à son assassinat.

Regardez ce qui se passe en EUROPE aujourd'hui, le Gouvernement Américain ne recherche absolument pas la Paix en UKRAINE, et pousse toutes les NATIONS à la GUERRE, en armant un irresponsable à la tête de l'UKRAINE, un pantin, une marionnette dont ils tirent toutes les ficelles, c'est à cela que l'on reconnait la main de l'ETAT PROFOND, qui n'hésite pas à orchestrer les Guerres, où tout simplement à les FABRIQUER.

Pour parvenir à leurs fins en UKRAINE, il leur était indispensable de mettre au pouvoir JOE BIDEN aux élections de 2020. C'est un PION du DEEP STATE qui avait déjà avec son fils HUNTER BIDEN deux pieds en UKRAINE.

Ils ne pouvaient compter sur Le Président DONALD TRUMP qui lutte contre la mainmise de ce cartel sur les affaires de l'Etat.

Les élections de 2024 devraient voir l'émergence d'une plus grande clarté dans le processus électoral, celles de 2020 ayant été entachées d'irrégularités, et devraient mener au pouvoir pour un président Républicain

La pression mise sur la RUSSIE s'intègre dans un timing très serré. L'Etat Profond APATRIDE veut à tout prix qu'un conflit éclate entre la RUSSIE et l'OTAN avant l'élection à venir où les Démocrates sont à peu près certains de perdre le pouvoir à la MAISON BLANCHE

Il leur faut impérativement pousser la RUSSIE à la faute afin qu'il ne soit pas dit qu'ils étaient à la manœuvre, mais ils ont en face d'eux une personne intelligente qui le sait, et qui agit de manière mesurée, toutefois, POUTINE n'est pas à l'abri d'un attentat sous faux drapeau, l'accusant d'en être l'auteur.

Vladimir Poutine joue la montre, et essaie d'attendre le retour d'un Président qui ne soit pas entre les mains de la FED pour régler de manière pacifique le conflit en UKRAINE, mais en aura-t-il le temps, rien n'est moins sûr, car le PENTAGONE pousse tous ses pions sur le terrain pour énerver la RUSSIE et la pousser à la faute en la provoquant.

L'Avenir nous révèlera bientôt la vérité sur l'interprétation des quatrains de Michel de NOSTREDAME car les évènements s'enchaînent maintenant à un rythme effréné au point que tout à chacun peut aujourd'hui entrevoir la corrélation qu'il peut y avoir entre les Quatrains de NOSTRADAMUS et l'actualité d'aujourd'hui en ce vendredi 24 mars 2023, date à laquelle le Peuple de France vient de franchir une étape pour se libérer du joug de l'ETAT PROFOND.

Printed in Poland
by Amazon Fulfillment
Poland Sp. z o.o., Wrocław